GUÍA DE SUPERVIVENCIA

para personas

ALTAMENTE EMPÁTICAS Y SENSIBLES

Si este libro le ha interesado y desea que lo mantengamos
informado de nuestras publicaciones, puede suscribirse a
nuestro boletín de novedades en:
www.editorialsirio.com

Título original: THE EMPATH'S SURVIVAL GUIDE
Traducido del inglés por Julia Fernández Treviño
Diseño de portada: Editorial Sirio, S.A.
Maquetación y diseño interior: Toñi F. Castellón

© de la edición original
2017, Dra. Judith Orloff

© de la presente edición
EDITORIAL SIRIO, S.A.
C/ Rosa de los Vientos, 64
Pol. Ind. El Viso
29006-Málaga
España

www.editorialsirio.com
sirio@editorialsirio.com

I.S.B.N.: 978-84-17030-79-7
Depósito Legal: MA-220-2018

Impreso en Imagraf Impresores, S. A.
c/ Nabucco, 14 D - Pol. Alameda
29006 - Málaga

Impreso en España

Puedes seguirnos en Facebook, Twitter, YouTube e Instagram.

Dra. Judith Orloff

Autora *best seller* **del** *New York Times*

GUÍA DE
SUPERVIVENCIA
para personas
ALTAMENTE
EMPÁTICAS Y
SENSIBLES

EDITORIAL
SIRIO

Para Corey Folsom

Para Carey Folsom

Nuestra capacidad innata para la empatía es la fuente de la más preciosa de todas las cualidades humanas.

Su santidad el 14° dalái lama

ÍNDICE

Capítulo 1

¿ERES UNA PERSONA HIPEREMPÁTICA O ALTAMENTE EMPÁTICA?
Introducción a la hiperempatía

S oy doctora en Medicina y durante catorce años me formé en medicina convencional en la Universidad del Sur de California (USC) y en la Universidad de California (UCLA). Soy una persona hiperempática o con alta empatía. Tengo una consulta médica desde hace dos décadas y me he especializado en el tratamiento de las personas altamente sensibles, entre las cuales me incluyo. Aunque entre los seres humanos existe una amplia gama de sensibilidades, lo que caracteriza a los individuos hiperempáticos es que son como esponjas emocionales que absorben tanto la aflicción como la alegría que hay en el mundo. Los hiperempáticos percibimos todo lo que sucede a nuestro alrededor, a menudo de una forma extrema, y no somos capaces de protegernos de lo que ocurre entre nosotros y los demás. Como consecuencia, solemos agobiarnos por el exceso de estímulos y tendemos a sufrir agotamiento o sobrecarga sensorial.

Este es un tema que me apasiona, tanto desde el punto de vista profesional como personal, porque yo misma he tenido que desarrollar estrategias específicas para afrontar los desafíos que se le imponen a una persona con elevada empatía. Esto me ha permitido proteger mi sensibilidad con el fin de aprovechar al máximo sus beneficios, ¡que en realidad son innumerables! Quiero enseñarte a alcanzar el equilibrio y el empoderamiento para que puedas ser una persona hiperempática feliz. Para crecer y prosperar tienes que aprender a no absorber la energía, los síntomas ni el estrés de los otros. También quiero enseñarles a tus seres queridos y a aquellos con quienes te relacionas (familiares, compañeros de trabajo, jefes y parejas) cuál es la mejor forma de apoyarte y de comunicarse contigo. En este libro te muestro cómo se pueden conseguir todos estos objetivos.

La *Guía de supervivencia para personas altamente empáticas y sensibles* es un recurso para que las almas sensibles puedan ser comprendidas y aceptadas en un mundo que a menudo es cruel y duro, y en el que se menosprecia la sensibilidad. En este libro desafío el *statu quo* y hablo de la necesidad de percibir la sensibilidad como algo normal, independientemente del lugar que cada cual ocupe en su espectro. No hay nada «malo» en ser sensible; de hecho, estás a punto de descubrir que es lo «mejor» que hay en ti. A lo largo de este libro, así como también en mi programa de audio *Essential Tools for Empaths*[*] y en mis talleres para personas hiperempáticas, pretendo crear un grupo de apoyo para que puedas encontrar a tu tribu, ser auténtico y brillar. Quiero brindar mi ayuda a un colectivo de personas que honran su sensibilidad. ¡Bienvenido a un círculo de amor! Deseo transmitirte un mensaje de esperanza y aceptación. Te animo a que aceptes tus dones y manifiestes tu fuerza personal en tu recorrido como individuo hiperempático.

¿QUÉ ES UNA PERSONA HIPEREMPÁTICA?

Los hiperempáticos tenemos un sistema neurológico con una capacidad extraordinaria de reacción. No disponemos de los mismos filtros que tienen otras personas para bloquear los estímulos. En consecuencia, nuestro cuerpo absorbe todas las energías positivas y

---

[*] Puedes adquirir el DVD o descargártelo en https://www.soundstrue.com/store/essential-tools-for-empaths.html, disponible en inglés.

negativas que nos rodean. Somos extremadamente sensibles, y esto podría ejemplificarse diciendo que es como sostener algo en una mano que tiene cincuenta dedos en lugar de cinco. Reaccionamos muy rápidamente a toda clase de estímulos.

Las investigaciones han demostrado que esta alta sensibilidad afecta aproximadamente al veinte por ciento de la población, aunque el grado de la propia sensibilidad puede ser variable.[1] Las personas hiperempáticas a menudo han sido calificadas como «demasiado sensibles» y se les ha aconsejado que «desarrollen una piel más gruesa».[*] Durante la infancia y también cuando somos adultos los altamente empáticos nos avergonzamos de nuestra sensibilidad en lugar de valorarla y defenderla. A menudo el mundo nos resulta abrumador y por esta causa podemos sufrir agotamiento crónico y tener necesidad de retirarnos y aislarnos. Pese a todo, a estas alturas de mi vida no renunciaría a mi hiperempatía por ningún motivo, porque me permite percibir los secretos del universo y conocer un horizonte de pasión que supera mis sueños más descabellados.

Sin embargo, ser una persona hiperempática no siempre me ha parecido tan maravilloso.

CRECER SIENDO UNA PERSONA HIPEREMPÁTICA

Como muchos otros niños con elevada empatía, yo parecía no encajar en este mundo. De hecho, me sentía como una alienígena en la Tierra y esperaba ser transportada a mi verdadero hogar en las estrellas. Recuerdo que me sentaba en el jardín delantero y observaba el universo anhelando que una nave espacial me llevara de regreso a casa. Era una niña solitaria y pasaba mucho tiempo conmigo misma. Ninguna de las personas con las que me relacionaba era capaz de entender mi sensibilidad. No parecía caerles bien a los demás. Mis padres, ambos médicos (procedo de una familia donde hay veinticinco médicos), me decían: «Cariño, tienes que aprender a ser fuerte y desarrollar una piel más gruesa», algo que no me apetecía hacer. Y, por

---

[*] N. de la T.: Expresión que se aplica a una persona que no se ofende con facilidad, no le afectan las críticas o no se acobarda ante las dificultades.

otra parte, aunque lo hubiera deseado tampoco habría sabido cómo hacerlo. No podía asistir a fiestas muy concurridas ni ir a los centros comerciales llenos de gente. Al entrar me sentía perfectamente bien, pero salía agotada, mareada, ansiosa o con algún dolor o malestar que no tenía al llegar.

Lo que en aquellos momentos no sabía era que todo el mundo tiene un campo de energía sutil en torno a su cuerpo, una luz radiante que lo penetra y se extiende más allá de él hasta una distancia de unos pocos centímetros. Estos campos transmiten información sobre las emociones y sobre el bienestar o malestar físico. Cuando nos encontramos en lugares llenos de gente, los campos energéticos de los demás se superponen con el nuestro. Yo absorbía todas esas sensaciones intensas sin tener la menor idea de qué eran ni cómo debía interpretarlas. Cada vez que me encontraba en un sitio muy concurrido, me sentía ansiosa y cansada, y lo único que quería era salir corriendo de allí.

Cuando era adolescente y vivía en Los Ángeles recurrí a las drogas para bloquear mi sensibilidad. (¡De ninguna manera estoy recomendándote que lo hagas!). Con la sensibilidad adormecida, era capaz de asistir a fiestas y dejarme caer por los centros comerciales como hacían mis amigos, y me sentía fenomenal. ¡Aquello representó para mí un verdadero alivio! En mis memorias, *Sexto sentido* (editorial Sirio), conté que había consumido drogas para bloquear mi intuición y mi capacidad de hiperempatía. Pero en aquella época tuve un accidente que pudo ser trágico: conducía un Austin Mini Cooper a las tres de la mañana y el coche se precipitó por un barranco de cuatrocientos cincuenta metros de altura en el cañón de Topanga. Mis padres se asustaron tanto que me convencieron para que viera a un psiquiatra. Como es natural, yo discutía constantemente con él pero, de hecho, aquel ángel con apariencia humana fue la

> SI TIENES LA SENSACIÓN DE QUE NO ENCAJAS EN ESTE MUNDO, ESO SE DEBE A QUE ESTÁS AQUÍ PARA CREAR UNO MEJOR.
>
> **Autor desconocido**

primera persona que me ayudó a comprender que tenía que aceptar mi sensibilidad en lugar de huir de ella si quería ser una persona íntegra. Gracias a su ayuda comencé a asumir que era hiperempática, y ese fue el comienzo de mi curación. Durante mi infancia estuve muy asustada por mis experiencias hiperempáticas e intuitivas, pero afortunadamente hoy puedo decir que gran parte de mi evolución como mujer y como médico se basa en haber aprendido a aceptar estas valiosas cualidades, que merecen ser fomentadas y apoyadas. Esta es la razón por la cual en mi consulta de psiquiatría y en mis talleres me he especializado en ayudar a las personas altamente empáticas. Sí, en efecto, ¡los hiperempáticos *somos capaces de* salir adelante! La hiperempatía es la medicina que el mundo necesita.

¿QUÉ ES LO QUE EXPERIMENTAN LAS PERSONAS HIPEREMPÁTICAS?

Ahora vamos a investigar más detalladamente qué es lo que experimentan los hiperempáticos. Te interesará saber si eres realmente esa clase de persona, o si alguno de tus seres queridos o compañeros lo son.

En primer lugar, ¿cuál es la diferencia entre la empatía normal y ser una persona hiperempática? La empatía normal significa que nuestro corazón se abre a los demás si sabemos que están atravesando una etapa difícil. También quiere decir que nos sentimos felices cuando los demás están viviendo momentos dichosos. Sin embargo, las personas hiperempáticas vamos un poco más lejos; en realidad sentimos las emociones, la energía y los síntomas físicos ajenos en nuestro propio cuerpo, sin poder filtrarlos como hace habitualmente la mayoría de la gente. Nosotros podemos experimentar la tristeza y también la alegría de los demás. Somos extremadamente sensibles a su tono de voz y a sus movimientos corporales. Podemos escuchar lo que no dicen con palabras pero expresan a través del lenguaje corporal, e incluso del silencio. Los hiperempáticos primero sienten y *luego* piensan, y esto es exactamente lo contrario de lo que hacen la mayor parte de las personas en nuestra sociedad extremadamente intelectualizada.

No existe ninguna membrana que nos separe del mundo, y eso nos convierte en personas muy distintas a las que tienen sus defensas en alto prácticamente desde que nacieron. Compartimos algunos de los rasgos, o todos, de las personas altamente sensibles, tal como han sido definidas por la psicóloga Elaine Aron. Estos rasgos incluyen un bajo umbral frente a los estímulos, la necesidad de pasar tiempo a solas, la sensibilidad a la luz, al sonido y a los olores, y también una aversión a los grupos numerosos. Por otra parte, las personas que tienen una sensibilidad muy alta tardan más en relajarse después de un día ajetreado porque necesitan mucho más tiempo para pasar de una situación con un alto nivel de estimulación al silencio y la calma. Los individuos altamente empáticos comparten con las personas altamente sensibles el amor por la naturaleza y los espacios tranquilos.

No obstante, la experiencia de los individuos hiperempáticos va más allá de la de los altamente sensibles. Nosotros somos capaces de percibir la energía sutil (denominada *shakti* o *prana* en las tradiciones sanadoras orientales) que es absorbida por nuestro cuerpo, algo que por lo general no les sucede a las personas altamente sensibles. Esta capacidad nos permite sentir las energías que nos rodean, en ocasiones de un modo considerablemente intenso. Como todo está compuesto por energía sutil, incluidas las emociones y las sensaciones físicas, interiorizamos energéticamente los sentimientos, el dolor y todo tipo de sensaciones físicas de los demás. También solemos tener problemas para reconocer si el malestar que experimentamos pertenece a otra persona o es propio. Por otra parte, algunos hiperempáticos tienen experiencias espirituales e intuitivas profundas, que habitualmente no se asocian con las personas de alta sensibilidad. Algunos hiperempáticos son incluso capaces de comunicarse con los animales y la naturaleza, y también con sus guías interiores. No obstante, ser un individuo altamente sensible no excluye la posibilidad de ser hiperempático: se pueden tener ambas características al mismo tiempo. Para determinar si eres hiperempático, comprueba si te identificas con uno o más de los siguientes tipos.

TIPOS GENERALES DE PERSONAS HIPEREMPÁTICAS

Personas hiperempáticas físicas. Sintonizas especialmente con los síntomas físicos de los demás y tu cuerpo tiende a absorberlos. También puedes sentirte revitalizado por la sensación de bienestar que experimentan otras personas.

Personas hiperempáticas emocionales. Recoges principalmente las emociones de los demás y puedes convertirte en una esponja de sus sentimientos, independientemente de que sean felices o tristes.

Personas hiperempáticas intuitivas. Experimentas percepciones extraordinarias, como pueden ser una intuición agudizada, la telepatía, los mensajes a través de los sueños, la comunicación con plantas y animales y también contactos con el más allá.

Además, puede hacerse la siguiente clasificación de los diferentes tipos de hiperempáticos:

- Las personas hiperempáticas telepáticas reciben información intuitiva sobre los demás en tiempo presente.
- Las personas hiperempáticas precognitivas tienen premoniciones sobre el futuro durante la vigilia o mientras duermen.
- Las personas hiperempáticas oníricas son soñadoras apasionadas y a través de sus sueños pueden recibir información intuitiva que les permite ayudar a otros, además de servirles de guía en sus propias vidas.
- Las personas hiperempáticas mediúmnicas pueden contactar con los espíritus del más allá.
- Las personas hiperempáticas con el reino vegetal pueden percibir las necesidades de las plantas y conectar con su esencia.
- Las personas hiperempáticas con la tierra sintonizan con los cambios que se producen en nuestro planeta y nuestro sistema solar, y también con los cambios climáticos.
- Las personas hiperempáticas con el reino animal sintonizan con los animales y pueden comunicarse con ellos.

La sensibilidad de los altamente empáticos tiene innumerables y maravillosos matices.

Es probable que te identifiques con uno o varios de los tipos mencionados. En los próximos capítulos nos ocuparemos también de las clases específicas de personas hiperempáticas físicas y emocionales, por ejemplo las que sienten elevada empatía por los alimentos (están sintonizadas con la energía de estos) y las que sienten alta empatía por sus relaciones afectivas y sexuales (están conectadas con el estado anímico, la sensualidad y la salud física de sus parejas y amigos). Mientras aprendes a identificar tus talentos especiales, descubrirás que no solo tienen la capacidad de enriquecer tu vida sino que también puedes utilizarlos para hacer el bien a los demás.

ESTILOS DE RELACIONES AFECTIVAS: PERSONAS HIPEREMPÁTICAS INTROVERTIDAS Y EXTRAVERTIDAS

Las personas hiperempáticas físicas, emocionales e intuitivas pueden tener diferentes estilos para socializar e interactuar con el mundo. La mayoría son introvertidas, aunque hay algunas que son extravertidas. Y también existen personas hiperempáticas que son una combinación de ambas. Los hiperempáticos introvertidos (como es mi caso) tienen una tolerancia mínima a socializar y a mantener conversaciones triviales. Cuando asisten a reuniones o eventos sociales, tienden a estar más callados y prefieren marcharse pronto. Con frecuencia llegan en su propio vehículo para no tener que depender de los demás para volver a casa.

> A MUCHAS PERSONAS HIPEREMPÁTICAS LES DISGUSTAN LAS CONVERSACIONES TRIVIALES PORQUE LES RESULTAN AGOTADORAS.
>
> **Dra. Judith Orloff**

Me encanta relacionarme con mi círculo íntimo de amistades y, por lo general, me mantengo alejada de las reuniones o fiestas multitudinarias. Tampoco me interesan las conversaciones superficiales y jamás me he esforzado por mantenerlas, una característica común a todos los individuos del tipo introvertido. Soy capaz de socializar en grupo durante dos o tres horas, pero si me quedo más tiempo me siento sobreestimulada. Mis amigos me conocen y cuando me excuso para retirarme pronto, no lo toman como una cuestión personal.

En contraste, las personas hiperempáticas extravertidas son más locuaces e interactivas cuando socializan y disfrutan mucho más de las charlas que las introvertidas. También pueden permanecer más tiempo en situaciones sociales sin agobiarse ni agotarse.

¿CÓMO LLEGA ALGUIEN A CONVERTIRSE EN UNA PERSONA HIPEREMPÁTICA?

Hay varios factores que pueden contribuir a ello. Algunos bebés llegan al mundo con más sensibilidad que otros, un temperamento innato. Puedes incluso llegar a *verlo* en cuanto salen del vientre de su madre. Esos bebés reaccionan más intensamente a la luz, los olores, el tacto, el movimiento, la temperatura y el sonido. De hecho, por lo que he observado en mis pacientes y en los asistentes a mis talleres, este tipo de sensibilidad puede ser transmitida genéticamente. Las madres y los padres de los niños altamente sensibles pueden compartir con ellos las mismas características. Por otra parte, la educación de los hijos desempeña una función muy importante. El rechazo o el maltrato sufrido en la infancia puede afectar a sus niveles de sensibilidad en la edad adulta. Una parte de las personas altamente empáticas que he tratado padecieron traumas tempranos, como maltrato físico o psicológico, o fueron criadas por padres alcohólicos, depresivos o narcisistas. Estas experiencias pueden minar potencialmente su autovaloración e impedir que desarrollen defensas sanas, al contrario de lo que le sucede a un niño cuyos padres son cariñosos y responsables. Como resultado de la crianza que han recibido, los niños rechazados o maltratados normalmente sienten que su familia «no los ve» y, por lo tanto, también se sienten invisibles en un mundo que no valora la sensibilidad.

En todos los casos, las personas hiperempáticas no han aprendido a defenderse del malestar de la misma forma que otros individuos.

En este aspecto somos diferentes. Cualquier estímulo nocivo, como puede ser alguien enfadado, una multitud, un ruido fuerte o una luz muy brillante, puede perturbarnos, porque nuestro umbral de sobrecarga sensorial es extremadamente bajo.

LA CIENCIA DE LA HIPEREMPATÍA

Existen varios hallazgos científicos que explican qué es lo que experimenta una persona con elevada empatía, y los considero fascinantes.

El sistema de las neuronas espejo

Los investigadores han descubierto que existe un grupo especializado de neuronas que son responsables de la compasión. Estas células permiten que todos seamos capaces de percibir las emociones de otras personas y compartir con ellas el dolor, el miedo o la alegría. Los hallazgos apuntan a que los hiperempáticos tienen neuronas espejo hiperreactivas. Por esta razón, a los que somos altamente empáticos nos resuenan los sentimientos de los demás.

¿De qué manera ocurre esto? Las neuronas espejo son activadas por eventos externos. Por ejemplo, si nuestra pareja se hace daño, nosotros también sentimos el dolor. Cuando nuestro hijo está llorando, nos sentimos tristes, y cuando un amigo se siente feliz, nosotros también lo estamos. Esto no les ocurre a los psicópatas, sociópatas y narcisistas, que están aquejados de lo que la ciencia denomina *trastorno por déficit de empatía* (ver el capítulo 5), lo que significa que carecen de la capacidad de empatía que tienen los demás —es probable que la causa sea un sistema de neuronas espejo hipoactivo—. Tenemos que protegernos de esas personas porque son incapaces de sentir amor incondicional.[2]

Los campos electromagnéticos

Este segundo hallazgo está basado en el conocimiento de que tanto el cerebro como el corazón generan campos electromagnéticos. De acuerdo con el instituto HeartMath, estos campos transmiten información sobre los pensamientos y las emociones de las personas. Los individuos hiperempáticos pueden ser particularmente sensibles a esta información y tender a sentirse agobiados por su causa. De un modo similar, los hiperempáticos suelen tener reacciones físicas y emocionales más intensas cuando se producen cambios en los campos electromagnéticos de la Tierra y el Sol. Las personas hiperempáticas saben muy bien que todo lo que sucede en la Tierra y el Sol afecta a su estado mental y su energía.[3]

El contagio emocional

El tercer hallazgo que nos permite comprender mejor a las personas con alta empatía es el fenómeno del contagio emocional. Las investigaciones han demostrado que muchos individuos absorben las emociones de quienes están a su alrededor. Por ejemplo, un bebé que llora puede desencadenar una ola de llantos en la sala de un hospital. Una persona que expresa su ansiedad en voz alta en el lugar de trabajo puede contagiar a sus compañeros. Es muy común que los individuos absorban los sentimientos de los demás cuando están en grupo. Un artículo reciente del *New York Times* afirmaba que esta capacidad para sincronizar nuestros estados anímicos con los de los demás es crucial para establecer buenas relaciones. ¿Cuál es la lección para los que somos hiperempáticos? Que tenemos que rodearnos de personas positivas para no absorber negatividad. Y, por otra parte, que cuando un amigo lo está pasando mal, necesitamos tomar precauciones especiales para mantenernos centrados. En este libro aprenderás a desarrollar estas importantes estrategias.[4]

Mayor sensibilidad a la dopamina

El cuarto hallazgo se refiere a la dopamina, un neurotransmisor que aumenta la actividad neuronal y que está asociado a la respuesta al placer. Las investigaciones han demostrado que las personas altamente empáticas introvertidas suelen tener una mayor sensibilidad a la dopamina que las de tipo extravertido. Básicamente, los hiperempáticos introvertidos necesitan menos dopamina para sentirse felices.

Esto podría explicar por qué se sienten más satisfechos cuando pueden pasar tiempo a solas, leer y meditar, y también por qué necesitan menos estímulos externos, lo que explica que tengan poco interés por las fiestas u otro tipo de reuniones sociales a las que asiste mucha gente. En contraste, a los hiperempáticos extravertidos les gusta el efecto estimulante de la dopamina que obtienen de los eventos sociales. De hecho, a menudo necesitan asistir a un mayor número de reuniones animadas.[5]

La sinestesia

El quinto hallazgo, que considero particularmente convincente, es el estado extraordinario denominado *sinestesia tacto-espejo*. La sinestesia es una peculiaridad neurológica por la cual dos sentidos diferentes se emparejan en el cerebro, por ejemplo, ver colores mientras escuchas una pieza musical, o saborear las palabras —entre las personas sinestésicas famosas se puede citar a Isaac Newton, Billy Joel e Itzhak Perlman—. Con la sinestesia tacto-espejo los individuos realmente sienten en su propio cuerpo las emociones y sensaciones que están experimentando los demás como si fueran propias. Esta es una maravillosa explicación neurológica de lo que experimenta una persona hiperempática.[6]

¿A QUÉ ÁREAS DE LA VIDA AFECTA LA HIPEREMPATÍA?

La hiperempatía puede estar presente en las siguientes áreas de la vida:

- **La salud.** Muchas de las personas hiperempáticas que veo en mi consulta y que asisten a mis talleres se sienten abrumadas, fatigadas e incluso totalmente agotadas cuando todavía no han aprendido a desarrollar las habilidades prácticas que pueden ayudarlas a aceptar y gestionar su sensibilidad. A menudo han recibido diversos diagnósticos, como por ejemplo agorafobia, fatiga crónica, fibromialgia, migraña, dolor crónico, alergias y fatiga adrenal (una especie de agotamiento). A nivel emocional pueden padecer ansiedad, depresión o ataques de pánico. Me ocuparé de todos estos temas en el capítulo 2.

- **Las adicciones.** Algunas personas hiperempáticas han desarrollado adicciones al alcohol, las drogas, la comida, el sexo, las compras u otro tipo de sustancias o conductas en su intento por anestesiar su sensibilidad. Comer en exceso es un síntoma bastante común, ya que algunos individuos hiperempáticos utilizan inconscientemente la comida para centrarse. Las personas hiperempáticas pueden aumentar de peso con facilidad porque la gordura las protege de la energía negativa. En el capítulo 3 hablaré de algunos mecanismos que son mucho más saludables para convivir con la sensibilidad.

- **Las relaciones, el amor y el sexo.** Los sujetos hiperempáticos pueden relacionarse involuntariamente con personas tóxicas y sufrir ansiedad, depresión o alguna enfermedad física. Entregan demasiado rápidamente su corazón a individuos narcisistas y a otro tipo de personas que parecen inalcanzables. Los hiperempáticos son cariñosos y esperan recibir lo mismo de los demás, algo que no siempre sucede. Absorben el estrés y los estados emocionales de su pareja (como pueden ser la ira o la depresión) por el mero hecho de interactuar con ella; pero también les ocurre mientras hacen el amor, un momento en que se está particularmente vulnerable. En los capítulos 4 y 5 aprenderás a tener una relación afectiva sana en la que no te sentirás sobrecargado, y también encontrarás los medios para establecer claramente los límites con las personas tóxicas que hay en tu vida.

- **La crianza de los hijos.** Los padres y madres hiperempáticos a menudo se sienten especialmente agobiados y extenuados debido a las exigencias implícitas en la crianza de los hijos porque tienden a absorber sus sentimientos y su sufrimiento. En el capítulo 6 aprenderán a desarrollar habilidades para evitar esta situación. Por otra parte, los niños altamente empáticos pueden sentirse abrumados por su sensibilidad y es importante que sus padres reciban un asesoramiento especial para saber cómo ayudar a sus hijos a aceptar sus dones y desarrollarse adecuadamente.

- **El trabajo.** Las personas hiperempáticas pueden sentir que los vampiros energéticos que hay en su lugar de trabajo absorben toda su energía porque no tienen la capacidad de establecer límites claros con el fin de protegerse. En el capítulo 7 aprenderán a centrarse y recuperarse en un ambiente laboral donde puede haber demasiados estímulos para ellos o en el que pueden tener poca privacidad.

- **Una capacidad perceptiva extraordinaria.** Las personas hiperempáticas tienen una alta sensibilidad que puede potenciar su intuición, facilitar que perciban la energía de los demás y que estén abiertas a las premoniciones, experimentar la comunicación con los animales y originar sueños potentes. En el capítulo 8 se abordará el tema de cómo estas habilidades pueden contribuir al empoderamiento cuando son gestionadas de la manera adecuada.

AUTOEVALUACIÓN

¿ERES UNA PERSONA HIPEREMPÁTICA?

Si quieres descubrir si eres una persona hiperempática, responde a cada una de las preguntas de la siguiente autoevaluación con «en general, sí» o «básicamente no»:

- ¿Me han descrito alguna vez como una persona exageradamente sensible, tímida o introvertida?
- ¿Me siento agobiado o ansioso con frecuencia?
- ¿Me ponen enfermo las discusiones y los gritos?
- ¿Tengo la frecuente sensación de no encajar en ningún sitio?
- ¿Las multitudes me agotan y necesito pasar tiempo a solas para recuperarme?

- ¿Me agobian los ruidos, los olores y las personas que hablan sin parar?
- ¿Soy sensible a las sustancias químicas o tengo baja tolerancia a la ropa confeccionada con tejidos ásperos?
- Cuando voy a alguna fiesta o evento, ¿prefiero ir en mi propio vehículo para poder volver a casa cuando quiera?
- ¿Como en exceso para aliviar el estrés?
- ¿Me da miedo que las relaciones íntimas me sofoquen?
- ¿Me sobresalto fácilmente?
- Si consumo cafeína o medicamentos, ¿me producen una reacción muy fuerte?
- ¿Tengo un umbral bajo frente al dolor?
- ¿Tiendo a aislarme socialmente?
- ¿Absorbo el estrés, las emociones o los síntomas de los otros?
- ¿Me agobio cuando tengo que hacer varias cosas y prefiero hacerlas de una en una?
- ¿Recupero mi energía en la naturaleza?
- ¿Necesito mucho tiempo para recuperarme después de estar con personas difíciles o vampiros energéticos?
- ¿Me encuentro mejor en las ciudades pequeñas o en el campo que en las grandes ciudades?
- ¿Prefiero las interacciones personales o los grupos pequeños a las grandes reuniones?

Ahora calcula los resultados:

- Si has respondido afirmativamente entre una y cinco preguntas, eres una persona parcialmente hiperempática.
- Si has respondido afirmativamente entre seis y diez preguntas, tienes una tendencia moderada a la hiperempatía.
- Si has respondido afirmativamente entre once y quince preguntas, tienes una considerable tendencia a la hiperempatía.
- Si has respondido afirmativamente más de quince preguntas, eres una persona totalmente hiperempática.

Determinar tu grado de hiperempatía te permitirá aclarar cuáles son tus necesidades e identificar las estrategias que debes aprender para satisfacerlas. Esto es esencial para llegar a gozar de una zona de confort en tu vida.

LAS VENTAJAS Y LOS DESAFÍOS DE UNA PERSONA HIPEREMPÁTICA

Ser una persona con elevada empatía implica tener ciertas ventajas pero también afrontar desafíos.

Ventajas comunes

Estoy muy contenta de ser una persona hiperempática y agradezco las bendiciones que mi sensibilidad me concede cada día. Me encanta ser intuitiva, sentir el flujo de energía del mundo, percibir lo que les sucede a quienes me rodean y experimentar la dicha de estar abierta a la vida y a la naturaleza.

Los hiperempáticos tenemos muchas cualidades maravillosas. Tenemos un corazón enorme y el instinto de ayudar a quienes lo necesitan o son menos afortunados. Además, somos soñadores e idealistas, apasionados, profundos, creativos, conscientes de nuestras emociones, compasivos y capaces de tener una visión global de las cosas. Podemos reconocer los sentimientos de los demás y ser amigos y compañeros leales. Somos intuitivos y espirituales y tenemos la capacidad de percibir la energía. Apreciamos muy especialmente el mundo natural, donde nos sentimos como en casa. Estamos sintonizados con la naturaleza, con sus plantas, bosques y jardines, y por lo general nos encanta el agua, que nos brinda energía, independientemente de que estemos en una bañera llena de agua tibia que nos recuerde al útero materno o que vivamos cerca del mar o de un río. También establecemos un intenso vínculo intuitivo con los animales de compañía, con los que nos comunicamos fácilmente, y a menudo les hablamos como si fueran seres humanos. Podemos incluso llegar a involucrarnos en la adopción de algún animal.

Desafíos comunes

Como persona altamente empática, en cuanto comienzas a afrontar los desafíos propios de tu condición y a desarrollar las habilidades necesarias para manejar tu capacidad de empatizar con los demás, llegas realmente a disfrutar de todas sus ventajas. A continuación cito algunos de los desafíos más comunes que he conocido por experiencia propia y que también he visto en mis pacientes y en las personas que asisten a mis talleres:

- **Sentirse sobreestimulado.** Al no tener las mismas defensas que las demás personas, a menudo puedes sentir que tus terminaciones nerviosas están extremadamente sensibles y observar que te estresas fácilmente. Si no puedes dedicar un poco de tiempo cada día a estar solo con el fin de reponerte y relajarte, padecerás los efectos tóxicos de la sobreestimulación y la sobrecarga sensorial.
- **Absorber el estrés y la negatividad de otras personas.** Algunas veces no eres capaz de reconocer si una emoción o una sensación de incomodidad física es tuya o de otra persona. Absorber el malestar de los demás puede dar lugar a una amplia variedad de síntomas físicos y emocionales, que pueden abarcar desde el dolor hasta la ansiedad.
- **Sentir las cosas muy intensamente.** Quizás seas incapaz de ver películas violentas o inquietantes porque la brutalidad y la crueldad te afectan demasiado. Es posible que lleves el peso del mundo sobre tus hombros, sintiendo el sufrimiento de quienes te rodean o incluso de aquellos que aparecen en las noticias.
- **Experimentar resacas emocionales y sociales.** Cuando sales y te relacionas con demasiada gente o experimentas emociones intensas, la sobrecarga sensorial puede producirte un malestar que persiste mucho tiempo después de que hayas asistido al evento.
- **Sentirse aislado y solo.** Es posible que te aísles o te mantengas alejado de otras personas porque el mundo te parece abrumador.

Como consecuencia, los demás pueden considerar que eres huraño. Como muchos hiperempáticos, acaso tengas la costumbre de examinar cuidadosamente el entorno para asegurarte de que es seguro, algo que los demás pueden interpretar como una señal de que deben mantenerse lejos de ti. También puedes mostrarte frío con las personas que no consideras auténticas, lo que puede percibirse como una actitud distante (aunque esto es claramente un mecanismo de protección). Algunos individuos hiperempáticos prefieren socializar *online* para mantener la distancia y tener así menos probabilidades de absorber el malestar o el estrés de la otra persona.

- **Sufrir desgaste emocional.** Ser una persona compasiva tiene la desventaja de que todos acuden a ti para contarte sus problemas. Siendo apenas una niña ya parecía llevar un cartel que dijese «Puedo ayudarte». Por este motivo los individuos con elevada empatía deben establecer límites claros con los demás y no «ofrecerse demasiado».

- **Sobrellevar la alta sensibilidad a la luz, los olores, los sabores, el tacto, la temperatura y los sonidos.** A muchas personas hiperempáticas, como yo misma, los sonidos intensos y las luces muy brillantes les resultan molestos. Se introducen en nuestro cuerpo y nos sumen en un estado de *shock*. Cuando pasa una ambulancia por la calle, me tapo inmediatamente los oídos. Los camiones recogedores de basuras y otras máquinas que hacen mucho ruido me resultan muy desagradables. Tampoco puedo soportar las explosiones de fuegos artificiales —me estremezco y reacciono igual que un perro asustado—. Los individuos hiperempáticos nos sobresaltamos mucho más porque tenemos menos tolerancia a los estímulos sensoriales intensos. Los olores y las sustancias químicas fuertes, como los gases de los coches y los perfumes, nos producen mareos, alergias o sensación de ahogo. También somos muy sensibles a las temperaturas extremas y no nos gusta el aire acondicionado. Nuestro cuerpo puede revitalizarse o, por el contrario, desgastarse a causa de condiciones climáticas extremas como son las tormentas de rayos y truenos, las ventiscas de nieve o los vientos racheados. Muchos individuos hiperempáticos se sienten revitalizados por una brillante luna llena; sin embargo, a otros les produce inquietud.

- **Expresar las propias necesidades en las relaciones íntimas.** Los individuos altamente empáticos tienen necesidades específicas cuando conviven o comparten el dormitorio con otra persona. Muchos prefieren tener un espacio privado y en ocasiones también una cama propia para sentirse a gusto. Es importante que estas personas conversen con sus parejas sobre sus necesidades.

Desafíos específicos para cada sexo

La sensibilidad de una persona hiperempática puede suponer un reto diferente para los hombres y para las mujeres, aunque por supuesto ambas sensibilidades coinciden en gran medida. Por ejemplo, los hombres hiperempáticos a menudo se avergüenzan de su sensibilidad y se muestran reacios a hablar de ella. Pueden sentir que no son lo «suficientemente masculinos». Han tenido que luchar contra los estereotipos de género y probablemente en la infancia se les advirtió que no fueran «niños llorones» y que se comportaran «como un hombre». A los varones les enseñan que «los hombres fuertes no lloran» y los niños sensibles pueden sufrir acoso en el colegio porque les llamen «mariquitas». Es posible que no sean aficionados al fútbol ni a los deportes agresivos que implican contacto físico, motivo por el cual pueden ser excluidos y avergonzados por otros niños. En consecuencia, los hiperempáticos masculinos pueden reprimir sus emociones y terminar por olvidarse de ellas. Por todas esas razones suelen sufrir en silencio, y esto puede tener un impacto negativo en sus relaciones amorosas, en sus carreras y en su salud. Hay muchos hombres famosos que son, o fueron, altamente sensibles, entre ellos Abraham Lincoln, Albert Einstein y Jim Carrey.

Yo considero que los hombres sensibles son increíblemente atractivos. Me encanta la canción de Alanis Morissette *In Praise of the Vulnerable Man* [Elogio para los hombres vulnerables]. Los hombres deben contar con su lado sensible para ser personas equilibradas. Y no estoy hablando de hombres muy feminizados que no han aprendido a encarnar lo masculino, sino de hombres equilibrados que son lo suficientemente fuertes como para ser sensibles y lo suficientemente seguros como para ser vulnerables. Esos hombres tienen un alto coeficiente de sensibilidad. No tienen miedo de las emociones, ni de las suyas ni de las ajenas, y esto los convierte en compañeros, amigos y líderes interesantes y compasivos.

En contraste, en la cultura occidental las mujeres hiperempáticas están más autorizadas a expresar sus emociones y su conocida «intuición femenina», aunque nuestro mundo no acepta el poder femenino de ninguna manera. A lo largo de gran parte de la historia lo femenino ha sido aplastado. Pensemos en la Inquisición o en la edad oscura de los juicios de las brujas de Salem, cuando la sensibilidad se quemaba en la hoguera. Cuando empecé a hablar en mis talleres sobre la intuición, tenía ciertos temores de que los asistentes pudieran reaccionar mal y de que esto me afectara negativamente. No obstante, en cuanto me di cuenta de que me estaba conectando con la energía colectiva de mujeres que habían sido ignoradas durante años, descubrí que hoy en día todo es diferente. Ahora puedo expresar mis ideas en un contexto mucho más seguro y, por lo tanto, ya no me siento incómoda. Muchas de mis pacientes mujeres han sentido algo semejante, y por ello se han mostrado reacias a expresar francamente su sensibilidad por miedo a ser incomprendidas, juzgadas o abandonadas. Es importante que aprendamos a ser auténticas en nuestras relaciones y a expresar nuestras necesidades hiperempáticas.

> LAS PERSONAS HIPEREMPÁTICAS NO SON «DEMASIADO SENSIBLES». TIENEN UN DON, PERO DEBEN APRENDER A UTILIZAR SU SENSIBILIDAD.
>
> **Dra. Judith Orloff**

Por otra parte, la alta empatía puede convertirse en codependencia en algunas mujeres: tienen un corazón tan grande que se sobrecargan cuidando a otras personas y ocupándose más de ellas que de sí mismas. Por el contrario, una mujer hiperempática equilibrada sabe poner límites para disfrutar de su tiempo y su energía y aprende a dar y recibir de un modo ecuánime, una combinación que es muy potente. Entre las mujeres hiperempáticas famosas se puede citar a Nicole Kidman, Jewel (su canción *I'm Sensitive* [Soy sensible] trata de las mujeres altamente empáticas), Wynona Rider, Alanis Morissette y la princesa Diana.

CÓMO PROGRESAR SIENDO UNA PERSONA HIPEREMPÁTICA: HABILIDADES PARA EVITAR LA SOBRECARGA

En este libro hablo de las habilidades que ayudan a los individuos hiperempáticos a afrontar los desafíos y potenciar las diversas ventajas de sus cualidades especiales. Aunque la sociedad puede definir a los individuos hiperempáticos como personas «demasiado sensibles» y por lo general les sugiere «aprender a ser fuertes», yo los animo a desarrollar todavía más su sensibilidad y darle la importancia que merece. Ser hiperempático es un valor muy importante cuando se aprende a sacarle provecho. Los sujetos con elevada empatía no están locos, no son neuróticos ni débiles, ni tampoco hipocondríacos. Son personas sensibles y maravillosas que tienen un don. Y como sucede con otros dones, es preciso adquirir las herramientas necesarias para utilizarlo eficazmente.

Las personas sensibles deben aprender a controlar la sobrecarga sensorial en los momentos en que tienen que resolver demasiadas cosas muy rápidamente. En esas situaciones pueden llegar a agotarse, deprimirse, sufrir ansiedad o incluso contraer una enfermedad.

Como muchos de nosotros, puedes llegar a sentir que no hay forma de activar y desactivar tu hiperempatía. Esto *no* es verdad. Te enseñaré a tomar las riendas de tu sensibilidad en lugar de sentirte su víctima. Cuando te sientas protegido y seguro, el mundo se convertirá en tu patio de juegos. No obstante, para llegar a tener esta sensación de seguridad debes reconocer algunas de las causas más comunes que normalmente contribuyen a provocar una sobrecarga de empatía. En cuanto consigas identificar los factores que la desencadenan, podrás actuar rápidamente para solucionar la situación.

¿Por qué causas pueden agravarse los síntomas de la sobrecarga? La fatiga, la enfermedad, las prisas, el tráfico, las multitudes, los ambientes ruidosos, las personas tóxicas, un bajo contenido de azúcar en sangre, las discusiones, el exceso de trabajo, la sensibilidad a las sustancias químicas, tener demasiada vida social y estar en ambientes donde hay demasiados estímulos, como pueden ser las fiestas o eventos sociales y los cruceros: cualquier combinación de dichas condiciones intensifica la sobrecarga que sufre una persona hiperempática. Por lo tanto, debes tener en cuenta lo siguiente: estrés + bajo contenido de azúcar en sangre = drama y agotamiento.

¿Cómo pueden mejorarse los síntomas que produce la sobrecarga? Cuando comienzo a sentir sobrecarga sensorial, necesito parar y desconectarme de todos los estímulos. Si las cosas se ponen realmente tensas, me siento como una flor que se está marchitando, y en ese momento lo único que quiero es estar sola y en calma. Lo que suelo hacer es retirarme a una habitación silenciosa suavemente iluminada, donde me dedico a dormir o meditar para deshacerme de los estímulos que se han acumulado en mi organismo y recuperar energía. Algunas veces advierto que mi sobrecarga sensorial es muy intensa; en esos casos decido pasar un día o un fin de semana a solas, eso es todo lo que necesito. En esos momentos también suelo dar pequeños paseos por la naturaleza e intento restringir mis obligaciones y mis salidas para hacer recados. El problema de las personas hiperempáticas es que solemos ver las cosas en términos de «todo o nada»: o bien estamos constantemente en movimiento, o bien nos refugiamos en nuestra casa. Te sugiero que moderes esa actitud radical para poder encontrar el equilibrio y evitar el sufrimiento que puede ocasionar un aislamiento exagerado o la soledad. Deja que tu intuición te indique lo que es más conveniente para ti. Cada uno de nosotros debe encontrar su propio camino a la hora de reconocer, valorar y satisfacer sus propias necesidades.

En cierta ocasión una paciente me dijo que para sobrellevar la sobrecarga lo único que podía hacer era relacionarse con las personas de una en una. Otro paciente me explicó: «Yo me relajo por la noche, cuando todos están durmiendo y el mundo entero está descansando. Solamente puedo relajarme y centrarme en mí mismo cuando se aquieta el zumbido energético invisible del día». Una habilidad básica que recomiendo para evitar la sobrecarga derivada de la alta empatía es aprender a protegerse. La autoprotección es una forma rápida de ponerse a resguardo. Muchos sujetos hiperempáticos recurren a esta actitud con el fin de bloquear la energía tóxica sin interrumpir el libre flujo de las energías positivas. Te sugiero que la practiques. En cuanto te sientas incómodo con una persona o en un determinado lugar o situación, recurre a un escudo protector. Utilízalo en un aeropuerto, en una fiesta cuando te das cuenta de que estás conversando con un vampiro energético o en la consulta de tu médico. Es una forma de sumergirte en una burbuja segura para que nadie pueda drenar tu energía.

ESTRATEGIA DE PROTECCIÓN

Visualización de un escudo de protección
para personas hiperempáticas

Dedica cinco minutos, como mínimo, a este ejercicio. Elige un espacio tranquilo y protegido y asegúrate de que nadie te interrumpirá. Utiliza ropa suelta y encuentra una posición que te resulte cómoda, como puede ser sentarte en una silla o en el suelo con las piernas cruzadas. Comienza haciendo varias respiraciones largas y profundas. Inhala sintiendo realmente el aire que entra en tu cuerpo y a continuación exhala profundamente para eliminar todo el aire que has inspirado. Mientras lo haces, percibe la sensualidad de la respiración y la conexión con el *prana*, la fuerza vital sagrada. Deja que todos los pensamientos que irrumpen en tu mente se deslicen como nubes en el cielo, y vuelve a concentrarte en tu respiración una y otra vez para conectarte con tu centro. Siente la energía que se desplaza desde los dedos de los pies y atraviesa todo tu cuerpo hasta llegar a la parte superior de la cabeza. Concentrándote en ella conseguirás mantenerte centrado.

En este estado de relajación, visualiza un hermoso escudo de luz blanca o rosada que rodea completamente tu cuerpo y se extiende algunos centímetros más allá de él. Este escudo te protege de todo lo negativo, tóxico, estresante e invasivo. Gracias a su protección puedes sentirte centrado, contento y lleno de energía. Este escudo bloquea la negatividad, pero te deja recibir la energía positiva y afectiva. Tienes que acostumbrarte a la sensación de tener un escudo que protege tu cuerpo; puedes visualizarlo cada vez que sospeches que estás absorbiendo la energía de los demás. Agradece mentalmente esta protección para terminar el ejercicio. Respira larga y profundamente y luego abre los ojos muy despacio. Vuelve a tomar conciencia de la habitación en la que te encuentras y conéctate plenamente con tu cuerpo.

Además de esta protección, los cuidados diarios de los individuos hiperempáticos incluyen alimentarse bien y reducir el estrés. Hay otras acciones que son un bálsamo para el cuerpo y para el alma, como por ejemplo dedicar tiempo a estar solos y tranquilos, relacionarse con personas positivas, salir a la naturaleza, sumergirse en agua para eliminar la energía negativa, meditar, hacer ejercicio y poner límites claros a los vampiros energéticos. Las personas hiperempáticas necesitan incorporar regularmente en su vida todos estos cuidados. También confío plenamente en los rituales personales y en las meditaciones, como la que presento a continuación, que está destinada a establecer la conexión con la tierra.

El poder de centrarse y conectarse a tierra

«Conectarse a tierra» es una forma de conectar contigo mismo. La energía de la tierra es una medicina para las personas estresadas. Al estar en contacto con ella recibes sus poderes sanadores a través de los pies y de todo el cuerpo. Existe una ciencia emergente que sugiere que conectarse a tierra es beneficioso para nuestra salud. Se cree que el hecho de entrar en contacto con los electrones de la tierra calma nuestro sistema nervioso. Lo ideal es andar descalzo en la naturaleza, aunque también es provechoso hacerlo en un jardín lleno de hierba. Los pies son especialmente apropiados para descargar el estrés debido a los diversos puntos de acupuntura y reflexología que hay en las plantas. Dichos puntos son activados cuando caminamos con los pies descalzos y cuando los masajeamos. Tus pies están en la posición perfecta para transmitir la sanación de la tierra al resto de tu cuerpo y a tu mente. Si quieres un efecto más potente, puedes tumbarte directamente sobre la tierra. A mí me encanta flotar de espaldas en el mar mirando el cielo. Pero si la naturaleza no es una alternativa atractiva para ti, puedes recurrir a la visualización que presento a continuación, que puedes practicar en casa, en el trabajo o incluso en una reunión social. Si no dispones de un espacio privado, puedes tomarte un descanso y salir un rato al exterior o pasar algunos minutos en el aseo. (El cuarto de baño ha sido mi refugio durante años cada vez que necesitaba escaparme de una reunión para reducir el nivel de estímulos). Practica esta visualización para relajarte y volver a centrarte. Yo la utilizo al menos cinco minutos cada día y la enseño a mis pacientes. A lo mejor prefieres grabar las instrucciones para esta meditación —y también para todas las demás que presento en el libro—. De este modo, cuando estés preparado solo tendrás que escuchar la grabación y relajarte mientras meditas.

ESTRATEGIA DE PROTECCIÓN

Visualización para conectarte a tierra y centrarte

Cada vez que te sientas sobrecargado, ansioso o temeroso, dedica unos momentos a permanecer en silencio con el fin de bajar el nivel de estimulación. Estar a solas te ayudará a recuperarte y relajarte. No te olvides de desconectar el ordenador y el teléfono. Siéntate en una posición cómoda y respira profundamente varias veces para relajar el cuerpo. A medida que la tensión comience a desvanecerse percibirás la calma y quietud que hay a tu alrededor. Únicamente tienes que ocuparte de respirar y relajarte. Cuando los pensamientos acudan a tu mente, déjalos pasar como si fueran nubes en el cielo. No te apegues a ellos. Concéntrate únicamente en inhalar y exhalar lenta y suavemente. En cuanto comiences a experimentar una sensación de serenidad percibirás que el estrés empieza a abandonar tu cuerpo.

En este tranquilo espacio interior visualiza un árbol de grandes dimensiones con un tronco fuerte que ocupa la parte central de tu cuerpo, desde la cabeza hasta los dedos de los pies. Dedica unos momentos a sentir su poder y su energía. Luego visualiza las raíces del árbol creciendo desde la parte inferior de tus pies y penetrando en la tierra cada vez más profundamente, creando una sensación de reconfortante solidez. Cuando te sientas ansioso o tengas miedo, concéntrate en las raíces del árbol. Deja que te anclen a la Madre Tierra para estabilizarte. Arraigarte de este modo te dará una fuerza interior que te mantendrá centrado y protegido cuando empieces a sentirte agobiado por las vicisitudes de la vida.

Sigue percibiendo la sensación de estar centrado y conectado a tierra mientras abres suave y lentamente los ojos. Regresa al mundo exterior con la convicción de que puedes recurrir a esta visualización para volver a centrarte cada vez que sientas que estás a punto de desequilibrarte.

Esta es una habilidad esencial para mantenerte fuerte. *Concentrarte en tus pies, y no en tus miedos, es una forma rápida de volver a tu centro cuando te sientas agobiado*. El masaje de los pies es otro recurso maravilloso para desconectarse de la mente y prestar atención al cuerpo. La práctica regular de esta meditación destinada a conectarse a tierra (así como también de otras meditaciones de las que hablaré más adelante) disminuye la sobrecarga sensorial.

LA BENDICIÓN DE SER UNA PERSONA HIPEREMPÁTICA

Al iniciar este viaje en mi compañía recuerda que tu presencia, tu dulzura, la ternura con la que tratas a las demás personas y todo lo que recibes en la vida son dones, tanto para ti como para los demás. Tu intuición y tu refinada sensibilidad son sanadoras. Quiero que te valores, que te congratules de ser una persona abierta y de tu capacidad para sentir. Acepta que eres alguien especial y perfecto. Estás capacitado para conectar con la totalidad y la profundidad que hay dentro de ti cuando llegas realmente a ver quién eres. A partir de ese momento puedes disfrutar de la hiperempatía —y precisamente este es el objetivo—. No todos te comprenderán, pero no dejes que eso te preocupe; dedícate a buscar espíritus afines que te entiendan y a quienes tú también puedas comprender. Esto produce una maravillosa sensación de estar conectado. Más adelante te enseñaré a crear grupos de apoyo para personas hiperempáticas utilizando este libro y el programa de audio *Essential Tools for Empaths*[*] (lo puedes encontrar en https://www.soundstrue.com/store/essential-tools-for-empaths.html).

La conciencia humana está en plena evolución y los individuos altamente empáticos son los que están marcando el camino. Nuestra sensibilidad implica una responsabilidad sagrada que requiere de nosotros mucho más que el comportamiento de retirarse y aislarse. Es vital que aprendamos a evitar las situaciones agobiantes para que nuestro poder brille plenamente en el mundo. Los sujetos hiperempáticos y todas las personas sensibles son pioneros que están a la vanguardia de una nueva forma de ser para la humanidad.

Tú formas parte de la generación S, de Sensibilidad, es decir, de las personas que rinden tributo a la compasión y a la bondad amorosa. Representas una apertura vital para que la humanidad evolucione

---

[*] Disponible en inglés.

hacia una conciencia más centrada en el corazón y más intuitiva y puedes servir de modelo para que otros aprendan a ser sensibles y poderosos.

Me complace enormemente poder ayudarte a manejar tu sensibilidad y enseñarte a utilizarla para tu propio bienestar y para hacer el bien a los demás. Espero que aprendas a valorar tus dones, así como yo he aprendido a honrarme a mí misma como persona hiperempática, lo que me hace sentir increíblemente completa. Deseo que la información que te ofrezco en este libro te ayude a sentirte más empoderado que nunca. Y para comenzar este viaje te ofrezco la siguiente afirmación:

AFIRMACIÓN PARA PERSONAS HIPEREMPÁTICAS

Prometo honrar mi sensibilidad y tratarme amorosamente mientras aprendo a ser una persona hiperempática y a aceptar mis dones. Me valoraré cada día.

Capítulo 2

LAS PERSONAS HIPEREMPÁTICAS, LAS EMOCIONES Y LA SALUD

Cómo dejar de absorber el malestar de los demás

El cuerpo de una persona hiperempática es diferente al de los demás. Los hiperempáticos sentimos todo lo que está a nuestro alrededor, lo bueno y lo malo. Nuestros cuerpos son *porosos* y por ello absorbemos las energías positivas y negativas, que se acumulan en nuestros músculos, órganos y tejidos. Esto puede afectar a nuestra salud de muchas formas importantes. En términos positivos, somos capaces de percibir la vitalidad, la alegría y el amor de los otros en nuestro propio cuerpo. ¡Esto además de ser maravilloso es una excelente medicina! Sin embargo, también podemos percibir el malestar físico, el estrés y las emociones negativas de otras personas, como pueden ser la frustración, la ira y el miedo (aun cuando no se expresen verbalmente). Los individuos hiperempáticos nos agotamos y enfermamos cuando estamos en presencia de gente tóxica, ruidos, violencia, prisas y gritos.

Incluso podemos padecer lo que yo denomino «enfermedades de hiperempatía», en las que experimentamos los síntomas físicos de otra persona como si fueran propios. Cuando era una niña, mi estado anímico cambiaba súbitamente cuando me montaba en un autobús y empezaba a sentir la ansiedad o el sufrimiento de la persona que estaba sentada junto a mí. También me sucedía que entraba en una tienda sintiéndome perfectamente bien y al salir me encontraba exhausta y nerviosa, o sentía un dolor que no tenía al llegar. En aquel momento no tenía la menor idea de que el hecho de recorrer pasillos interminables para escoger los productos que buscaba, las nocivas luces fluorescentes del local y las largas colas me perturbaban. Por mi propia experiencia y por lo que me contaban mis pacientes, finalmente llegué a comprender que hay determinados espacios y ambientes que son más estresantes para los que somos hiperempáticos y que las emociones y síntomas ajenos pueden quedar adheridos a nuestro cuerpo.

Para sobrevivir como individuos altamente empáticos es esencial aprender cómo dejar de absorber las emociones y el dolor de los demás y conectarnos con nuestro propio centro cuando nos encontramos en ambientes excesivamente estimulantes que no son nada favorables para nosotros. En este capítulo te enseñaré la forma de hacerlo. En cuanto pongas en práctica los fundamentos básicos de la autoprotección, te resultará mucho más fácil moverte en este mundo y tu salud y tu bienestar mejorarán.

LAS LIMITACIONES DE LA MEDICINA CONVENCIONAL

La atención médica convencional tiene algunas deficiencias cuando se trata de ayudar a las personas sensibles. A los individuos hiperempáticos a menudo se les diagnostica erróneamente como hipocondríacos o neuróticos. Esto resulta muy frustrante cuando te sientes vulnerable y necesitas ayuda. Otra actitud bastante habitual es derivarlos a un psiquiatra para que les prescriba antidepresivos, como Prozac, o ansiolíticos, como Valium o Xanax. Aunque estos son los tratamientos típicos que la medicina convencional suele utilizar para aliviar la depresión y la ansiedad, desde luego no es lo que yo recomiendo para resolver una sobrecarga de empatía.

Por otra parte, la medicina ortodoxa suele darles a los sujetos altamente empáticos el diagnóstico de trastorno de procesamiento sensorial, un problema neurológico que se asocia a la incapacidad de procesar la estimulación sensorial. Las personas que reciben este diagnóstico son consideradas «anormalmente» sensibles a las multitudes, a la luz, al sonido y al tacto. Estoy absolutamente en contra de los médicos que califican la alta sensibilidad como un «trastorno» de procesamiento sensorial, en lugar de considerarla un don que tiene sus propios desafíos. La medicina acostumbra a considerar patológico todo lo que es «diferente» y que no alcanza a comprender. Las personas hiperempáticas presentan características especiales que se manifiestan en el transcurso normal de la experiencia humana. Dichas características ejemplifican la extraordinaria diversidad de nuestra especie. El problema de la medicina convencional es que carece de un modelo que incluya el sistema de energía sutil del cuerpo. Este concepto ha sido central durante miles de años en muchas tradiciones sanadoras de todas las culturas, incluida la medicina tradicional china.

¿Qué es la energía sutil? Es la fuerza vital que penetra el cuerpo y lo rodea con una capa de varios centímetros de espesor. Piensa en el halo que se representa en el arte sagrado, la maravillosa luz blanca que se proyecta a través de la parte superior de la cabeza; es un ejemplo del cuerpo energético. A diferencia de los médicos chinos tradicionales, que trabajan con la energía sutil de sus pacientes, conocida como *chi*, los médicos alópatas occidentales no comparten este punto de referencia cuando diagnostican enfermedades y tratan a los pacientes, lo que se traduce en una limitación fundamental. Mi misión es reeducar a los profesionales de la salud y enseñarles cuál es el tratamiento apropiado para las personas hiperempáticas, que son sumamente sensibles a la energía. Mi propósito es que sean capaces de brindarnos los cuidados y la comprensión que merecemos.

En mi consulta de psicoterapia combino mis conocimientos médicos convencionales con la medicina energética, la intuición y la espiritualidad (en mi programa de audio *Becoming an Intuitive Healer*[*] colaboro en la formación de profesionales de la salud y otros profesionales afines para que desarrollen dichas habilidades). No me limito a escuchar a mis pacientes con mi intelecto, sino que también lo hago con mi intuición y mi capacidad empática. Esta información adicional me permite conocerlos mucho más rápidamente. Con el objetivo de empoderar a mis pacientes altamente empáticos, les enseño a sintonizarse con su voz interior y a marcar los límites con las personas que pueden llegar a agotar su energía. De esta forma, su sensibilidad puede ser una fuente de fortaleza, amor y vitalidad, y no de desasosiego y enfermedad.

OPTIMIZAR TU SALUD: ¿ERES UNA PERSONA HIPEREMPÁTICA FÍSICA O EMOCIONAL?

Para los sujetos hiperempáticos es vital tener conciencia de su salud. El primer paso para optimizar tu nivel energético es identificar si eres una persona con elevada empatía física o emocional —aunque podrías tener características de los dos tipos—. Saberlo te ayudará a comprender cómo funciona tu sensibilidad, y así serás capaz de desarrollar la resistencia y la autoprotección que necesitas para no agotarte.

Los individuos hiperempáticos físicos sienten los síntomas de otras personas en su propio cuerpo. Por ejemplo, un amigo se queja de que le duele el estómago y de pronto la persona hiperempática empieza a sentir el mismo dolor. En el trabajo alguien tiene migraña y su colega hiperempático comienza también a padecerla. El aspecto positivo de este tipo de personas es que también absorben el bienestar de los demás. Una de mis pacientes me contó que cuando está en la clase de yoga, su marido (que es hiperempático) siente en su propio cuerpo que ella se está relajando físicamente aunque se encuentre al otro lado de la ciudad. ¡Él también se beneficia cuando ella practica yoga!

Las personas hiperempáticas emocionales absorben principalmente las emociones ajenas. Por ejemplo, pueden estar viendo una

---

[*] https://www.soundstrue.com/store/becoming-an-intuitive-healer-359.html, disponible en inglés.

comedia sentadas junto a un desconocido que está deprimido, y salir del cine sintiéndose ellas mismas abatidas. ¿Por qué? Porque el campo energético de la otra persona se superpone con su propio campo energético durante la proyección de la película. Y cuanto más cerca esté el sujeto hiperempático de la persona en cuestión, más le afectarán sus emociones y síntomas. El problema es que los hiperempáticos emocionales a menudo no tienen la menor idea de qué emociones les pertenecen y cuáles les son ajenas. Pueden desestabilizarse debido a los sentimientos de otras personas sin advertirlo y no encontrar la forma de volver a centrarse. Tal como me dijo uno de mis pacientes: «Necesito todo un día para recuperarme cuando salgo con alguien extremadamente negativo o que está enfadado».

No obstante, hay soluciones. Darse cuenta de que había estado absorbiendo la ansiedad de su madre desde que era una niña fue muy importante para otra de mis pacientes, llamada Terry. Las personas altamente empáticas tienen un gran corazón y suelen absorber inconscientemente las emociones de sus seres queridos. En cuanto Terry tomó conciencia de esa dinámica, pude enseñarle a poner límites. La guie para que visualizara que estaba cortando el cordón energético que había entre la ansiedad de su madre y su propia persona. Esto le permitió mantener límites saludables y seguir siendo una hija cariñosa.

Tanto los hiperempáticos físicos como los emocionales suelen ser muy intuitivos en relación con los diagnósticos médicos cuando reciben el entrenamiento adecuado para desarrollar sus cualidades. Son capaces de diagnosticar la enfermedad de los demás percibiendo empáticamente sus síntomas. Sin embargo, también deben aprender a liberarse de todo lo que recogen para proteger su propia salud.

El objetivo para todos los sujetos hiperempáticos debe ser aprender a no absorber la energía negativa con el fin de tener una vida más confortable. Instintivamente podemos desear eliminar el dolor o el sufrimiento de otra persona, pero esto no es saludable para nosotros. Yo he aprendido a estar totalmente disponible para mis pacientes y para los asistentes a mis talleres sin asumir sus cargas. Mi trabajo consiste en dar seminarios y hablar frente a cientos de personas; por lo tanto es fundamental mantenerme centrada y protegerme. De este modo puedo desempeñar una labor que me encanta sin sobrecargarme de estímulos ni desgastarme. A lo largo de este libro comparto contigo todas las herramientas eficaces que utilizo en mi propia vida para seguir siendo una persona altamente empática y equilibrada.

Autoevaluaciones para personas hiperempáticas físicas y emocionales

Como ya he dicho, para conservar la salud es importante determinar si eres un hiperempático físico o emocional. También es posible que reúnas características de los dos tipos, como es mi caso. Saber cuál de estos dos tipos te corresponde te ayudará a tomar decisiones claras para cuidarte y protegerte.

A continuación presento dos autoevaluaciones que te permitirán identificar a cuál de ellos perteneces.

AUTOEVALUACIÓN

¿SOY UNA PERSONA HIPEREMPÁTICA FÍSICA O EMOCIONAL?

¿Soy una persona hiperempática física?

Formúlate las siguientes preguntas:

- ¿Me he sentado alguna vez junto a alguien que padece un dolor y he empezado a sentir el mismo dolor?
- ¿Me siento físicamente enfermo cuando estoy en medio de una multitud?
- ¿Me han dicho que soy hipocondríaco pero yo sé que mis síntomas son reales?
- ¿Reacciono al malestar de otras personas desarrollando síntomas físicos?
- ¿Algunas personas me revitalizan y otras me agotan?
- ¿Consulto frecuentemente con médicos sin recibir un tratamiento que me ayude?

- ¿Tengo fatiga crónica o alguna dolencia misteriosa e indefinible?
- ¿Suelen agobiarme las aglomeraciones y por eso prefiero quedarme en casa?
- ¿Es mi cuerpo sensible al azúcar, al alcohol y a los alimentos procesados?

¿Soy una persona hiperempática emocional?

Formúlate las siguientes preguntas:

- ¿Absorbo las emociones de otras personas, como la ansiedad, la ira o la frustración?
- ¿Tengo resaca emocional después de una discusión o un conflicto?
- ¿Me siento deprimido o ansioso cuando me encuentro en medio de una muchedumbre?
- ¿Quiero ayudar a las personas para que se liberen de su estrés y se sientan bien?
- ¿Puedo intuir los sentimientos de los demás aunque no los expresen?
- ¿Me cuesta diferenciar las emociones ajenas de las propias?
- ¿Me ocupo tanto de los demás que me olvido de mis propias necesidades?
- ¿Me producen altibajos emocionales el azúcar, los carbohidratos u otros alimentos?

La forma de interpretar las autoevaluaciones es la siguiente:

- Una o dos respuestas afirmativas en una misma categoría indican que perteneces parcialmente a ese tipo de personas hiperempáticas.
- Tres o cuatro respuestas afirmativas indican que perteneces moderadamente a ese tipo de personas hiperempáticas.
- Cinco o más respuestas afirmativas indican que perteneces definitivamente a ese tipo de personas hiperempáticas.

Descubrir si eres una persona hiperempática física o emocional, o ambas a la vez, es muy importante para conocerte más profundamente, además de ser un aprendizaje para desenvolverte en el mundo. No estás loco ni eres hipocondríaco; eres una persona sensible con un don que necesitas potenciar y aprender a utilizar satisfactoriamente.

ENFERMEDADES DE HIPEREMPATÍA

He acuñado la denominación *enfermedades de hiperempatía* para referirme a las enfermedades en las que se manifiestan síntomas que no son propios. ¡Sí, efectivamente, es posible absorber esa información de otras personas! Tú crees que esos síntomas te pertenecen pero en realidad no es así, una situación ciertamente difícil y desconcertante. Por ejemplo, una de mis pacientes, llamada Alicia, experimentó en su propio cuerpo las dificultades respiratorias de su hermana asmática, aunque ella no padecía la enfermedad. Bryan, otro de mis pacientes, estaba tan unido a su mujer que le dolía la mano cuando ella sufría episodios agudos de artritis. Algunas enfermedades se deben totalmente a la hiperempatía.

Sin embargo, lo más frecuente es que al absorber el malestar de otra persona los síntomas que ya padece el hiperempático se agraven. Las enfermedades de hiperempatía pueden llegar a ser crónicas y causar una ansiedad social que puede paralizar a quienes las sufren e incluso confinarlos en sus casas. Los sujetos altamente empáticos tienden a experimentar ansiedad social porque se sienten agobiados por las múltiples señales, verbales o no verbales, que otras personas emiten en reuniones u otras situaciones grupales. Los individuos hiperempáticos también son sensibles al rechazo; se sienten tan agotados y debilitados al percibir el malestar del mundo que son incapaces de funcionar. Una vez más debo decir que la mayoría de los médicos no disponen de herramientas para comprender qué es lo que les ocurre a las personas hiperempáticas porque la medicina convencional no cree que el cuerpo cuente con un sistema energético sutil y, en consecuencia, no saben cómo aliviar su sufrimiento.

Muchos pacientes que acuden a mi consulta están aquejados de las siguientes enfermedades relacionadas con la hiperempatía:

- Fatiga adrenal.
- Enfermedades autoinmunes, como pueden ser la tiroiditis de Hashimoto o la enfermedad intestinal inflamatoria.
- Fobias (por ejemplo, agorafobia —el miedo a estar en espacios abiertos—, o fobia a las multitudes, a conducir, o a los eventos celebrados en grandes espacios, como estadios).
- Depresión crónica.
- Fatiga crónica.
- Fibromialgia.
- Dolor.
- Ataques de pánico y ansiedad social.

Cuando comencé a tratar pacientes con elevada empatía en mi consulta de psicoterapia hace aproximadamente veinte años, no sabía exactamente cómo ayudarlos, ni cómo aliviar sus síntomas. En aquella época yo misma estaba intentando asumir que era una persona hiperempática. No obstante, mientras elaboraba cuidadosamente las historias clínicas descubrí que la mayoría de esos pacientes mantenían una relación muy estrecha con un ser querido o un compañero de trabajo que lo estaba pasando mal y que estaban absorbiendo inconscientemente sus síntomas y emociones. ¡Fui capaz de detectarlo porque a mí me ocurría lo mismo! Otros pacientes tenían reacciones muy intensas frente a los cambios que se producían en la naturaleza. A uno de ellos se le recrudecía el dolor de espalda cuando había tormentas eléctricas. Algunos experimentaban el trastorno afectivo estacional, un cuadro depresivo que tiene lugar en invierno, cuando los días son más cortos y hay más horas de oscuridad. Muchas personas hiperempáticas se sienten más inquietas y ansiosas durante la fase de la luna

> LAS PERSONAS QUE SON SENSIBLES PUEDEN SUFRIR MUCHO MÁS QUE LAS QUE NO LO SON, PERO SI COMPRENDEN LO QUE LES OCURRE Y ATRAVIESAN SU SUFRIMIENTO, DESCUBRIRÁN COSAS EXTRAORDINARIAS.
>
> **Jiddu Krishnamurti**

llena y se encuentran más relajadas con la luna nueva. El hecho de descubrir la exquisita sensibilidad de los sujetos hiperempáticos y su incapacidad para modularla ha modificado significativamente mi forma de tratar a estos pacientes. Mi trabajo consiste en enseñarles técnicas para conectar consigo mismos y establecer límites saludables para protegerse. El tratamiento adecuado para las enfermedades de hiperempatía es entrenar a las personas sensibles que las padecen para que consigan dejar de absorber la energía negativa y el malestar de los demás en lugar de tomar medicación para sus síntomas. Gracias a este enfoque dejan de sentirse agotadas y agobiadas y pueden empezar a disfrutar de un estado de salud radiante.

LAS PERSONAS HIPEREMPÁTICAS Y LA MEDICACIÓN

Muchos médicos recurren directamente a los antidepresivos y ansiolíticos para tratar a los pacientes hiperempáticos; al inicio del tratamiento yo prefiero no utilizar fármacos con estas almas tan sensibles. En algunas ocasiones lo único que necesitan mis pacientes es ser más amables consigo mismos y hacer pequeños ajustes para que su vida sea más fácil. Por ejemplo, Jane llegó mi consulta porque sentía una gran ansiedad cuando conducía por las autopistas de Los Ángeles. Los múltiples carriles de circulación y los camiones de gran tamaño que circulaban en ambas direcciones la agobiaban, aturdían y mareaban. Muchos individuos hiperempáticos (entre los que me incluyo) tienen aversión a las autopistas. El tráfico que circula a toda velocidad y los conductores alterados producen una gran cantidad de estímulos que la mayoría de nosotros no somos capaces de procesar. ¡Hace muchos años que no conduzco por autopistas!

A pesar de que Jane había practicado ejercicios para aprender a respirar profundamente antes de subirse a su vehículo y había hecho pequeños recorridos por una autopista para acostumbrarse a conducir en ellas, estas estrategias habían demostrado ser insuficientes. Su médico de cabecera le había recetado un ansiolítico, pero a ella no le apetecía recurrir a la medicación. Le ofrecí una alternativa muy simple. En lugar de volverse loca intentando «superar» la ansiedad que le producía conducir por las autopistas, le aconsejé que se diera permiso para evitarlas siempre que fuera posible y que transitara por las hermosas calles secundarias que atraviesan la ciudad, que es lo que yo hago. Jane se sintió muy aliviada con esta solución y sencillamente dedicó más tiempo a desplazarse de un sitio a otro. También la insté a que dejara de presionarse para «ser como los demás», un error que cometen muchas personas sensibles. Los hiperempáticos solemos tener necesidades especiales que deben ser respetadas y que no representan ningún problema. El hecho de que trabajemos para encontrar la forma de ser más amables con nosotros mismos no quiere decir que seamos unos fracasados ni que eludamos nuestros problemas. Encontrar la solución más fácil y suave para un conflicto puede ser la manera más compasiva de resolver la ansiedad sin tener que recurrir a los fármacos.

Sin embargo, en algunos casos quizás sea conveniente que las personas altamente empáticas que sufren agotamiento crónico producido por un trauma o por estrés tomen antidepresivos y ansiolíticos para volver a equilibrar su bioquímica corporal. Acostumbro a prescribir este tipo de medicación a corto plazo. Me parece interesante destacar que es bastante corriente que muchos hiperempáticos necesiten una dosis menor que otras personas para obtener un resultado positivo. Por ejemplo, una dosis baja de un antidepresivo puede obrar maravillas en mis pacientes altamente sensibles. Un médico convencional podría describirlo como un efecto placebo, pero no estoy en absoluto de acuerdo con esa opinión. Los individuos hiperempáticos sencillamente son más sensibles a todo, incluida la medicación. A menudo las dosis habituales que la medicina convencional considera efectivas son demasiado altas para nosotros. Si eres una persona con elevada empatía que necesita medicación, te sugiero trabajar con un profesional que practique la medicina holística y tenga en cuenta la energía sutil para que te recete la dosis más adecuada para tu cuerpo.

Algunas investigaciones recientes que han estudiado el modo en que los analgésicos pueden inhibir la hiperempatía me parecen fascinantes. En un estudio reciente, investigadores de la Universidad

Estatal de Ohio descubrieron que cuando los participantes que ingerían Tylenol (acetaminofeno) se enteraban de los percances o accidentes que habían sufrido otras personas se sentían menos afligidos que los que no tomaban el fármaco.[1] Es muy importante saber que el Tylenol reduce la hiperempatía, ¡porque cincuenta y dos millones de estadounidenses toman cada semana una sustancia que lo contiene!

LAS PERSONAS HIPEREMPÁTICAS Y LA FATIGA ADRENAL

La fatiga adrenal es un problema de salud muy común entre los hiperempáticos. Algunos de mis pacientes llegan a la consulta con este síndrome, un conjunto de síntomas que incluyen agotamiento, dolores y malestares corporales, ansiedad, incapacidad para pensar claramente e insomnio. ¿Cuál es la causa? Una teoría es que las glándulas adrenales (también llamadas suprarrenales) son incapaces de neutralizar el estrés y como consecuencia la secreción de hormonas como el cortisol, que normalmente tienen una función vigorizante, puede llegar a reducirse y escasear.

Las personas hiperempáticas son más vulnerables a la fatiga adrenal porque el hecho de absorber los síntomas de los demás aumenta sus niveles de estrés. A continuación expongo algunas soluciones para tratarla que pueden ayudar a revertir los síntomas y recuperar la energía. Pero no debes olvidar que dichas soluciones no son un remedio inmediato. Superar la fatiga adrenal requiere básicamente llevar un estilo de vida y una dieta sanos, gracias a los cuales los hiperempáticos podrán gestionar su energía de manera eficaz a largo plazo.

ESTRATEGIA DE PROTECCIÓN

SUGERENCIAS PARA ALIVIAR LA FATIGA ADRENAL

- **Lleva una dieta de alimentos no procesados.** Evita los alimentos procesados y la comida basura, el gluten, el azúcar y la harina blanca (aprenderás mucho más sobre la alimentación en el capítulo 3).

- **Añade sal del Himalaya de color rosa a tu dieta.** Elimina las sales de baja calidad (consulta con tu médico de cabecera sobre la ingesta de sal si tu presión sanguínea es alta).
- **Practica ejercicio.** Haz ejercicios físicos suaves y estiramientos para desarrollar energía y resistencia.
- **Medita.** La meditación aumenta las endorfinas, que son analgésicos naturales, y reduce las hormonas del estrés.
- **Conoce tu nivel de cortisol mediante un análisis de sangre.** Si es bajo, plantéate un tratamiento temporal con cortisol natural siguiendo las recomendaciones de tu médico de cabecera.
- **Descansa bien.** El sueño es curativo y reparador.
- **Toma vitaminas del grupo B diariamente.**
- Toma entre 2.000 y 5.000 mg de **vitamina C** cada día en la fase aguda.
- **Contempla la posibilidad de hacer una sueroterapia de vitamina C** (administración intravenosa) de 10.000 a 25.000 mg. para aumentar tu energía e inmunidad y mejorar tu salud adrenal. Los profesionales que practican la medicina holística a menudo ofrecen este tratamiento. Yo misma lo adopto cuando tengo un resfriado fuerte y necesito fortalecer mis defensas.
- **Elimina los vampiros energéticos que hay en tu vida.** Intenta deshacerte de las personas tóxicas que te rodean, o al menos establece límites claros para que no te debiliten (encontrarás más información sobre este tema en el capítulo 5).

Además recuerda ser amable contigo mismo y mantener un estado de ánimo positivo. Concéntrate en el bienestar y no en la enfermedad. No te castigues con pensamientos negativos, como por ejemplo «nunca me sentiré mejor» o «Soy débil y estoy enfermo». Independientemente de lo que esté sucediendo en tu vida, siempre puedes adoptar una actitud positiva. Si quieres aliviar la fatiga adrenal, puedes reducir el estrés interior mediante la autocompasión.

LAS PERSONAS HIPEREMPÁTICAS Y EL EJERCICIO

El ejercicio regular es imprescindible para las personas hiperempáticas porque la actividad física permite descargar la tensión y la energía negativa. Un estilo de vida sedentario causa que el flujo de tu energía se estanque, y en consecuencia todo tipo de toxinas se acumulan en tu cuerpo. Cuando sientas que estás acumulando estrés, sal a dar un paseo, ve al gimnasio, asiste a una clase de yoga o realiza algunos estiramientos. Los ejercicios vigorosos son excelentes para purificar tu organismo, aunque los suaves también son efectivos. El movimiento nos mantiene flexibles y favorece que nuestros músculos no tengan contracturas ni absorban la negatividad. De este modo, el ejercicio físico hace retroceder el reloj, y nos ayuda a mantenernos jóvenes y más vitales.

AUTOPROTECCIÓN PARA PERSONAS HIPEREMPÁTICAS: CATORCE ESTRATEGIAS PARA COMBATIR LA ENERGÍA TÓXICA

Mis pacientes me preguntan con frecuencia: «¿Cómo puedo reconocer si mis emociones o síntomas me pertenecen o son ajenos a mí? Y si no son míos, ¿de qué modo puedo deshacerme de ellos?». Las respuestas son fundamentales para llegar a ser una persona feliz y llena de energía.

He aquí algunas estrategias básicas que te recomiendo practicar si crees que estás absorbiendo el estrés o los síntomas de otras personas y necesitas deshacerte de la energía negativa. Yo recurro a ellas en mi propia vida y se las enseño a mis pacientes y a las personas que asisten a mis talleres. Tú también puedes probarlas para comprobar cuál de ellas es más adecuada para ti.

Estrategia 1. Pregúntate: «¿Este síntoma, o emoción, me pertenece o es de otra persona?»

Si quieres detectar si estás absorbiendo la energía de otro individuo, debes observar en qué momento experimentas un cambio repentino, ya sea anímico o físico, cuando estás acompañado. Si antes no te sentías ansioso, deprimido, enfermo ni agotado, lo más probable es que el malestar que estás experimentando proceda, al menos parcialmente, de la persona que está contigo. Si tu malestar se disipa cuando ya no estás cerca de ella, seguramente no tiene que ver contigo.

Sin embargo, en algunas ocasiones la emoción o el síntoma en cuestión pueden proceder tanto de la otra persona como de ti mismo. Los sentimientos son contagiosos, especialmente si están asociados a un tema candente para ti. Por ejemplo, si no has resuelto la ira que te despierta tu padre, absorberás la que los demás sienten hacia sus propios padres. Si tienes miedo de las enfermedades crónicas, serás muy susceptible a absorber los síntomas de las que padecen otras personas. Los individuos hiperempáticos muestran una mayor tendencia a absorber dolores físicos o emocionales asociados a temas específicos que ellos mismos aún no han conseguido resolver. Cuando te ocupes de solucionar las situaciones conflictivas de tu propia vida, será menos probable que te sobrecargues con los síntomas de otras personas. Probablemente seguirás percibiéndolos, pero no tendrán tanto impacto en tu vida ni llegarán a mermar tu energía.

Estrategia 2. **Respira y repite un mantra**

Cuando te sientas acosado por la negatividad, concéntrate de inmediato en tu respiración durante algunos minutos. Inhala y exhala lenta y profundamente para deshacerte de la energía negativa. Este tipo de respiración permite que esa energía abandone tu cuerpo. Por el contrario, contener la respiración o respirar de un modo superficial mantiene la negatividad en tu interior. Te sugiero que mientras respiras profundamente repitas en voz alta el siguiente mantra tres veces, empleando un tono que otorgue significado a lo que estás diciendo:

Devolver al remitente. Devolver al remitente. Devolver al remitente.

El poder de tu voz puede ordenarle al malestar que salga de tu cuerpo, y la respiración es el vehículo que lo transporta nuevamente hacia el universo.

Por otra parte, mientras pronuncias este mantra puedes concentrarte en utilizar la respiración para expeler la energía tóxica de la región lumbar, es decir, la parte baja de la espalda. Los espacios intervertebrales de la región lumbar actúan como canales para eliminar los síntomas que has absorbido. Visualiza tu malestar saliendo de tu cuerpo a través de esos espacios de la columna. Mientras la energía negativa abandona tu cuerpo y se mezcla con la matriz energética gigante de la vida, di en voz alta: «Yo te libero».

Estrategia 3. Mantente apartado de lo que te perturba

Aléjate por lo menos seis metros de la presunta fuente de malestar y observa si te sientes aliviado. No dejes que te preocupe la posibilidad de ofender a extraños. Más allá de que te encuentres en la consulta de un médico, en el teatro o en cualquier otro espacio público, no dudes en cambiar de asiento cuando lo encuentres necesario. Si estás en un restaurante cerca de una mesa en torno a la que se reúne un grupo muy ruidoso, no tienes por qué permanecer en ese lugar si te sientes incómodo. Eres libre para cambiar de sitio y elegir una mesa que sea más tranquila. Estas son las estrategias que suelo utilizar para cuidar de mí misma. Es muy saludable ser capaz de decir «no» a determinadas energías. Por tanto, tener la libertad de cambiar de sitio es un acto de autoprotección.

Un amigo hiperempático me contó que había asistido a una fiesta de graduación muy bulliciosa: «Tuve que salir durante unos momentos porque el ruido era demasiado intenso para mí. Todavía no habían servido la cena, pero ya me zumbaban los oídos y me estaba poniendo muy nervioso. Les comuniqué a mis amigos que necesitaba un pequeño descanso y todos lo entendieron. Así que decidí sentarme en el coche durante una hora a leer mi libro de poesía mientras los asistentes a la fiesta disfrutaban de la cena y del baile. Ellos lo pasaron muy bien en el encuentro y yo pude recuperar mi energía en soledad y sumarme después a la celebración».

Los sujetos hiperempáticos a menudo se encuentran envueltos en situaciones sociales que les resultan agobiantes. Cuando te suceda algo semejante, no dudes en tomarte un descanso para recuperar tu energía. Más tarde, si deseas volver al encuentro, te sentirás mucho más tranquilo.

Estrategia 4. Limita los contactos físicos; los abrazos son una elección

La energía se transmite a través de los ojos y del tacto. Limita este tipo de contacto físico, incluidos los abrazos y agarrarse de la mano, cuando no te sientas cómodo con alguna persona. Abrazar a un ser querido que está afligido normalmente supone un beneficio para ambos; no obstante, puedes darle solo un abrazo corto si sientes que su malestar puede llegar a sobrecargarte. Otra alternativa es que le transmitas tu amor a distancia.

Muchos sanadores que tienen en cuenta la energía les preguntan respetuosamente a las personas a las que acaban de conocer: «¿Te apetece que te abrace?». Tú también puedes pedir permiso. No hay ningún problema en negarse amablemente a recibir un abrazo. Algunas veces siento que no estoy preparada para compartir energía con determinadas personas y les comunico: «No doy abrazos». Si no te encuentras a gusto con una persona, puedes recurrir a un «medio abrazo», el tipo de abrazo en el que te limitas a darle un par de palmadas en la espalda. Cuando llegues a sentirte más cómodo con ella, podrás abrazarla completamente y sentirte bien. Recuerda que siempre tienes la posibilidad de decidir qué tipo de contacto físico quieres mantener con los demás.

Estrategia 5. Elimina toxinas en el agua

Una forma rápida de disolver el estrés y el sufrimiento derivados de la hiperempatía es sumergirse en agua. Las personas hiperempáticas adoramos el agua. Los baños con sales de Epson son maravillosos y proporcionan magnesio, que es relajante. Mi bañera es un santuario después de un día muy ajetreado. Cuando estamos en el agua, eliminamos de nuestro cuerpo todo aquello que nos agota: los gases de los autobuses, largas horas de vuelo o síntomas molestos que podemos haber absorbido de otras personas. Quizás te apetezca echar en el baño unas gotas del relajante aceite esencial de lavanda para acabar un día que se te ha hecho demasiado largo. La forma perfecta de descargar lo que hemos acumulado por causa de la hiperempatía es sumergirnos en fuentes o pozas naturales llenas de minerales que purifican todo lo que nos afecta negativamente.

Estrategia 6. Establece límites

Para sobrevivir y progresar no hay otra forma más efectiva que establecer límites claros con las personas. Si percibes que alguien está mermando tu energía, no debes dejar que te utilice de felpudo. Controla la cantidad de tiempo que estás invirtiendo en escuchar a esa persona. *«No» es una oración completa.* Es totalmente aceptable hacerle saber cuáles son tus necesidades y preferencias. Por ejemplo, «lo siento pero no me apetece ir a una fiesta esta noche», «hablaremos de esto cuando estés más tranquilo porque no soporto los gritos», «lo único que necesito ahora es meditar y estar en silencio» o «no hablaré más que unos pocos minutos contigo, a menos que estés dispuesto a encontrar soluciones». En algunas ocasiones cambiar los patrones de comunicación con aquellos que nos conocen implica un proceso de reentrenamiento que merece la pena llevar a cabo, pues la capacidad de establecer los límites con firmeza pero también con amabilidad te protegerá de los vampiros energéticos.

Estrategia 7. Visualiza que estás cortando una cuerda que te une a la otra persona

Si sientes que estás demasiado conectado con el estado físico o emocional negativo de otra persona, visualiza una cuerda de luz que se extiende desde tu abdomen hasta el suyo y luego visualiza cariñosamente tu intención de cortar esa cuerda. Al hacerlo no estarás eliminando la conexión total con esa persona, sino únicamente con su energía desagradable. A continuación imagina que tienes unas tijeras en la mano y cortas la cuerda que te une a su energía negativa. Esta es la técnica que utilizó mi paciente Terry, a la que ya he mencionado, para separarse de la ansiedad de su madre y seguir manteniendo un vínculo afectivo con ella.

Estrategia 8. Planifica pasar un tiempo a solas para reorganizarte.

Los individuos hiperempáticos necesitan pasar un tiempo en soledad para volver a conectarse con su poder personal. Si has absorbido energía no deseada, descansa un rato en soledad para volver a centrarte. Dedica unos cuantos minutos, o más tiempo, a aquietarte. Elimina los ruidos, las luces brillantes, las llamadas telefónicas, los mensajes, los correos electrónicos, Internet, la televisión y las conversaciones. Es importante que no haya nadie a tu alrededor para que puedas sentir tu propia energía; en ese momento eres tu mejor amigo. Esta es una forma excelente de cuidarte. Reducir los estímulos externos también te ayuda a librarte de la negatividad. Suelo retirarme a mi mundo interno para eliminar el estrés que me contagian los demás y me quedo en silencio para conectarme con mi propia energía y mi corazón. El malestar de las otras personas no se adhiere a mí cuando estoy centrada y conectada conmigo misma.

> ALGUNAS VECES NECESITO ESTAR SOLA. NO ESTOY ENFADADA. NO ESTOY TRISTE. ESTOY RECARGANDO MIS BATERÍAS.
>
> **Kristen Butler**

Estrategia 9. Sal a la naturaleza y practica la conexión a tierra

Los sujetos altamente empáticos adoran la naturaleza y se encuentran muy a gusto en ella. Estar en un medioambiente verde, fresco y limpio, y también cerca del agua, despeja la negatividad. La tierra emana sanación. Intenta tumbarte en una pradera para que tu cuerpo absorba su energía. ¡Es una sensación sublime! Como ya he mencionado, conectarse con la tierra significa andar descalzo y sentir su poder a través de los pies. Si quieres eliminar la energía que has absorbido de otras personas, concéntrate en sentir la hierba, la arena o la tierra mientras caminas con los pies descalzos. Percibe la medicina sanadora de la tierra penetrando en tu cuerpo a través de las plantas de los pies; te sentirás conectado. Es una experiencia maravillosa. A mí me encanta andar descalza —en realidad nunca me ha gustado usar zapatos a menos que haga frío o no esté en casa—.

Me parece importantísimo hacer pequeños retiros personales y apartarse del mundo al menos una vez al año. Son descansos planificados para liberar las energías negativas en la naturaleza o en cualquier sitio tranquilo donde uno pueda volver a equilibrar su organismo. Todos los años ofrezco un retiro de fin de semana para personas sensibles en el Instituto Esalen, junto a un bosque de secuoyas y cerca del océano en Big Sur (California). Es un periodo de tiempo destinado a que los participantes se relajen, sintonicen con su intuición y se conecten más profundamente con su espíritu. Yo misma realizo algunos retiros personales en la naturaleza cada año para desconectar y revitalizarme.

Estrategia 10. Duerme bien y échate una siesta para recuperar la energía

Dormir es un bálsamo sanador para el cuerpo y el alma de una persona hiperempática. El sistema nervioso se calma mientras dormimos. Los individuos con elevada empatía somos más vulnerables a absorber el estrés y los síntomas de los demás cuando estamos cansados. Por este motivo es fundamental que durmamos lo suficiente. Una regla básica de autoprotección es que valores las horas de sueño que necesitas cada noche para recobrar energía. Si te sientes especialmente estresado, intenta dormir un poco más y también encuentra un momento durante el día para echarte una siesta. El sueño es lo que más nos cura. Yo necesito dormir ocho horas por la noche para estar en forma. También es importante que dediquemos unos momentos a relajarnos y recuperar la calma antes de irnos a dormir y aprovechar esos momentos para reflexionar sobre lo que ha ocurrido durante el día o meditar. Prescinde de Internet, de las redes sociales, de pensar en las facturas que tienes que pagar, de las conversaciones intensas, de las noticias o de las escenas violentas que muestra la televisión (algunas personas consideran que el dormitorio es solo para descansar, dormir y practicar sexo, y no tienen un televisor en él). Un ambiente relajante reduce el nivel de estímulos para que puedas dormir mejor y viajar a los diferentes reinos a donde te llevan tus sueños. Relajarse antes de dormir es especialmente saludable para las personas hiperempáticas. También es ideal despertarse poco a poco en lugar de saltar de la cama. Antes de levantarte por la mañana, dedica un tiempo a recordar lo que has soñado. Haz de tu cama un templo sanador. En cierta ocasión una persona hiperempática bromeó diciendo que prefería su cama a la mayoría de la gente. Debo decir que me gusta mucho dormir y dedico bastantes horas al sueño. Cuando no duermo lo suficiente, mi organismo se resiente y me siento más propensa a absorber el estrés de los demás.

Estrategia 11. Descansa de vez en cuando mientras estás conectado a Internet

Las personas hiperempáticas necesitamos hacer pausas cuando utilizamos la tecnología porque nos sobrecargamos de información. Las redes sociales, como Facebook o Instagram, y las noticias desagradables perturban nuestras emociones y pueden impedirnos conciliar el sueño. Es muy fácil absorber la energía del mundo virtual, así que trata de pasar suficiente tiempo en la naturaleza, meditando o participando en actividades que no sean virtuales para reponer tu energía. Un ayuno de tecnología de vez en cuando te ayudará mucho a mantener tu sensación de bienestar.

Estrategia 12. Consejos para despejar la energía negativa durante los viajes

Independientemente de que viajes por placer o por trabajo, el estrés que producen los viajes nos expone a absorber un tipo de energía tóxica que normalmente no está presente en nuestra vida cotidiana. Tenemos que movernos en aeropuertos, viajar en aviones o trenes con espacios reducidos, alojarnos en hoteles y relacionarnos con desconocidos. Las siguientes sugerencias te permitirán viajar más cómodamente y no agobiarte por las aglomeraciones ni los espacios estrechos.

Cómo permanecer centrado en aeropuertos y en aviones

Los aeropuertos pueden ser espacios especialmente incómodos para las personas hiperempáticas. Pueden ser particularmente agobiantes porque son ruidosos y están atestados de gente que tiene prisa y de todo tipo de energías estresantes. Para afrontar el caos, debes mantenerte concentrado en tu burbuja energética personal. En lugar de dedicarte a observar a la gente agobiada que hay a tu alrededor, concéntrate en la energía de tu corazón para relajarte. Cuando estoy esperando un vuelo, suelo poner mi bolso y mis documentos en el asiento que hay junto a mí para crear un círculo de espacio personal. Si alguien se sienta cerca de mí y su energía no me agrada, recojo mis cosas y me voy a otro sitio. No necesito excusarme porque lo hago amablemente y sin enfadarme.

Estar en el interior de un avión puede producir sobrecarga sensorial. Los individuos altamente empáticos pueden sentir ansiedad en un espacio tan reducido y en el que hay una gran cantidad de personas porque es una situación de la que es imposible escapar. He aquí algunas sugerencias para que el vuelo sea más agradable:

- Factura tu equipaje para no tener que verte en la situación de colocarlo en los compartimentos que hay sobre los asientos.
- Elige un asiento junto al pasillo para poder salir fácilmente y refugiarte en el aseo cuando te parezca oportuno.
- Espera a que embarquen el resto de los pasajeros antes de subir al avión para evitar el amontonamiento.
- Lleva alguna prenda de abrigo contigo, porque el aire acondicionado puede llegar a ser muy fastidioso.
- Lleva agua para mantenerte hidratado.
- Intenta llevar alrededor del cuello un purificador de aire que genere iones negativos para purificar el aire viciado que hay en el avión.
- Usa auriculares para eliminar los ruidos molestos y escucha música o el audio de un libro.

- Evita las conversaciones que pueden debilitar tu energía. Los extraños tienden a contarles la historia de su vida a las personas altamente empáticas. A menos que te apetezca hablar con alguien, genera un espacio de silencio a tu alrededor que les comunique a los demás que no estás disponible.
- Recurre a la meditación para centrarte.
- Si hay turbulencias, conéctate contigo mismo dirigiendo tu atención a tus pies y no a tus miedos. Recuerda que tus pies contienen muchos puntos de reflexología y meridianos de acupuntura que son muy poderosos y te pueden ayudar a centrarte aunque estés a nueve mil metros de altura. Por el mero hecho de concentrarte en tus pies conseguirás desplazar la ansiedad desde la cabeza hacia ellos. Así podrás eliminar de forma natural la energía de ansiedad.

Cómo permanecer centrado en una habitación de hotel

Si quieres despejar la energía que han dejado los huéspedes que han ocupado la habitación antes que tú, te sugiero que pulverices agua de rosas o aceite esencial de lavanda (o ambos) para purificar el espacio. Además de utilizar este recurso también practico la meditación del corazón de tres minutos que describo a continuación para eliminar las energías negativas. Durante muchos años solía pedir que me cambiaran de habitación para encontrar la que tuviera la mejor energía, pero un día mi maestro taoísta me dijo que para mi empoderamiento personal era más favorable que me quedase en la habitación que me habían dado y limpiase la energía por mis propios medios.

Cuando viajes debes recordar mantenerte hidratado y consumir regularmente comidas ricas en proteínas para permanecer centrado y conectado a tierra. Las personas hiperempáticas podemos tener problemas si nos saltamos comidas, abusamos del azúcar o no dormimos lo suficiente, pues esto debilita nuestras defensas y nos hace más vulnerables a absorber energías que no deseamos. Si estás absorbiendo el estrés de otras personas, recurre a la respiración para desalojarlo de tu organismo. Si empiezas a sentir que estás sobreestimulado, o que tu energía está mermando, encuentra un sitio donde puedas meditar y volver a centrarte. Con todas estas opciones te sentirás más tranquilo y disfrutarás más de las aventuras que te deparan tus viajes. Goza de las nuevas culturas y territorios ¡y de ser una persona hiperempática!

Estrategia 13. Practica la meditación del corazón de tres minutos

Si deseas neutralizar el malestar físico o emocional, debes reaccionar rápidamente y apartarte de la situación tóxica en la que estás inmerso para dedicarte a meditar por lo menos durante tres minutos. Puedes hacerlo en casa, en el trabajo, en el banco de un parque o en un cuarto de baño si estás en una fiesta.

ESTRATEGIA DE PROTECCIÓN

MEDITACIÓN DEL CORAZÓN DE TRES MINUTOS

Cierra los ojos y respira varias veces mientras te relajas. Luego coloca la palma de la mano sobre el chakra del corazón, en el centro del pecho. Concentra toda tu atención en una imagen placentera, como puede ser una puesta de sol, una rosa, el océano o la cara de un niño. Siente que el amor envuelve tu corazón y tu cuerpo y deja que esta sensación te relaje. La energía tóxica abandona tu cuerpo a medida que te purificas con el amor. Medita sobre la bondad amorosa que reside en tu corazón durante tres minutos y siente que su energía elimina el estrés. Quizás te apetezca revitalizar tu energía practicando esta meditación de tres minutos de duración a lo largo del día.

También puedes enviar esa bondad amorosa a determinadas partes de tu cuerpo. Mi zona más vulnerable son los intestinos. Cuando advierto que he absorbido los síntomas de otra persona, apoyo las manos sobre mi abdomen y le envío toda mi bondad amorosa; esto consigue disolver mis molestias. ¿Cuál es la zona más sensible de tu cuerpo? ¿Es el cuello? ¿Tienes infecciones de vejiga? ¿Jaquecas?

Envía tu bondad amorosa a esas partes de tu cuerpo para despejar la energía tóxica y evitar que se aloje en tus órganos más sensibles. Algunas veces es más fácil meditar sobre el bienestar de otra persona (lo cual también abre el propio corazón) que sobre el bienestar de uno mismo. Practica esta técnica si lo pasas mal cuando meditas centrándote en ti.

Vuelve a tu corazón con frecuencia, pues es el asiento del amor incondicional. Cuando te sientas estresado, coloca una de tus manos sobre el corazón para percibir las sensaciones de ternura, apertura y amor. Estás protegido, eres amado y estás a salvo.

Estrategia 14. Estar completamente presente en tu cuerpo

Las personas hiperempáticas se encuentran más protegidas cuando están plenamente presentes en su cuerpo. Crea una relación afectiva con tu propio cuerpo en lugar de tenerle miedo o aversión o de vivir como si fueras una cabeza sin cuerpo. Los hiperempáticos necesitan escucharse para defenderse de energías no deseadas. Tu cuerpo es el templo que aloja tu espíritu y debes tratarlo como un amigo y no como un enemigo. La siguiente meditación te ayudará a habitar plenamente tu cuerpo para poder estar más presente y ser más feliz.

ESTRATEGIA DE PROTECCIÓN

MEDITACIÓN PARA AMAR TU CUERPO HIPEREMPÁTICO

Dedica un rato a estar a solas en un espacio agradable. No te empeñes en conseguir que tu mente se calme; limítate a «cambiar de canal». Respira profundamente varias veces y siente cada inhalación y cada exhalación. Relájate para poder ser más consciente de tu cuerpo. Deja que los pensamientos negativos floten en el aire mientras te concentras en tu respiración, el *prana* sagrado. Siente su movimiento, que te acerca a la parte más profunda de tu ser. Coloca tu energía dentro de los límites de tu cuerpo, tus células y tus órganos.

Toma conciencia de los dedos de tus pies. Muévelos un poco para experimentar la agradable sensación de que están despertando. A continuación concéntrate en tus tobillos. Continúa respirando mientras desplazas el foco de tu atención desde la parte inferior de las piernas hasta las rodillas, y desde estas hasta tus fuertes muslos. Percibe que están bien conectados a tierra y comunícales interiormente cuánto les agradeces que sostengan tu cuerpo erguido. Luego toma conciencia de los genitales y la zona pélvica. Muchas mujeres sienten tensión en esta zona del cuerpo. Quizás te apetezca expresar mentalmente: «Te reconozco y ya no volveré a darte la espalda. Aprenderé a conocerte y amarte porque formas parte de mí».

A continuación dirige tu atención al abdomen. ¿Sientes tensión? ¿Tienes una sensación de ardor o cualquier otra molestia? Ahí está el chakra donde se procesan las emociones. Relaja y cura esta parte de tu cuerpo dirigiendo tu conciencia amorosa hacia el abdomen. Concéntrate ahora en el pecho, donde reside el chakra del corazón, el centro del amor incondicional. Considéralo tu amigo, pues así podrás amarte y cuidarte. Siente una lluvia de energía positiva cayendo sobre tu corazón. Regresa a menudo a él para sentir la energía amorosa. Ahora toma conciencia de tus hombros, tus brazos, tus muñecas y tus hermosas manos. Siéntate y mueve cada uno de los dedos. Todos ellos son una extensión del chakra del corazón.

Ahora presta atención al cuello. El chakra de la comunicación se aloja en la zona de la garganta. Observa si sientes alguna tensión que podría bloquear tu forma de expresarte. Envía amor a esta parte de tu cuerpo.

A continuación toma conciencia de tu cabeza y siente la belleza de tu rostro, tus orejas, tu boca, tus ojos, tu nariz y el tercer ojo, que se encuentra entre las cejas y es el centro de la intuición. Es posible que veas remolinos o espirales de color morado con el ojo de tu mente. Para terminar, enfoca tu atención en la parte superior de la cabeza, donde se encuentra el chakra coronario, el centro de la luz blanca y tu conexión con el Espíritu. Siente la inspiración que emana desde esta zona de tu cuerpo.

Cuando estés preparado para finalizar esta meditación, agradece interiormente la experiencia de estar presente en tu cuerpo. Verbaliza para tus adentros la siguiente afirmación: «Estoy listo para asumir el poder total que me otorga mi condición de persona altamente empática». Respira profundamente varias veces y luego abre lenta y suavemente los ojos. Vuelve al espacio real en el que te encuentras sintiéndote más consciente que nunca de tu cuerpo.

Puedes recurrir a estas catorce estrategias en una amplia variedad de situaciones. Utilízalas con frecuencia para que el estrés y el dolor no se acumulen en tu cuerpo. Si las practicas de forma regular, aprovecharás los grandes beneficios que reporta el hecho de proteger la propia sensibilidad. El secreto del éxito es practicar. Estas estrategias fortalecerán tu salud y te sentirás revitalizado. Si notas que estás absorbiendo el dolor o las emociones de otras personas, no te asustes ni te angusties. Es algo normal, pues la energía exterior siempre se filtra sigilosamente aunque uno esté trabajando con esmero para despejar la negatividad. No obstante, si aplicas las estrategias que acabo de compartir contigo, podrás empezar a cuidarte rápidamente en cualquier situación estresante en la que estés involucrado.

La conexión mente-cuerpo es muy poderosa cuando se trata de nuestra salud. Ten en cuenta que nuestros pensamientos marcan una diferencia importante. Los pensamientos negativos aumentan el flujo de las hormonas del estrés, que aceleran el envejecimiento, menguan la inmunidad y potencian la ansiedad, la tensión sanguínea y las enfermedades cardíacas. En cambio, los pensamientos positivos fomentan el flujo de endorfinas (los analgésicos naturales del organismo) y las hormonas del bienestar, lo cual promueve la buena salud y la tranquilidad.

Por lo tanto, te recomiendo dialogar contigo mismo en términos positivos. Recuerda que debes tratarte amorosa y compasivamente, en particular cuando estés enfermo, estresado o angustiado. Repite las siguientes afirmaciones cada día: «Merezco ser feliz y tener salud» y «Siempre hay esperanza». Si reemplazas los pensamientos negativos por otros positivos, conseguirás aumentar tu bienestar.

Haz todo lo posible para fluir relajadamente a través de todas tus experiencias, más allá de que sean inspiradoras o complicadas y con todos los matices que hay en ellas. Cuando nos ponemos tensos, todo es más difícil y las cosas no hacen más que empeorar. Suelo decirles a mis pacientes: «Si estás en el infierno, es mejor que te relajes, porque así al menos tu sufrimiento será menor». Y cuando estés en el cielo (y lo estarás cada vez más), utiliza tu capacidad de empatía para saborear cada instante.

AFIRMACIÓN PARA PERSONAS HIPEREMPÁTICAS

Soy fuerte. Soy cariñoso. Soy positivo. Tengo el poder de eliminar la negatividad y el estrés de mi cuerpo. Recibo con los brazos abiertos mi bienestar físico, emocional y espiritual.

Capítulo 3

LAS PERSONAS HIPEREMPÁTICAS
Y LAS ADICCIONES
De la adicción al alcohol a comer en exceso

L as personas hiperempáticas suelen automedicarse para eliminar el malestar que les produce la sobreestimulación y con frecuencia recurren al alcohol, las drogas, el sexo, la comida, el
juego, las compras u otras adicciones.

¿Por qué son tan susceptibles de caer en estas conductas las personas con alta empatía? Los hiperempáticos podemos agobiarnos debido a nuestra extrema sensibilidad y al hecho de «sentir demasiado»
no solamente nuestro propio sufrimiento sino también el de los demás. Cuando no sabemos cómo manejar la sobrecarga sensorial, intentamos adormecer nuestros sentidos para bloquear los pensamientos y sentimientos y reducir así nuestra hiperempatía. Sin embargo,
no todos los hiperempáticos son conscientes de los motivos que se
esconden tras esa decisión.

Las investigaciones han demostrado que los analgésicos como el
Tylenol pueden reducir la hiperempatía, y este puede ser un motivo
subconsciente por el que algunos sujetos hiperempáticos abusan de

ellos. Muchos de los pacientes que acudieron a mi consulta mientras se estaban recuperando de sus adicciones eran altamente empáticos. Esto puede explicar por qué las personas sensibles tienden a consumir sustancias con propiedades analgésicas, entre ellas el alcohol, los fármacos de venta libre y los medicamentos recetados por sus médicos.

Los hiperempáticos que han tenido que luchar contra sus adicciones y acuden a mi consulta privada o asisten a mis talleres han debido aprender técnicas para centrarse y protegerse con el fin de evitar la dañina costumbre de automedicarse. Una mujer me dijo: «Consumí alcohol durante años para enterrar mis sentimientos. Me encantan los rodeos, pero era incapaz de asistir a uno sin beber antes unas copas, porque me sentía fatal cuando me encontraba en sitios muy concurridos. En cuanto aprendí a protegerme, pude sentirme a salvo y pasarlo bien sin necesidad de tomar una copa». Otro de mis pacientes, que bebía en exceso cuando viajaba, me comentó: «Cuando aprendí las estrategias de autoprotección, me di cuenta de que no tenía por qué permitir que la energía de los demás me estresara». Desde entonces ya no volvió a beber en los aeropuertos.

A pesar de que algunos componentes de las adicciones son genéticos y ambientales (por ejemplo, el hecho de haber sido criado por padres alcohólicos), ser una persona hiperempática puede desempeñar un papel muy significativo.

Pagamos un alto precio por sobrellevar nuestra sensibilidad recurriendo a las adicciones con el fin de poder sobrevivir en un mundo lleno de estímulos que agotan nuestro cuerpo, nuestra mente y nuestro espíritu y nos generan enfermedades, depresión y más ansiedad. En el mejor de los casos, las adicciones calman la sobrecarga emocional únicamente a corto plazo, pero cuando dejan de funcionar la sensación de agobio es todavía más intensa. En la tradición de los nativos americanos se cree que los alcohólicos y otros adictos son más vulnerables a ser poseídos por fuerzas negativas, porque las sustancias que consumen les impiden entrar en contacto con su cuerpo y su espíritu, lo cual facilita que absorban la negatividad. ¡Y eso es lo último que cualquiera de nosotros querría que ocurriera!

En este capítulo te enseñaré alternativas sanas para las adicciones. Es preciso que desarrolles la atención consciente y la disposición a utilizar estas estrategias para no actuar impulsivamente cuando estás estresado. Independientemente de que tengas conductas adictivas de forma periódica o regular, tu objetivo es crecer más que el pequeño ser adicto y asustado que habita en ti. Cuando lo logres, llegarás a ser una persona altamente sensible mucho más empoderada.

ALTERNATIVAS A LA AUTOMEDICACIÓN: ESTRATEGIAS Y SOLUCIONES

Los hiperempáticos necesitan tratamientos alternativos a la automedicación. El *programa de doce pasos** es un recurso importante para ayudar a las personas a abandonar el consumo de drogas y alcohol. He sido miembro de los programas de doce pasos durante prácticamente tres décadas, y el trabajo que he realizado en ellos ha tenido una gran influencia en mi capacidad para resolver problemas asociados a mi propia hiperempatía y también en mis enseñanzas. En mi primer libro, *Sexto sentido*, di a conocer que cuando era adolescente tenía premoniciones que me asustaban y me sentía muy agobiada porque absorbía la energía de otras personas a causa de mi elevado grado de empatía. Debido a ello recurrí a las drogas y al alcohol para bloquear mi sensibilidad. Era una adolescente hiperempática introvertida y utilizaba esas sustancias para paliar mi ansiedad y ser más sociable con mis amigos y en las fiestas, porque mis dificultades acentuaban mi sensación de no encajar en ningún sitio. En esa época no tenía ninguna otra herramienta para manejar mi alta empatía, mi intuición y mis inseguridades, de modo que recurrí a algo externo para desactivarlas. No tenía la menor idea de lo que me estaba ocurriendo, como suele sucederles a muchas personas hiperempáticas. Utilizando las drogas y el alcohol para adormecer esas características de mi personalidad, conseguí finalmente reunirme con mis amigos en

---

* N. de la T.: El programa de doce pasos fue inicialmente creado y aplicado en Estados Unidos en el año 1935 por William Wilson y Robert Smith. Al principio estaba orientado a tratar el alcoholismo, pero más tarde fue ampliado y adaptado para tratar prácticamente todos los tipos de adicciones.

sitios abarrotados de gente sin absorber energías ajenas. Fue un verdadero alivio; por fin me sentía una persona normal.

Como es evidente, las drogas y el alcohol no eran la solución. Por fortuna, en aquella época en que me encontraba en un camino destructivo y no sabía cómo ayudarme a mí misma, un guía divino acudió misericordiosamente en mi ayuda. Después del espantoso accidente de coche que describí en el capítulo 1, mis padres temieron por mi vida y me obligaron a consultar con un psiquiatra. Él me enseñó la importancia de integrar todas las facetas de mí misma (intelectual, emocional, física, hiperempática, intuitiva y espiritual). Y así comenzó el viaje sanador de mi personalidad altamente empática. Una parte esencial de este aprendizaje tuvo lugar en los programas de doce pasos.

Autoevaluación y programas de doce pasos

Aunque no todos los alcohólicos o drogodependientes absorben la energía de otras personas, he observado que a gran parte de ellos les sucede. Desafortunadamente, muchos sujetos hiperempáticos siguen sin recibir un diagnóstico correcto y no advierten que la sobreestimulación y la alta sensibilidad fomentan sus conductas adictivas. Por este motivo es fundamental que descubras si sobrellevas tu sensibilidad recurriendo a una adicción. ¿Cómo puedes saberlo? Formúlate las siguientes preguntas:

- ¿He pensado alguna vez: «La vida sería mucho mejor si no comiera (o bebiera) tanto?».
- ¿He intentado alguna vez dejar de comer en exceso o de consumir sustancias adictivas durante un mes, pero solo aguanté unos pocos días a pesar de mis mejores intenciones?
- ¿Me estoy automedicando para dominar la ansiedad social o el estrés que me produce el mundo?

Si sospechas que estás recurriendo al alcohol, las drogas, la comida u otras sustancias o conductas adictivas para soportar la sobrecarga sensorial que sientes debido a tu hiperempatía, dedica un poco de tiempo a reflexionar sobre cómo lo llevas, por medio de evaluar las siguientes afirmaciones.

AUTOEVALUACIÓN

RECURRO A LAS DROGAS O A OTRAS ADICCIONES CUANDO...

- Me siento agobiado por las emociones, ya sean mías o ajenas.
- Estoy sufriendo emocionalmente y me siento frustrado, ansioso o deprimido.
- Han herido mis sentimientos.
- No puedo conciliar el sueño.
- Me siento emocionalmente inseguro en una situación determinada.
- Me siento criticado, culpado o rechazado.
- Experimento timidez o ansiedad, o no encuentro la forma de relacionarme socialmente.
- Me aíslo en mi casa y necesito confianza para salir y estar con otras personas.
- Me encuentro cansado y preciso una inyección de energía.
- Siento que los vampiros energéticos me debilitan y agotan.
- Quiero huir y desconectar del mundo.

Esta es la forma de interpretar esta autoevaluación:

- Si respondes afirmativamente a una sola de estas afirmaciones, a veces recurres a una adicción para sobrellevar tu sensibilidad.
- Si respondes afirmativamente a entre dos y cinco afirmaciones, recurres moderadamente a una adicción para automedicarte cuando te sientes emocionalmente sobrecargado.
- Si respondes afirmativamente a seis o más afirmaciones, recurres en gran medida a una conducta adictiva para sobrellevar tu sensibilidad.

El autoconocimiento es liberador. No hay culpa ni vergüenza. Cuando realmente llegas a ser consciente de tus tendencias adictivas, puedes entender de qué forma convives con tu sensibilidad altamente empática. A partir de entonces empiezas a ser capaz de gestionarla más productivamente. Si descubres que estás echando mano de las adicciones para manejar la sobrecarga sensorial que te provoca tu hiperempatía, debes saber que existen varias formas de resolver la situación. En primer lugar, es necesario que reconozcas tu adicción. Calcula sinceramente qué cantidad de alcohol o de drogas consumes semanalmente. ¿Con qué frecuencia te atiborras de comida para paliar una sensación de agobio? ¿Recurres también a otras adicciones (el sexo, la dependencia amorosa, el juego, el trabajo, los videojuegos, las compras o Internet) para adormecer tu sensibilidad? Sé compasivo contigo mismo. Comprueba si eres capaz de encontrar un patrón en tu tendencia a automedicarte para anestesiar tus sentimientos. Es posible que tengas un problema de adicción, independientemente de que recurras a la automedicación una vez a la semana o una vez al mes.

En segundo lugar, es fundamental que comprendas que, en última instancia, *nada* de lo que sucede en el mundo externo (ninguna sustancia, persona, trabajo ni cantidad de dinero) puede hacerte sentir a gusto contigo mismo y con tu sensibilidad. La felicidad es fruto de un trabajo interior. Debes aprender a conocerte, amarte y aceptarte, un proceso de descubrimiento que dura toda la vida. Cuanto más insistas en escapar de tu sensibilidad, más incómodo te sentirás. Tal como dijo Buda, no existe ningún refugio exterior. Ha sido una experiencia muy valiosa haber participado en un programa de doce pasos, porque me ha permitido reforzar el poder y la fuerza de esta verdad una y otra vez a lo largo de mi vida.

En tercer lugar, si estás interesado en tratar tu adicción, quizás te interese apuntarte a las reuniones de doce pasos, como son Alcohólicos Anónimos, Narcóticos Anónimos o Comedores Compulsivos Anónimos. Las reuniones de Jugadores Anónimos y Deudores Anónimos pueden ayudarte a solucionar tus problemas económicos. Entre los programas de doce pasos orientados a establecer relaciones afectivas sanas se pueden citar Al-Anon (para familiares y amigos de alcohólicos), Codependientes Anónimos y Adictos al Sexo y al Amor Anónimos. Asistir a sus reuniones te ayudará a tener relaciones saludables y a establecer límites claros con los demás, algo especialmente importante para las personas hiperempáticas.

Todos estos programas tienen una orientación espiritual y utilizan el modelo de los doce pasos para ayudar a superar las adicciones. Te recomiendo que los pruebes. En las sesiones podrás comprobar si te ves reflejado en las historias que cuentan los otros participantes y aprender habilidades positivas para gestionar tu capacidad de hiperempatía en un mundo que es muy estresante. Ya no volverás a comer y beber en exceso ni a utilizar el sexo para adormecer tu sensibilidad.

ENCONTRAR CONSUELO EN EL ESPÍRITU

En los programas de doce pasos, la espiritualidad es esencial para que los adictos puedan recuperar su energía y empoderamiento mientras se conectan con la energía del amor. Podemos debilitar nuestra energía intentando complacer a los demás, manteniéndonos exageradamente vigilantes con el fin de detectar posibles peligros o absorbiendo el estrés de aquellos que nos rodean sin poder defendernos. Los programas de doce pasos enseñan el camino para acceder a la ayuda de un poder superior en lugar de utilizar la automedicación para eliminar el malestar. El Espíritu desea ayudarnos, pero primero tenemos que tenderle la mano.

Las adicciones son sigilosas y taimadas. Nos golpean rápidamente cuando estamos más vulnerables y sobrecargados. Es difícil resistirse a ellas empleando únicamente la fuerza de voluntad. A continuación explicaré de qué manera el proceso espiritual nos ayuda a centrarnos. Pongamos por ejemplo que tu padre te critica y que esto te hiere profundamente o que en el trabajo estás rodeado por un grupo de vampiros energéticos, que te sientes agobiado porque tus colegas hablan mucho, porque hay demasiado ruido o una iluminación muy fuerte. En cualquiera de estos casos lo único que necesitas es remediar la situación. La alternativa a recurrir a una botella de vino o a una tarta de chocolate o a salir compulsivamente de compras y gastar un montón de dinero es conectarte con un poder superior que te ayude a aliviar tu ansiedad. Contactar con un poder superior nos ayuda a recuperar la calma cuando no somos capaces de hacerlo por nosotros mismos y nos permite retornar a nuestro corazón, en lugar de seguir inmersos en un frenesí de preocupaciones y agitación. Recurrir a un poder superior corrige nuestro rumbo.

La espiritualidad es tu aliada, te ofrece protección envolviéndote en el poder real de la bondad y el amor. Cuando aprendes a dirigir tu atención hacia tu interior para escuchar al Espíritu, puedes experimentar la sensación de paz y protección que mereces en cualquier momento del día y de la noche. La espiritualidad se puede pensar en términos de Dios, Diosa, la naturaleza, la bondad o el amor, o bien de una inteligencia universal compasiva. Puede ser cualquier concepto con el que te identifiques; dicho concepto te conecta con tu intuición, la cual, en mi opinión, es una extensión de lo divino. Aunque las personas hiperempáticas suelen ser muy intuitivas, conseguirás potenciar tu intuición si te habitúas a alinearte regularmente con el Espíritu. Te recomiendo especialmente que cultives un vínculo activo con el Espíritu a través de la meditación, la contemplación, las oraciones, los paseos en la naturaleza, la lectura, la música sacra o las reuniones de los programas de doce pasos.

La próxima vez que estés a punto de beber una copa, comer exageradamente o entregarte a otro tipo de conducta adictiva, detente durante algunos instantes. Recuerda que el secreto para superar la compulsión, el miedo y la ansiedad es apartarte de tu pequeño ser adictivo y conectar con tu poder espiritual. El siguiente ejercicio te servirá para practicar la forma de sintonizarte con tu poder superior. Si lo haces, conseguirás alejarte de cualquier situación agobiante y acceder a una conciencia ampliada en la que no necesitarás adormecer tu sensibilidad para sentirte a gusto.

ESTRATEGIA DE PROTECCIÓN

CONÉCTATE CON UN PODER SUPERIOR

Haz una pausa para dejar de pensar en tus problemas y desentenderte de tus obligaciones por lo menos durante cinco minutos cada día con el propósito de conectarte con tu poder superior. Siéntate en un lugar tranquilo, ya sea en casa, en un parque o en la naturaleza. Y si no puedes marcharte, limítate a cerrar la puerta de tu despacho. Luego respira lenta y profundamente para relajar el cuerpo. Cuando irrumpan pensamientos, imagina que son nubes flotando en el cielo, que vienen y van. No te apegues a ellos y vuelve a concentrarte una y otra vez en el ritmo de tu respiración.

Cuando te sientas relajado y en calma convoca interiormente la presencia del Espíritu, o como sea que lo definas. El Espíritu es energía. Mira primero dentro de ti, donde es más fácil percibirlo. Siéntelo en tu cuerpo y en tu corazón y no pienses demasiado en él. Siente la ternura del amor abriendo tu corazón y empezando a fluir por todo tu cuerpo. Siente también tu poder superior y presta atención para percibirlo realmente, energéticamente. ¿Estás teniendo una experiencia de totalidad? ¿Una sensación estimulante? ¿La sensación de que todo está bien? Disfruta de la experiencia, independientemente de lo que sientas. Sin prisas. Sin presiones. Tómate tu tiempo para absorber esta sensación maravillosa. En cuanto te hagas una idea de cómo es tu ser superior, podrás reconectar con él una y otra vez. También puedes pedirle al Espíritu una ayuda específica, por ejemplo «por favor, ayúdame a dejar de absorber la violencia con la que me acosa mi jefe», «te agradecería que me liberaras de la ansiedad que padezco en situaciones sociales» o «te ruego que ayudes a mi pareja a comprender mi sensibilidad». Para obtener los mejores resultados, debes concentrarte solamente en una solicitud cada vez que medites. De este modo la petición será más potente y te resultará más fácil comprobar los resultados.

Para finalizar esta meditación da las gracias interiormente al Espíritu y haz una pequeña reverencia para honrar esta experiencia. A continuación abre suave y lentamente los ojos.

Practica esta meditación para calmarte rápidamente cuando te sientas agobiado. Cuanto más frecuentemente te conectes con el Espíritu, más fácil te resultará acceder a él. Con esta protección te sentirás más seguro y más libre para absorber las energías positivas del mundo. Uno de los dones de ser una persona altamente empática es que puedes disfrutar de más alegría, compasión, tranquilidad y pasión; todas ellas alimentan el alma. A medida que superamos nuestras adicciones despejamos el camino para dejarnos impregnar por lo hermoso y lo positivo de la vida.

Para protegerme y centrarme en mí misma suelo conectarme con el Espíritu varias veces al día; de este modo me aseguro de que la relación consciente que mantengo con él está viva y en buen estado. Algunas veces se trata de una conexión de diez segundos, pero cuando mi agenda me lo permite intento establecer un contacto más prolongado. Además practico otras estrategias de protección; por ejemplo, la meditación del corazón de tres minutos que he mencionado en el capítulo 2. También paso algunos ratos a solas para centrarme y conectarme conmigo misma y, cuando vuelvo a casa, me sumerjo en la bañera con sales de Epson para deshacerme del estrés. Utilizo técnicas de protección para evitar que me afecte la energía de los demás y salgo a caminar por la naturaleza para disfrutar de su belleza. Te animo a utilizar regularmente las técnicas de protección recomendadas a lo largo de este libro; te ayudarán a mejorar tu salud física, emocional y espiritual, en particular si estás luchando con una adicción.

> EL ESPÍRITU QUE RESIDE EN MI INTERIOR ES MAYOR QUE CUALQUIER ADICCIÓN O MIEDO. YO NO SOY MIS MIEDOS, SOY MÁS GRANDE QUE ELLOS.
>
> **Dra. Judith Orloff**

EL HIPEREMPÁTICO GLOTÓN: COMIDA, PESO Y VORACIDAD

En mi consulta de psiquiatría he observado que la voracidad y las adicciones alimentarias son muy corrientes entre los individuos altamente empáticos. Los alimentos son una medicina. Lo que se come puede estabilizar el sensible sistema orgánico de una persona hiperempática pero también desestabilizarlo. La adicción a la comida es el impulso de comer descontroladamente. En general, muchas dietas y programas para perder peso que no cuentan con una orientación espiritual no tienen un éxito duradero entre las personas que comen en exceso. La adicción suele asociarse específicamente al azúcar o a los carbohidratos. Comer de forma compulsiva es menos grave cuando la adicción es periódica, aunque no deja de ser un peligro para la salud.

¿Por qué la adicción a la comida y la voracidad representan un importante desafío para las personas hiperempáticas? Para encontrar algunas respuestas, pensemos en las curanderas religiosas de principios del siglo xx. Estas mujeres solían ser extremadamente obesas. Afirmaban que debían tener sobrepeso para protegerse de los dolores y síntomas de sus pacientes. Aunque este mecanismo puede ser efectivo, existen mejores opciones para autoprotegerte que voy a compartir contigo.

El exceso de peso es una forma de blindaje para no absorber el malestar de otras personas. Los kilos de más te hacen sentir más conectado y amortiguan la negatividad. Sin embargo, recurrir al azúcar, los carbohidratos o la comida basura como una solución rápida no resuelve la situación durante mucho tiempo; por otra parte, no es saludable y se convierte en una adicción. Tal vez padeces un trastorno alimentario relacionado con la elevada empatía que consiste en darse un atracón y a continuación purgarse. Quienes muestran esta tendencia lo hacen en parte para liberar la energía negativa de su organismo, aunque la mayoría de ellos no son conscientes de esa motivación. Las dietas suelen fracasar cuando las personas sensibles ignoran que están consumiendo alimentos que no son saludables con la intención de protegerse de energías negativas o abrumadoras. Me he dado cuenta de que cuando se lo explicas a los hiperempáticos que tienen sobrepeso, este conocimiento puede significar un punto de inflexión en su vida.

Es posible que tiendas a utilizar la comida para sobrellevar tu sobrecarga sensorial. Si eres una persona delgada, eres mucho más vulnerable a absorber todo tipo de malestares. No obstante, existe una solución mejor. Si practicas las estrategias de protección que presento en este libro (es lo que yo hago, y soy delgada), dejarás de recoger todas las dolencias del mundo. La solución para los glotones hiperempáticos es protegerse y mantenerse centrados de formas más saludables, incluido el hecho de elegir los alimentos adecuados.

AUTOEVALUACIÓN

¿ERES UNA PERSONA HIPEREMPÁTICA ADICTA A LA COMIDA?

- ¿Comes en exceso cuando estás agobiado emocionalmente?
- ¿Utilizas el azúcar, los carbohidratos y la comida basura para serenarte?
- ¿Eres altamente sensible al efecto que los alimentos tienen en tu cuerpo?
- ¿Experimentas cambios de humor, dificultades para pensar o te sientes intoxicado por tu consumo de azúcar, cafeína, gaseosas o comida basura?
- ¿Tienes alergias o intolerancias alimentarias, como por ejemplo al gluten o a la soja?
- ¿Te sientes más protegido del estrés cuando tienes sobrepeso?
- ¿Eres sensible a los conservantes presentes en los alimentos?
- ¿Sientes que la comida sana te da energía?
- ¿Te sientes más vulnerable al estrés cuando estás delgado?

Esta autoevaluación se interpreta del siguiente modo:

- Si has respondido afirmativamente entre una y tres preguntas, esto indica que tienes tendencia a ser una persona hiperempática adicta a la comida.

- Si has respondido afirmativamente entre cuatro y seis preguntas, esto indica que tienes una moderada tendencia a ser una
  persona hiperempática adicta a la comida.
- Si has respondido afirmativamente más de seis preguntas, esto
  indica que eres una persona hiperempática adicta a la comida
  y que la utilizas para automedicarte cuando estás estresado o
  sientes malestar.

Los hiperempáticos tenemos organismos altamente sensibles que deben ser respetados porque podemos reaccionar más intensamente a los alimentos que otras personas. La comida es energía y los sujetos altamente empáticos pueden sentir de qué manera los diferentes alimentos afectan a su cuerpo, con todos sus matices. Por lo tanto, es fundamental que tomemos conciencia de lo que consumimos. He tratado a algunos pacientes que han decidido adoptar una dieta vegana porque afirman sentir en su propio cuerpo el dolor de los animales sacrificados. Debido a las reacciones agudas que los alimentos producen en los individuos hiperempáticos, es importante observar qué es lo que desencadena el impulso a comer en exceso y luego practicar las estrategias que enumero a continuación para mantenerse centrado sin tener que recurrir a la comida.

> EL SOBREPESO ES UNA FORMA DE PROTEGERTE DEL ESTRÉS DE LAS DEMÁS PERSONAS. APRENDE A SALVAGUARDAR TU SENSIBILIDAD DE UN MODO MÁS SANO.
>
> **Dra. Judith Orloff**

Diez recomendaciones para un hiperempático adicto a la comida

Si este es tu caso, deberás identificar los factores que te producen estrés energético y te impulsan a darte un atracón. Podría tratarse de una discusión, un colega del trabajo que debilita tu energía o quizás el hecho de sentirte rechazado. Debes entrenarte para despejar la energía lo antes posible y equilibrar tu organismo.

He aquí algunas sugerencias para deshacerte de la negatividad antes de dejarte llevar por el impulso de comer exageradamente:

1. **Respira para desalojar el estrés de tu cuerpo.** Cuando te sientas estresado, concéntrate de inmediato en respirar lenta y profundamente. Eso te ayudará a eliminar la energía negativa. Cuando contenemos el aliento por causa del miedo, la toxicidad queda atrapada en el interior de nuestro cuerpo.

2. **Bebe agua.** Cuando te sientas lleno de energía negativa y estés a punto de darte un atracón, bebe agua filtrada o procedente de una fuente de la montaña. El agua lava todo tipo de impurezas. Bebe por lo menos seis vasos de agua al día para eliminar toxinas. Date una ducha o sumérgete en la bañera para deshacerte de la energía negativa.

3. **Limita el consumo de azúcar.** Aunque te sientas tentado a consumir azúcar y carbohidratos, o acaso alcohol, recuerda que pueden desestabilizarte y provocarte cambios de humor que te harán más vulnerable a absorber el malestar de otras personas.

4. **Consume proteínas.** Las proteínas estabilizan el sistema nervioso y ofrecen a los hiperempáticos la sensación de estar conectados. Lo ideal es consumir entre cuatro y siete comidas proteicas frugales al día. Te sentirás energéticamente más fuerte, más seguro y más anclado al mundo. Si eres vegano, es muy importante que consumas suficientes proteínas. Yo tomo pequeñas comidas proteicas a lo largo del día; son como tentempiés de proteínas magras (como, por ejemplo, pequeñas raciones de pollo criado en libertad, un filete de ternera procedente de ganadería ecológica o pescado salvaje). Me resulta más difícil mantener esta dieta cuando estoy de viaje, de manera que siempre llevo conmigo aperitivos proteicos, como pueden ser nueces, *snacks* de carne curada de pavo o un paquete de proteína en polvo que mezclo con agua. De esta forma no pierdo mi energía ni la conexión con mi centro.

5. **No dejes que tus niveles de azúcar en sangre disminuyan.** Las personas altamente empáticas son extremadamente sensibles a la hipoglucemia. Si combinas una vida ajetreada con bajos niveles de azúcar en sangre, tendrás más propensión a agobiarte. Por lo tanto, trata de no omitir ninguna comida, especialmente si vas a estar en un lugar muy concurrido, vas a salir de viaje o tienes que asistir a una reunión de trabajo. Una persona hiperempática con bajos niveles de azúcar en sangre es mucho más propensa a sufrir agotamiento y a abrumarse por las malas energías que haya en el ambiente.

6. **Consume grandes cantidades de hortalizas y verduras.** Si tiendes a comer en exceso y a engordar, consume muchas verduras, hasta sentirte saciado. También puedes incluir algunos cereales integrales, pero debes estar atento para no desarrollar una adicción a los hidratos de carbono.

7. **Las grasas saludables son buenas para tu salud.** Este tipo de grasas no engordan; por el contrario, son una fuente de energía a largo plazo que te durará todo el día y evitará los atracones. No te olvides de incluir aceite de oliva, de coco y de diversos frutos secos en tu dieta, ni tampoco alimentos ricos en ácidos grasos omega 3, como son el salmón, los huevos ricos en omega 3 y las semillas de lino. Los aguacates, los frutos secos y las judías también son una buena fuente de grasas sanas. Yo cometí el error de llevar una dieta baja en calorías, en grasas y en hidratos de carbono, y el resultado fue que perdí la energía que proporcionan las grasas saludables. Las investigaciones han demostrado que consumir el tipo correcto de grasas puede incluso ayudarnos a perder peso. Debemos evitar las perjudiciales, como son las grasas *trans*, presentes en los aceites hidrogenados y los alimentos procesados, porque obturan las arterias y provocan enfermedades.

8. **Limita el consumo de cafeína.** Las personas hiperempáticas suelen ser sensibles a la cafeína. A mí me encanta tomar una taza de café al día, pero reconozco que esta sustancia me

excita y trato de no consumir demasiado. Si crees que necesitas tomar dos tazas de café, puedes mezclarlo con café descafeinado. Muchos sujetos hiperempáticos descubren que una pequeña cantidad de cafeína potencia su capacidad de absorber las energías negativas. Una dosis alta de café puede producir cansancio, alterar nuestro sistema nervioso y hacernos más vulnerables a absorber los síntomas y el malestar de los demás. Por lo tanto, ten cuidado de no abusar de la cafeína que también está presente en los refrescos. De hecho, lo ideal es evitar completamente este tipo de bebidas debido a la gran cantidad de azúcares que contienen. Las infusiones de hierbas y el té sin teína tienen propiedades calmantes, en especial la manzanilla, y pueden regular las sensaciones de sobrecarga.

9. **Elige alimentos que te proporcionen energía.** Los alimentos frescos, orgánicos, sin procesar, cultivados localmente y no modificados genéticamente son los que aportan más energía. Prueba varios alimentos para descubrir cuáles te dan una energía más duradera. A este proceso lo denomino «alimentarse de manera afinada». Cuando nos encontramos en espacios en los que abunda la energía positiva, como pueden ser las conferencias o los talleres inspiradores, podemos sentir más apetito. Por eso es esencial elegir los alimentos adecuados. En mis talleres intuitivos de fin de semana, las personas suelen tener mucha más hambre porque meditan más y exploran nuevos tipos de técnicas sanadoras. La comida puede conectar el cuerpo a tierra para que seamos capaces de procesar más energía. Presta atención a la sensación corporal que te ofrecen los diferentes alimentos y consume aquellos que potencian tu salud —lo cual te ayudará a evitar la adicción a la comida—. Y lo más importante es que cuanto mejor te encuentres, menos capacidad tendrá el mundo de agotar tu energía. Las personas altamente empáticas que siguen dietas sanas generalmente son menos frágiles.

LOS ALIMENTOS VIVOS SON BUENOS
PARA LAS PERSONAS HIPEREMPÁTICAS

Los alimentos que están vivos son energéticamente mucho más favorables para nuestro cuerpo que los que están desvitalizados. Las personas hiperempáticas somos muy sensibles a la energía de los alimentos, razón por la cual tenemos mucha facilidad para distinguirlos. Te enseñaré a reconocer intuitivamente el contenido de fuerza vital que tienen los diferentes alimentos para que puedas elegir aquellos que nutren tu cuerpo y evitan que desarrolles adicciones alimentarias:

- **Los alimentos vivos tienen brillo.** Son aromáticos, vigorizantes, biológicos y su sabor es delicioso. Obviamente, no contienen sustancias químicas ni conservantes. No generan la tentación de abusar de ellos y proporcionan energía pura que nos hace sentir equilibrados. Compara la diferencia de sabor y de energía que hay entre los tomates cultivados en huertos caseros y los que se producen en grandes explotaciones que se comercializan en los supermercados. Aprende a alimentarte de alimentos vivos que son buenos para tu sensibilidad y tu salud.
- **Los alimentos desvitalizados tienen una apariencia opaca o marchita.** No tienen aroma, no llegan a satisfacerte ni te aportan energía e incluso pueden llegar a debilitar la que tienes. Contienen conservantes y sustancias químicas, o están enriquecidos. Nos hacen sentir hinchados o enfermos, pueden provocar dificultades para pensar o lagunas mentales y fomentan los atracones de azúcar y carbohidratos. En consecuencia, si evitas este tipo de alimentos, notarás que tu energía aumenta y sufrirás menos procesos inflamatorios (incluidas las inflamaciones intestinales). Esto te ayudará, si es el caso, a tratar el síndrome del colon irritable y otros trastornos gastrointestinales.

10. **Hazte la prueba de alergias a los alimentos.** Los hiperempáticos son propensos a la sensibilidad química y a las alergias a ciertos alimentos, como el gluten, la soja o la levadura. Haz que un médico verifique si tienes alergias a los alimentos o sensibilidad al gluten, lo que se hace a través de pruebas simples de sangre y saliva. Si es necesario, puedes eliminar estos elementos de tu dieta. De ese modo, aumentarás tu energía y disminuirá la inflamación en tu cuerpo, incluso en el intestino, lo que te ayudará a curar el síndrome del intestino irritable u otras causas de dolor gastrointestinal, si es que sufres de alguno de estos problemas.

Además de las diez recomendaciones anteriores, practica la siguiente técnica de protección para evitar la compulsión a comer en exceso cuando estás estresado.

ESTRATEGIA DE PROTECCIÓN

COLOCA UN COJÍN DE MEDITACIÓN FRENTE A LA NEVERA

Si te has acostumbrado a tener sobrepeso para protegerte y tienes tendencia a ser adicto a la comida, prueba a tener un cojín de meditación frente a la nevera. Cada vez que sientas el impulso de comer, esa señal visual evitará que abras la puerta de la nevera y te recordará que te sientes a meditar.

En lugar de recurrir compulsivamente a la comida, siéntate en el cojín y cierra los ojos. Respira varias veces para centrarte e intenta identificar qué es lo que te llevó a pensar en la comida. ¿Un familiar enfadado? ¿Tu sensación de soledad? ¿Te sientes sobrecargado después de haber estado con demasiadas personas? ¿Se ha agotado tu energía después de haber ido de compras al centro comercial? Aprende a ser amable contigo mismo. Cuando tengas pensamientos que te impulsen a comer, visualiza el amor fluyendo por todo tu cuerpo. Siéntete colmado por ese amor que disuelve tus miedos y tu malestar. Disfruta de esa sensación relajante. Tienes la capacidad de estabilizar tu estado anímico y tu nivel energético mediante la meditación. Inhala y exhala profundamente, y acepta que todo está bien.

La comida puede ser una fuente de energía o de agotamiento. Lo que necesitas es desarrollar hábitos dietéticos que mejoren tu sensibilidad en lugar de agravarla. Así conseguirás sacar el máximo provecho de la energía presente en muchos alimentos y minimizar la compulsión a comer, que es un mecanismo de defensa. Al disponer de las herramientas necesarias para protegerte y conectarte contigo mismo ya no tendrás esas ansias de comer que atentan contra tus mejores intenciones.

Te sentirás mucho más sano si haces caso de las sugerencias que doy en este capítulo. Es importante que las personas hiperempáticas evalúen la relación que mantienen con la comida y la salud, así como su tendencia a las adicciones. Cuando fomentamos nuestro propio bienestar, nos sentimos más protegidos de la sobrecarga sensorial y de las conductas adictivas.

**AFIRMACIÓN
PARA PERSONAS
HIPEREMPÁTICAS**

Escucharé la sabiduría de mi cuerpo. Me alimentaré de forma más saludable. Me cuidaré para curarme de mis adicciones y me mantendré física, emocional y espiritualmente equilibrado.

Capítulo 4

LAS PERSONAS HIPEREMPÁTICAS, EL AMOR Y EL SEXO

Los sujetos hiperempáticos suelen afrontar desafíos especiales en las relaciones íntimas debido a su delicada sensibilidad. La intimidad engrandece nuestro corazón para que lleguemos a ser personas más abiertas y cariñosas y expresemos sinceramente nuestras necesidades. Los hiperempáticos deben aprender a comunicarse con franqueza y marcar claramente los límites con sus parejas para poder encontrarse a gusto y no sentirse sobrecargados. Esa es la forma de que sus relaciones íntimas prosperen.

Una relación amorosa auténtica tiene la capacidad de empoderar a los altamente empáticos. Sentirse valorados y amados los hace sentir más conectados. Este tipo de personas se sienten seguras y comprendidas cuando tienen una pareja que respeta su sensibilidad. A pesar de los maravillosos regalos que puede aportar la intimidad, el hecho de pasar mucho tiempo en compañía puede resultar complicado para los individuos con una elevada empatía que se sienten sobrecargados emocionalmente. Como resultado, pueden pensar que las relaciones les exigen demasiado compromiso y sentir deseos de escapar. ¿Por qué? Porque debido a nuestra sensibilidad los hiperempáticos podemos recoger inconscientemente las emociones y el malestar de nuestras parejas y sentirnos sofocados si no conseguimos marcar los límites con determinación.

De manera que nos debatimos en una lucha interior: por un lado nos apetece estar en compañía pero, al mismo tiempo, mantener una relación amorosa nos puede provocar inseguridad. Las personas hiperempáticas a menudo tenemos un deseo ambivalente: anhelamos ser amados y simultáneamente queremos estar solos. Aspiramos a que nos necesiten, pero no queremos que las necesidades de los demás se conviertan en una carga. Anhelamos tener una vida interior más rica, pero también deseamos estar acompañados. La respuesta no es retraerse, reprimir la ansiedad, caminar sobre cáscaras de huevo ni huir cuando surgen estas ambivalencias. De manera que ¿cuál es la respuesta? Debemos aprender a fluir y proteger nuestra sensibilidad y además establecer límites claros cuando estamos en pareja. En este capítulo te enseñaré cómo hacerlo.

LA BÚSQUEDA DE UN ALMA GEMELA: ¿TE SIENTES ATRAÍDO POR UNA PERSONA INALCANZABLE?

En mis talleres y en mi consulta de psiquiatría siempre me sorprende comprobar que muchas personas sensibles desean mantener una relación íntima duradera y, sin embargo, su deseo de tener pareja o pertenecer a grupos sociales afines no consigue materializarse a pesar de sus sinceros esfuerzos por conseguirlo. Siguen viviendo solas o se sienten atraídas por personas inalcanzables. Yo me identifico con lo que acabo de describir. He pasado largos periodos de mi vida anhelando una pareja. Mi patrón de conducta consistía en enamorarme de un hombre con quien compartía muy buenos momentos durante algunos años, pero finalmente la relación no prosperaba. Valoro el bienestar, la seguridad y la pasión que ofrece una relación afectiva, pero me ha llevado mucho tiempo poder expresar sinceramente mis necesidades hiperempáticas sin sentirme incómoda, ¡y todavía sigo aprendiendo! A menudo termino sintiéndome agobiada porque no sé cómo evitar la sobrecarga emocional. Por otra parte, mientras estoy sola intento trabajar mis emociones para conseguir estar más presente y tener menos conflictos cuando estoy en pareja; aunque debo decir que hasta hace bien poco tiempo no me di cuenta de lo importante que era eso para mí. Cuando una relación se terminaba, al principio me sentía sola, pero también menos exigida emocionalmente porque no tenía que atender las necesidades de otra persona. He tenido que aprender a ser mucho más compasiva conmigo misma para no juzgar mi bajo umbral de sobrecarga sensorial cuando mantengo una relación.

Incluso hoy en día, a pesar de lo mucho que amo y respeto a mi pareja, me siento sobreestimulada cuando pasamos demasiado tiempo juntos. Lo mismo me sucede con otras personas. Empiezo a ponerme nerviosa y a sentir ansiedad. Mi desafío siempre ha sido ser capaz de equilibrar el tiempo que paso a solas con el que comparto con mi pareja. Las personas hiperempáticas necesitamos compañeros sentimentales muy respetuosos que nos acompañen en este camino mientras conseguimos encontrar el término medio y que nos dejen solas en esos días en que no somos capaces de hacerlo. Agradezco infinitamente el talante comprensivo de mi pareja. No resulta fácil vivir con

> POR SER UNA PERSONA HIPEREMPÁTICA HE MANTENIDO UNA LUCHA INTERIOR ENTRE MI DESEO DE ENCONTRAR UN AMOR Y MI DESEO DE ESTAR SOLA DURANTE TODA MI VIDA.
>
> **Dra. Judith Orloff**

sujetos altamente empáticos, para quienes tomarse un respiro de tanto en tanto es fundamental para su salud mental. Las personas que nos quieren deben tenerlo en cuenta.

¿Por qué les resulta tan difícil a los hiperempáticos encontrar un alma gemela? ¿Es que no hay suficientes personas en el mundo? ¿O acaso somos neuróticos? No. En mi propia vida y en mi consulta de psicoterapia he descubierto que se debe a otro factor.

Descubrir que soy una persona hiperempática relacional me ha proporcionado la pieza que faltaba. Los hiperempáticos somos sensibles, intuitivos y afectuosos, pero podemos tener reacciones muy intensas porque nuestros sistemas nerviosos minuciosamente ajustados absorben todo tipo de energías. Lo maravilloso de ser tan sensibles es que estamos sintonizados con las emociones de nuestras parejas, en algunas ocasiones incluso telepáticamente, y que somos amantes sensuales y receptivos; pero lo complicado es que nos sobrecargamos con su malestar o su estrés. Cuanto más íntima es la relación que tenemos con una persona, más se agudiza nuestra sensibilidad. Como consecuencia, los hiperempáticos a menudo nos sentimos agotados o sobrecargados en las relaciones amorosas debido a la estimulación adicional que implica la intimidad. Esto es diferente a lo que sucede en la empatía ordinaria (por ejemplo, al solidarizarnos con nuestra pareja si ha pasado un mal día en el trabajo), porque las personas hiperempáticas en general nos fundimos con la alegría o la tristeza de nuestros compañeros sentimentales como si fuera propia. Por este motivo, las relaciones amorosas nos ponen a prueba, particularmente en la convivencia.

Si eres una persona altamente empática y no te has identificado con esta dinámica de absorber el estrés de tu pareja, es probable que estés evitando subconscientemente las relaciones amorosas o te sientas atraído por individuos que son inaccesibles. Esto podría reflejar el miedo a sentirte agobiado.

La dinámica es la siguiente: una parte de ti desea encontrar un alma gemela, pero la otra tiene miedo de sentirse atrapada, agotada y descentrada. Cuanto más estrecha es la relación, más intensa es tu empatía y, en consecuencia, también tu ansiedad. Por esta razón los hiperempáticos con frecuencia eligen personas que no están disponibles o son inalcanzables, porque este tipo de personas nunca aceptarán tener una relación lo suficientemente íntima como para que los hiperempáticos puedan albergar temores. Los individuos con un elevado grado de empatía pueden mantener relaciones *online* que no llegan a concretarse o elegir sujetos que se muestran ambivalentes en relación con el amor y transmiten mensajes contradictorios. Siguen aspirando a encontrar una relación afectiva que nunca tendrán. En algunas ocasiones se sienten atraídos por lo que suelo denominar «nuevos adictos a las relaciones», o ellos mismos se convierten en ese tipo de adictos. Disfrutan de los placeres de la luna de miel, pero cuando la relación se consolida tienden a evitar la intimidad porque les resulta agobiante.

LA DIFERENCIA ENTRE LA RELACIÓN AMOROSA Y EL APEGO

Las personas hiperempáticas con frecuencia se sienten atraídas por individuos que no son convenientes para ellas. Vislumbran su «potencial» y quieren sacar lo mejor de ellos. Su razonamiento es: «Lo único que necesita esta persona es amor, y en cuanto lo reciba me abrirá su corazón». Los hiperempáticos son muy compasivos, así que es fácil comprender sus argumentos pero, por lo general, no son nada realistas. En una relación sana las dos partes se comprometen mutuamente y están dispuestas a entregar su corazón. En contraste, el apego implica aferrarse a alguien con la esperanza de que cambie. Los apegos son peligrosos porque pueden mantenernos vinculados a personas inaccesibles o que no están disponibles, y también porque fomentan las relaciones tóxicas. Si estás buscando una relación íntima, apuesta por personas a las que les ilusione estar contigo. Algunos de mis pacientes hiperempáticos han sentido una intensa conexión con lo que consideraban un alma gemela, y luego se han sentido confusos y frustrados al descubrir que «esa alma gemela» no estaba libre o no correspondía a su amor. Me gustaría destacar que sus sentimientos son reales aunque quizás procedan de otra época y otro espacio, como dirían los que creen en las vidas pasadas. La trampa consiste en que empiezan a sentir apego por esa persona y viven un amor no correspondido. El tiempo pasa y ellos siguen esperando que el amor se manifieste, y esto muy rara vez sucede. La norma que enseño a mis pacientes es que cuando una relación tiene posibilidades de progresar, más tarde o más temprano lo hará. No te quedes esperando a alguien que por el momento es inalcanzable.

EL MIEDO AL COMPROMISO

Aunque he convivido con algunos de mis amores, jamás me he casado. ¿Por qué no? Me lo he preguntado muchas veces. En lo más profundo de mi ser tengo miedo de quedar atrapada en una relación que quizás no sea conveniente para mí sin tener una vía de escape. Mi temor es que podría entregarme demasiado a la otra persona debido a mi elevada empatía y olvidarme de mis propias necesidades. Eso representaría para mí algo muy similar a la muerte. Recuerdo mis antiguos diarios de 1988 en los que ya me lamentaba por no encontrar una pareja, y mucho menos alguien capaz de respetar mi necesidad de soledad.

He aprendido que mantener conversaciones sinceras y creativas con la pareja de forma regular es especialmente importante para una persona hiperempática. Mi maestro taoísta suele decir: «Tu alma gemela puede convertirse en tu compañero de celda» cuando ambos no se comprometen con el crecimiento mutuo y la autenticidad. Es doloroso mantener una relación en la que falta comunicación. La persona a quien más amas puede llegar a parecerse a un enemigo. La falta de comprensión mutua es inviable para los sujetos hiperempáticos, que no se sienten cómodos en esas condiciones.

Ahora tengo más facilidad para manifestar mis necesidades, y mi compañero está abierto a escucharme. No siente ningún temor ante mis reacciones emocionales, y eso me hace sentir segura. Siempre me ha preocupado el hecho de ser «demasiado intensa» con los hombres por el miedo al rechazo.

Los individuos sensibles deben identificar si son hiperempáticos relacionales para poder relajarse y entregarse en una relación amorosa. Si lo son, pueden marcar los límites pertinentes y hacer valer sus necesidades. En estas condiciones son capaces de mantener una relación íntima.

AUTOEVALUACIÓN

¿SOY UNA PERSONA HIPEREMPÁTICA RELACIONAL?

Para determinar si lo eres, responde a las preguntas de la siguiente autoevaluación:

- ¿Absorbo el estrés, los síntomas y las emociones de mi pareja?
- ¿Tengo miedo de sentirme sofocado o perder mi identidad si mantengo una relación sentimental?
- ¿Me produce ansiedad tener mucha intimidad con otra persona?
- ¿Necesito estar solo para recargar mi energía?
- ¿Me molesta el ruido cuando mi pareja mira la televisión o cuando habla por teléfono en mi presencia?
- ¿Es fácil herir mis sentimientos?
- ¿Tengo dificultades para marcar los límites y defender mis necesidades?
- ¿Prefiero reservar habitaciones contiguas cuando viajamos juntos?

Esta es la forma de interpretar tus respuestas:

- Si has respondido afirmativamente una o dos preguntas, esto indica que tienes cierta tendencia a ser un hiperempático relacional.
- Si has respondido afirmativamente entre tres y seis preguntas, esto indica que tienes una moderada tendencia a ser un hiperempático relacional.
- Si has respondido afirmativamente siete o más preguntas, esto indica que tienes una fuerte tendencia a ser un hiperempático relacional y necesitas aprender a manejar tu sensibilidad con el fin de poder mantener una relación satisfactoria.

ELEGIR SABIAMENTE: ENCONTRAR UNA PAREJA EMOCIONALMENTE COMPATIBLE

En cuanto descubras que eres una persona hiperempática relacional, estarás preparado para eliminar los obstáculos que te impiden tener una relación enriquecedora.

¿Por dónde empezar? Prepárate para reinventar lo que significa ser una pareja, los viejos estereotipos asociados al matrimonio o a las relaciones amorosas. En una relación con un alma gemela, las dos partes están comprometidas con su propia evolución y la del ser amado. Un alma gemela no es perfecta, y podemos tener varias a lo largo de la vida. Mi maestro taoísta sostiene que cuando elegimos con quién nos relacionamos, debemos identificar qué tipo de problemas estamos resolviendo mejor al tomar esa decisión. Pero, más allá de que una relación dure dos meses, dos años, dos décadas o toda una vida, nos enseña a abrir nuestro corazón y curar nuestras heridas.

Las personas altamente empáticas y sus parejas deben acordar cuánto tiempo desean pasar juntas para asegurarse de que son compatibles. Tengo una paciente que únicamente comparte con su marido los veranos y las vacaciones, y esto les funciona muy bien porque son las épocas en que los niños no van al colegio. Algunas parejas prefieren relaciones a distancia y verse los fines de semana. A algunos de mis pacientes hiperempáticos les gusta estar casados con médicos, abogados, pilotos o personas que viajan frecuentemente porque eso les permite pasar más tiempo a solas o con sus amigos. A menudo les resulta agobiante convivir con alguien que trabaja en casa si ellos también lo hacen. Además, los individuos hiperempáticos prefieren que sus compañeros sentimentales hagan su vida, es decir, que salgan con sus amigos, tengan aficiones, practiquen ejercicio físico y dediquen tiempo a otros intereses; pueden llegar a agotarse si son la única relación importante de su pareja. Las horas que un hiperempático pasa fuera de casa suelen ser una gracia redentora para la relación. No hay nada establecido sobre la cantidad de tiempo que las parejas deben compartir, todo está permitido. Te recomiendo de todo corazón que hables con tu pareja para llegar a un acuerdo que te permita sentirte cómodo.

¿Cuáles son las mejores cualidades que debe tener la pareja de una persona altamente empática? En mi libro *Libertad emocional* (ediciones Obelisco) hablo de tres tipos emocionales principales, aunque algunos de nosotros somos una combinación de ellos. Saber cuál es tu tipo de alma gemela te permitirá comprender tus emociones y no reaccionar bruscamente cuando tu pareja te saque de tus casillas (¡algo que las almas gemelas saben muy bien cómo hacer!). Ser capaz de dominar tus emociones no significa reprimir tus sentimientos, sino encontrar el equilibrio, atenuar tus debilidades y potenciar tus puntos fuertes.

¿Cómo puedes encontrar a alguien que sea compatible contigo? Los hiperempáticos sienten una conexión con el alma de los demás que tiene más que ver con la energía que con las palabras. Toma conciencia de cómo te relacionas con la energía de otras personas. Presta atención para comprobar si sus palabras concuerdan con su energía. ¿Acaso hay algo que no termina de encajar? ¿Sientes que te estás encerrando en ti mismo sin causa aparente? Los individuos hiperempáticos suelen adoptar esta actitud cuando están rodeados de gente a la que no consideran auténtica. ¿Te indica tu intuición que seas precavido o que algo no va bien? Si dudas de que las palabras, los actos y la energía de una persona sean sinceros, procede con cautela. No le abras tu corazón a menos que te demuestre que merece tu amor. Recurre a tu intuición para descubrir quién es realmente.

¿Qué clase de persona es la compañía ideal para los individuos hiperempáticos? Eso depende de tu temperamento y tus necesidades. Eres tú quien debe determinar qué tipo de persona prefieres y crees que será más compatible contigo con el paso del tiempo (aunque esa persona puede pertenecer a más de un tipo). Cada uno de los tipos que se describen a continuación puede ser extravertido o introvertido.

Tipo 1. El intelectual o pensador profundo

Los intelectuales son analistas lúcidos que disfrutan con su mente y ven el mundo a través de su pensamiento lógico y racional. Suelen mantener la calma durante los conflictos, evitan con frecuencia sus emociones, no confían en sus instintos y apenas participan en actividades poco serias o sensuales. Son buenos compañeros sentimentales para algunas personas altamente empáticas porque su pensamiento lógico sirve de complemento y contención para la intensidad emocional de estas últimas.

SUGERENCIAS PARA AYUDAR A UNA PERSONA HIPEREMPÁTICA A COMUNICARSE CON UN INTELECTUAL

- **Pídele ayuda.** A los intelectuales les encanta resolver problemas. Sé muy específico a la hora de comunicarle de qué forma puede ayudarte a solucionar una dificultad o tarea. De este modo sabrá exactamente cómo ofrecerte su colaboración.
- **Menciona los temas de uno en uno.** Demasiadas emociones «sin solución» pueden complicar a los intelectuales. Por ejemplo, puedes comentarle a tu pareja que, debido a tu hiperempatía, necesitas estar solo para recargar baterías después de un día muy agitado. Asegúrate de aclararle que no se trata de algo personal y que no ha hecho nada que te haya molestado.
- **Conversa regularmente con tu pareja.** Mantener la línea de comunicación abierta con la persona intelectual favorece que la relación sea clara y cariñosa.

SUGERENCIAS PARA AYUDAR A UN INTELECTUAL A COMUNICARSE CON UNA PERSONA HIPEREMPÁTICA

- **Respira.** Si te sientes atrapado por tus pensamientos, practica la siguiente respiración. Comienza a inhalar profundamente por la nariz mientras cuentas hasta seis, a continuación retén la respiración contando hasta tres y, por último, exhala por la boca mientras cuentas nuevamente hasta seis. Repite varias veces esta respiración. Te relajará, aquietará tus pensamientos y te ayudará a sentirte conectado con tu pareja altamente empática.

- **Practica ejercicio.** Cuando estés andando, nadando o entrenándote en un gimnasio, notarás que el ejercicio aumenta tu conciencia corporal y, al mismo tiempo, calma la agitación de tu mente. Y no solo eso; también te ayudará a sentirte más tranquilo y relajado cuando estés con tu pareja. El yoga es una técnica excelente para que los intelectuales aprendan a relajarse y se permitan ser, sin más, algo que aprecian las personas hiperempáticas.
- **Siente empatía.** Antes de ocuparte del problema emocional de una persona hiperempática debes preguntarte: «¿Cómo puedo responder con el corazón y no solamente con la cabeza?». Y nunca intentes resolver su dilema con demasiada rapidez.

Tipo 2. La persona hiperempática o la esponja emocional

Las personas hiperempáticas son parejas amables, proclives a brindar su apoyo y apasionadas. Sienten sus propias emociones y las de sus compañeros sentimentales de una forma extrema. A menudo me preguntan: «¿Pueden tener una buena relación dos sujetos hiperempáticos?». Definitivamente, la respuesta es sí. La conexión amorosa que se establece entre ellos puede ser extraordinaria. No tienen que dar demasiadas explicaciones porque se entienden a la perfección. No obstante, para que la relación progrese y siga siendo armoniosa, los dos deben seguir expresando sus propias necesidades. Si dos hiperempáticos se sienten agobiados al mismo tiempo, pueden llegar a acumular mucha tensión. Una relación entre dos personas sensibles requiere comprensión mutua y tener espacios separados donde cada uno pueda retirarse.

A mi consulta han acudido muchas parejas en las que ambas partes son hiperempáticas y les he enseñado a respetar su mutua sensibilidad y a mantenerse conectadas. El beneficio que brinda esta relación es que cada persona tiene la capacidad de reconocer fácilmente lo que la otra está sintiendo. El aspecto más difícil es definir las propias necesidades y establecer los límites para que ambos individuos puedan sentirse seguros y tranquilos. El hecho de que ambos se sientan agobiados al mismo tiempo puede aumentar su ansiedad. En este caso, lo mejor es que cada uno tenga un espacio propio para relajarse. Aunque la relación entre dos individuos hiperempáticos suele ser complicada, puede llegar a ser cómoda y placentera a largo plazo.

SUGERENCIAS PARA QUE DOS PERSONAS HIPEREMPÁTICAS PUEDAN COMUNICARSE

- **Dedica un momento del día a relajarte a solas.** Hacer pequeñas pausas en soledad ayuda a calmarse y a recuperar la energía. Sal a dar un paseo o medita en tu habitación. Concéntrate en exhalar las emociones reprimidas, como pueden ser la ansiedad o el miedo, para desalojarlas de tu cuerpo. Te sentirás más a gusto en compañía de tu pareja después de que ambos os hayáis relajado y tengáis las ideas más claras.
- **Protege tu sensibilidad.** Es importante para ambos hacer una lista de las cinco situaciones más significativas que pueden desencadenar reacciones emocionales. Luego podéis organizar juntos un plan para manejar esas situaciones con el fin de que ninguno de los dos se sienta desbordado. Por ejemplo, podéis pactar ir a una fiesta o evento cada uno en vuestro propio coche para no sentiros obligados a permanecer en una situación social cuando lo que os apetece es marcharos, y tener la libertad de volver a casa antes que vuestra pareja.
- **Medita con tu pareja.** La meditación ayuda a que ambos os conectéis espiritualmente en silencio y consolida la relación.

Tipo 3. La «roca» o el tipo fuerte y callado

Un compañero sentimental que sea estable y digno de confianza estará siempre presente y arrimando el hombro cuando haga falta. Los hiperempáticos pueden expresar libremente sus emociones cuando están con este tipo de personas. Las «rocas» no se alarman ni son críticos. Se puede contar con ellos, y eso ofrece mucha seguridad a las personas con un elevado grado de empatía que adoran la coherencia y la regularidad. Pero las rocas a menudo lo pasan mal compartiendo sus propios sentimientos. Sus compañeros hiperempáticos pueden empeñarse en que se abran y sinceren y sentirse frustrados debido a su lento progreso; pueden sentir que las rocas están emocionalmente bloqueadas o incluso considerar que son sujetos aburridos.

Los individuos hiperempáticos y las rocas forman muy buenas parejas porque se equilibran mutuamente. Las rocas pueden aprender de los hiperempáticos a expresar sus emociones y su pasión más claramente, mientras que estos últimos pueden aprender a centrarse y conectarse a tierra. No pretendo decir que las rocas no tengan sentimientos, sino que necesitan un sostén afectivo para poder comunicarlos. Tienen los pies sólidamente plantados en la tierra.

SUGERENCIAS PARA AYUDAR A UNA PERSONA HIPEREMPÁTICA A COMUNICARSE CON UNA ROCA

- **Exprésale tu gratitud.** Es bueno elogiar regularmente en voz alta las cualidades positivas de una roca. A este tipo de personas se les ilumina la cara cuando son reconocidas por su compromiso y entrega en una relación.
- **Pídele que comparta un poco sus sentimientos.** Con el fin de conectar más profundamente con la roca, puedes pedirle que exprese al menos una emoción cada día. Por ejemplo, «estoy encantado», «te amo» o «me siento ansioso».
- **Compartid tiempo en la naturaleza.** Si practicáis una actividad física juntos, os sentiréis más unidos en un entorno natural.

SUGERENCIAS PARA AYUDAR A UNA ROCA A COMUNICARSE CON UNA PERSONA HIPEREMPÁTICA

- **Echa un poco de leña al fuego.** Promueve discusiones emocionales para no limitarte a hacer siempre lo que propone tu pareja.

- **Muestra tus sentimientos.** Recuerda que expresar las emociones es una forma de ser apasionado y generoso.
- **Establece contacto físico.** Abraza a tu pareja o rodéale los hombros con tus brazos; ¡a las personas altamente empáticas les encantan estos gestos!

Yo me llevo mejor con una pareja del tipo roca que con una pareja del tipo hiperempático. Mi compañero tiene los pies en el suelo y puede escuchar mis emociones sin que le afecten. Convivir con alguien que fuese hiperempático, como yo, me resultaría muy agobiante. Prefiero una pareja que sea callada y reservada a otra que hable mucho y manifieste constantemente sus estados emocionales.

ASEGÚRATE DE QUE TU PAREJA RESPETA TU SENSIBILIDAD

Si eres una persona hiperempática, el próximo paso es preguntarte si alguien que crees que podría llegar a ser tu pareja respeta tu sensibilidad. Mientras empiezas a conocer a alguien, háblale de tu sensibilidad, hazle saber que experimentas intensamente tus emociones y que para ti es muy importante pasar tiempo contigo mismo. Te comprenderá si es la persona adecuada; pero si no lo es, probablemente te criticará por ser «exageradamente sensible». Esa es una señal evidente de que no es el compañero (o la compañera) ideal para ti.

Suelo aconsejar a mis pacientes que evalúen el coeficiente de sensibilidad de aquellos con los que empiezan a salir. ¿Qué quiere decir esto? La siguiente autoevaluación te ayudará a comprenderlo.

AUTOEVALUACIÓN

DETERMINA EL COEFICIENTE DE SENSIBILIDAD DE TU PAREJA

- ¿Te trata con cariño y respeto?
- ¿Se preocupa por otras personas y tiene amigos íntimos?
- ¿Trata bien al empleado del aparcamiento o al camarero que le sirve la comida?

- ¿Son el amor y la amistad una prioridad en su vida?
- ¿Reacciona bien cuando tú marcas los límites?
- ¿Trata bien a los niños y los animales?
- ¿Respeta la Tierra y se compromete activamente con su protección y conservación?
- ¿Es una persona generosa y desinteresada la mayor parte del tiempo?
- Y lo más importante, ¿es capaz de amar?

Esta es la forma de interpretar los resultados:

- Entre siete y diez respuestas afirmativas indican que tu pareja potencial tiene un coeficiente de sensibilidad alto, lo cual es una excelente noticia.
- Entre tres y seis respuestas afirmativas indican un coeficiente de sensibilidad moderadamente alto.
- Menos de tres respuestas afirmativas indican un coeficiente de sensibilidad bajo.
- Ninguna respuesta afirmativa es una indicación clara de que debes salir corriendo en otra dirección y encontrar un compañero sentimental que sea más consciente de sus emociones.

No todas las personas hiperempáticas quieren o necesitan mantener relaciones afectivas a largo plazo, y eso está perfectamente justificado. Vivir en pareja no es para todos. La propia evolución puede manifestarse de muchas otras maneras satisfactorias. En ocasiones, los hiperempáticos necesitan descansar de las relaciones afectivas para estar consigo mismos y dedicarse a su propia evolución y sanación, lo que también es muy admisible. Una mujer hiperempática me dijo en cierta ocasión: «He estado felizmente soltera durante tres años. Mi tendencia es darle prioridad a la otra persona e ignorar mis propias necesidades cuando mantengo una relación. Y, como es natural, termino sintiéndome desdichada. Siento que tengo más poder personal cuando estoy soltera y que al estar en pareja me descentro. Sin embargo, aspiro a poder vivir una relación amorosa sin renunciar a mi empoderamiento».

¿CÓMO PUEDEN LAS PERSONAS HIPEREMPÁTICAS TENER UNA RELACIÓN SENTIMENTAL EMPODERADA?

Las investigaciones han demostrado que las personas sensibles son más propensas a permanecer solteras, divorciarse o separarse, y también que es más difícil que lleguen a casarse. Una forma de interpretar esta información es que los individuos hiperempáticos y los que son altamente sensibles tienen necesidades especiales que contribuyen a que el matrimonio resulte complicado para ambas partes. Pero si quieres mantener una relación amorosa, ¿cómo puedes contribuir a empoderarla? No puedo resaltar suficientemente la importancia de hablar con sinceridad de las propias necesidades hiperempáticas.

El compromiso es la clave. Presta atención a los deseos de tu pareja para que ambos podáis llegar a encontrar el equilibrio. Lo último que deseas es sentirte presionado a ser algo que en realidad no eres. Los hiperempáticos progresan gracias a la constancia y la estabilidad, que fomentan la confianza y la aceptación. Tal como me dijo una paciente hiperempática: «Mi marido me acepta tal como soy. Gracias a su aceptación he aprendido a ser sincera conmigo misma».

> EXPRESA TUS NECESIDADES HIPEREMPÁTICAS. ES MUY DOLOROSO NEGAR LA PROPIA SENSIBILIDAD PARA NO INCOMODAR NI DISGUSTAR A LA OTRA PERSONA.
>
> **Dra. Judith Orloff**

Los sujetos hiperempáticos suelen tener problemas en sus relaciones, independientemente de lo bien que se complementen con su pareja. Si estás a punto de embarcarte en una relación a largo plazo, o ya lo has hecho, te recomiendo que converses con tu pareja sobre cuál es la mejor forma de amar a una persona altamente empática y sobre los frecuentes desafíos que hay que afrontar y los ajustes que es necesario hacer para que la relación prospere.

DOCE SECRETOS PARA UNA PERSONA HIPEREMPÁTICA QUE ESTÁ ENAMORADA

1. **Valora el hecho de pasar tiempo a solas para relajarte y meditar.**
Una persona hiperempática necesita tener tiempo para estar sola cuando mantiene una relación sentimental. No se trata de un lujo, sino de una cuestión de autopreservación. De manera que intenta equilibrar el tiempo que pasas en soledad y el que compartes con otras personas. Disfruta regularmente de lo que yo denomino una «hora dorada» para relajarte y reconectar contigo mismo. También te aconsejo que desarrolles el hábito de hacer pequeñas pausas a lo largo del día. Comunícale a tu pareja que para ti esto es fundamental, porque los hiperempáticos necesitan pensar y procesar las situaciones a solas para volver a centrarse. En ese tiempo de descanso también encontrarás tu espacio para reflexionar sobre los conflictos que haya en la relación; así tendrás las cosas más claras cuando estés con tu pareja.

Algunas veces tú y tu pareja podéis compartir ratos en silencio; no es que prefieras estar solo, únicamente deseas tener un poco de tiempo para estar en soledad. Si se lo explicas amablemente, es muy poco probable que tu pareja se sienta rechazada o lo tome como una cuestión personal. Si estoy de viaje para promocionar un libro y en alguna ocasión siento que he hablado demasiado después de estar todo el día con gente, se lo comunico a mi compañero cuando me llama a la habitación del hotel y nos conectamos en silencio. Es maravilloso poder hacer esto con la persona a quien amas. Sin tener necesidad de hablar puedo sentir su presencia. Aunque mi compañero y yo nos adoramos, y él es muy cariñoso, todavía debemos trabajar algunos temas relacionados con la hiperempatía. Yo tengo una parte ermitaña muy fuerte, así que estamos intentando encontrar la forma de que no genere conflictos. Cuando nos entregamos a una relación amorosa, la misma naturaleza de esa relación requiere sacrificio y compromiso, pero los hiperempáticos no queremos comprometer nuestra alma. Tenemos que aprender a alcanzar el equilibrio.

2. **Conversa con tu pareja para determinar cuánto tiempo deseáis dedicar a las relaciones sociales.** Los hiperempáticos, especialmente los que son introvertidos, tienen una capacidad más limitada para las relaciones sociales que las demás personas. A nosotros nos encanta estar solos en situaciones en las que otros preferirían estar acompañados. Un sujeto altamente empático me dijo en cierta ocasión: «Prefiero quedarme en casa viendo Netflix y encargando que me traigan comida antes que ir a una fiesta». Otra mujer hiperempática afirmó: «Me gusta la gente, pero me da miedo perder mi soledad. Es algo parecido a no poder respirar. Sin embargo, si tengo demasiado tiempo libre también empiezo a sentirme desconectada». Por consiguiente, si tu pareja no es hiperempática, trata de llegar a un acuerdo saludable con ella en relación con los eventos sociales.

Te contaré lo que hice en una ocasión en que estaba de vacaciones con mi compañero en Bahamas. Nos alojamos en un *bed & breakfast* en el que todos los huéspedes cenaban juntos todas las noches. A él le apetecía hacer lo mismo porque consideraba que era una buena oportunidad para conocer gente interesante, pero yo a veces tiendo a ser antisociable y no me interesan las conversaciones triviales. Estaba convencida de que conocer a un montón de extraños me sacaría de mis casillas. Así que conversamos para resolver el problema. Una opción era que yo cenara sola en la habitación, lo que normalmente habría hecho porque eso es lo que me hace sentir a gusto, pero no me apetecía prescindir de su presencia, por lo que llegamos a un acuerdo. Decidimos cenar los dos solos en el puerto, luego él se reuniría en el comedor con los demás huéspedes mientras yo me quedaba un rato a solas. Este acuerdo funcionó a las mil maravillas porque los dos hicimos lo que necesitábamos.

Conozco a una mujer hiperempática que pasó por la misma situación cuando hizo un crucero con su novio. Él disfrutaba charlando con los demás pasajeros reunidos en torno a una gran mesa. Los cruceros multitudinarios pueden ser una experiencia difícil para las personas hiperempáticas, y para ella fue agotadora.

Durante algunos días, cuando su novio cayó enfermo y tuvo que quedarse en el camarote, ella cenaba sola y se encontraba muy a gusto. Muchas personas le preguntaron si podían sentarse en su mesa: «Creo que lo hacían porque les daba lástima verme sola. Se lo agradecía, pero rechazaba su ofrecimiento con la mayor amabilidad. Me encanta mi propia compañía. Muy pocas personas pueden entenderlo, pero mi novio ahora lo hace».

3. **Negociad y regulad el espacio físico.** Es esencial tener un respiro. Decide qué tipo de espacio necesitas y establece algunas reglas básicas con tu pareja. Piensa en qué tipo de pacto puede ser más eficaz. ¿Acaso tener un espacio en el que puedas retirarte, como por ejemplo cuartos de baño separados (esto es fundamental para mí) o habitaciones privadas? ¿O quizás casas o apartamentos distintos? La decisión que toméis será correcta siempre que os pongáis de acuerdo para no agobiaros mutuamente. Es posible que prefiráis tener habitaciones contiguas con baño privado (este es mi caso) cuando viajáis juntos. Si la única opción es compartir una habitación, se puede colgar una sábana del techo para dividirla y tener privacidad. Un antiguo novio me regaló en cierta ocasión un cartel de «no molestar» que fue un presente perfecto para mí.

   También hay que tener en cuenta la sensibilidad a los aromas y a los productos químicos, ya que las personas altamente empáticas tienen un sentido del olfato muy agudo. Manifiesta tus preferencias. Por ejemplo, quizás debas insistir en que en la habitación no haya loción para después de afeitar, perfumes ni aceites corporales sintéticos, que pueden ser tóxicos para los hiperempáticos. Sin embargo, los aceites esenciales son agradables.

4. **Considera la posibilidad de tener camas o dormitorios separados.** Creo que el hecho de dormir con otra persona está sobrevalorado. La mayoría de nosotros hemos pasado nuestra infancia durmiendo solos, y cuando somos adultos tenemos que compartir nuestra cama. Esto resulta difícil para muchas personas hiperempáticas. Es una convención social que no les sienta bien a

quienes no se adaptan a este estereotipo. La presunción de que los matrimonios deben dormir siempre en la misma cama no tiene ningún sentido para mí. En realidad, en las relaciones convencionales muchas personas disfrutan durmiendo juntas, pero algunos hiperempáticos nunca se acostumbran a hacerlo. Independientemente de lo cariñosa que sea nuestra pareja, por lo general preferimos nuestro propio espacio, o quizás dos camas unidas o una muy ancha. De este modo cada uno puede estirarse en su lado de la cama sin tocar al otro. Debes permitirte dormir en camas separadas, en dos colchones colocados uno junto al otro o incluso en dormitorios diferentes si realmente es eso lo que necesitas.

Las personas que no son hiperempáticas pueden sentirse solas si no duermen con su pareja, así que puedes acceder a hacerlo de vez en cuando. Por ejemplo, podéis dormir juntos cuatro noches por semana, y solos las tres noches restantes. Conocí a una mujer hiperempática que tuvo que decirle a su pareja que no le gustaba que durmieran tan acurrucados y abrazados. Los sujetos hiperempáticos no siempre se sienten a gusto si reciben abrazos y caricias constantes. Otra mujer que conozco encontró una solución diferente para este problema. Le encanta la energía que fluye entre ella y su esposo cuando intercambian besos y caricias, pero cuando siente que ya ha tenido suficiente, sencillamente se da la vuelta y ocupa su lado de la cama para pasar el resto de la noche sola.

Las personas hiperempáticas tendemos a tener un sueño ligero y podemos despertarnos fácilmente si nuestra pareja ronca o da muchas vueltas en la cama. También podemos necesitar dormir más que nuestros compañeros sentimentales y nos molesta que nuestro ciclo de sueño se vea interrumpido. He dormido sola durante años por estas razones. Mi pareja actual me preguntó en cierta ocasión si podía ayudarme a que me acostumbrara a dormir con él mediante un proceso llamado desensibilización. Y decidí probarlo. Él dormiría al otro lado de nuestra enorme cama de matrimonio, pero se iría al otro dormitorio si yo no me sentía cómoda. Me dijo: «Si no te encuentras a gusto, solo tendrás que tocarme para comunicármelo y me iré a la otra habitación. Por el contrario, si te apetece que tengamos más contacto, me acercaré a ti». Con el paso del tiempo, este acuerdo me ayudó a sentirme más relajada durmiendo con él; también debo decir que tiene un sueño tranquilo y permanece en su lado de la cama durante toda la noche. En cualquier caso, si se acerca demasiado y siento que necesito más espacio, se aparta en cuanto se lo hago saber.

A algunos individuos hiperempáticos les gusta trasnochar porque es el único momento del día en que pueden estar solos, cuando su mujer (o su marido) y los niños están dormidos. También puedes conversar con tu pareja sobre este tema para que lo comprenda y podáis llegar a un acuerdo.

5. **Céntrate en un solo problema emocional y no lo repitas con insistencia.** Los sujetos hiperempáticos pueden tener muchos problemas emocionales a la vez. Esto puede resultar agobiante no solo para ellos sino también para sus parejas. La mejor forma de comunicarte con tu pareja es hablar de los temas uno a uno, sin repetirlos constantemente, a menos que ella te pida aclaraciones. Mi compañero me ha dicho que cuando le hablo de varias cuestiones al mismo tiempo, o cuando repito una y otra vez el mismo tema, siente que la cabeza le va a estallar. Los hombres tienden a concentrarse específicamente en lo que hay que hacer y les gusta ofrecer su ayuda. Pero si en una misma discusión hablas de la necesidad de cambiar varias cosas, es materialmente imposible ocuparse de todas al mismo tiempo. Por ejemplo, si bombardeas a tu pareja con «estoy furioso por la forma en que me trató mi jefe», y luego «estoy muy alterado, así que por favor apaga el televisor», y un poco más tarde «¿podrías ayudarme a guardar las verduras?» y por último «¡necesito que me escuches cuando me siento frustrado!»... son demasiados reclamos como para que tu pareja pueda asimilarlos. Recuerda también que las personas altamente empáticas necesitamos espacio para relajarnos después de un conflicto; de manera que organiza tu tiempo para estar un rato a solas con el fin de volver a tu propio ritmo, procesar tus problemas y centrarte.

6. **No te lo tomes todo como algo personal, incluso aunque lo sea.** Este es un principio verdaderamente importante en el camino espiritual y también un gran desafío, pero es fundamental para mantener una buena comunicación y una relación armoniosa. Intenta no responder de forma negativa a los comentarios de tu pareja y conéctate más con tu propio centro para no tener reacciones tan intensas con tanta frecuencia.

7. **Utiliza la técnica del bocadillo: pide las cosas, pero no las exijas.** Incluye los cambios que deseas que haga tu pareja, o el motivo de un conflicto, entre dos afirmaciones positivas. Te mostraré cómo funciona. Por ejemplo, antes que nada dile: «¡Te amo y valoro enormemente tu apoyo!». Y a continuación comunícale lo que necesitas: «Tengo que pedirte algo. Me gustaría meditar media hora todas las noches y quiero que me ayudes a hacerlo. Te agradecería que me dejaras pasar ese tiempo a solas, porque eso me ayudará a estar mejor contigo». Luego abrázalo y agradécele que cuide de ti de la forma que le has pedido. Esta técnica es muy útil; recuerda utilizarla cuando surjan dificultades.

8. **Respeta la regla de no gritar.** Las personas hiperempáticas nos sentimos agobiadas cuando alguien grita o habla en voz muy alta. Nuestras parejas deben aceptarlo. Yo soy bastante rigurosa al respecto porque considero que es una cuestión de autoprotección. Un individuo hiperempático me dijo en cierta ocasión: «No puedo soportar las discusiones a mi alrededor. Cuando percibo la vibración de la rabia, siento como si me estuvieran golpeando. Si voy a un partido en el que hay un gran vocerío, me siento agotado durante días».

9. **No te dediques a complacer a las personas ni trates de arreglarle la vida a tu pareja.** Los hiperempáticos nos cansamos cuando intentamos solucionar los problemas de los demás o complacerlos en detrimento de nuestras propias necesidades. Por lo tanto, practica el desapego amoroso y aprende a marcar los límites. Mi compañero me señaló desde el principio que no le gustaba que le diera instrucciones para mejorar su vida. Me sugirió que cuando

atravesara momentos difíciles le dijera «estoy segura de que serás capaz de resolverlo», en lugar de ofrecerle consejos que no me había pedido. Esta técnica evita que yo absorba su malestar (una habilidad esencial para la supervivencia de las relaciones de las personas hiperempáticas) y al mismo tiempo es respetuosa con su capacidad de solucionar sus propios problemas. Intenta no interferir en la vida de tu pareja. Es un don dejar que los otros sean ellos mismos y afronten sus propias dificultades.

10. **Regula los sonidos que hay a tu alrededor.** Las personas altamente empáticas generalmente somos silenciosas. Nuestros seres queridos deben aceptarlo y tener muy presente qué tipo de sonidos nos perturban. Conversa con tu pareja para que comprenda tu necesidad de estar tranquilo y en silencio. Si no puedes soportar que la radio o el televisor estén constantemente encendidos, una excelente solución pueden ser unos cascos o unos tapones para los oídos. Es factible que no te apetezca que tu pareja lleve el ordenador a la cama porque te molesta su luz intensa y los sonidos que produce, además de su dañina radiación electromagnética.

11. **Negocia el momento del día en el que prefieres darte una ducha o un baño.** A los hiperempáticos nos encanta estar en el agua y solemos pasar bastante tiempo bajo la ducha o disfrutando de un baño. Yo podría estar en remojo durante una hora o más cada noche. Tengo la fortuna de que en mi cuarto de baño hay una ventana y puedo ver la luna reflejada en el agua; esto me lleva a un estado de trance que me resulta muy revitalizante y rejuvenecedor. Sin embargo, a mi compañero le gusta que vayamos juntos a la cama por la noche. Así que hemos hecho un pacto. Algunas noches disfruto quedándome en el agua todo el tiempo que me apetece y en otras ocasiones los baños son más cortos.

12. **Juega.** Las personas hiperempáticas tendemos a ser serias, aunque también nos encanta jugar. Juega con tu pareja y deja que conozca a tu niño interior.

LA SEXUALIDAD Y LAS PERSONAS HIPEREMPÁTICAS

La sexualidad es un tema importante que los hiperempáticos deben tener muy claro, independientemente de que estén solteros, estén saliendo con alguien o mantengan una relación sentimental desde hace mucho tiempo. Las personas altamente empáticas somos tan sensibles a la energía que para nosotras no existe algo que pueda denominarse «sexo casual». Durante una relación íntima las energías se combinan. En ese intercambio podemos absorber la alegría pero también la ansiedad de nuestra pareja sexual, y a menudo somos capaces de intuir lo que está pensando o sintiendo. Por consiguiente, elige a tu pareja sexual con sensatez; de lo contrario mientras hacéis el amor podrías acumular su estrés, sus miedos o cualquier otra energía tóxica. Esto es especialmente así en el caso de la persona hiperempática sexual.

¿Y qué es un hiperempático sexual? Alguien cuya capacidad de hiperempatía se intensifica durante un encuentro erótico, y por ese motivo puede gozar mucho más y al mismo tiempo absorber más estrés. Los hiperempáticos sexuales también son altamente sensibles durante los flirteos. Perciben y recogen la energía de su pareja con mayor intensidad que otros hiperempáticos. De todas maneras, todos los hiperempáticos deben compartir su intimidad física con la persona adecuada, alguien que sea capaz de expresar amor y respeto. En el caso de los hiperempáticos sexuales, esta necesidad es incluso mayor.

Desafortunadamente, algunos de mis pacientes hiperempáticos han cometido errores después de haber estado sin pareja durante mucho tiempo. Suele ocurrir porque están tan ansiosos por tener una relación amorosa que hacen caso omiso de las señales de advertencia que ellos mismos intuyen cuando conocen a alguien que les parece sexualmente atractivo; en consecuencia, mantienen relaciones sexuales con una persona que no es adecuada para ellos. A menudo piensan que, dado que llevan tanto tiempo sin encontrar el amor, es preferible estar con alguien a pesar de las «banderas rojas» intuitivas. Como es natural, dicha actitud solo los deja más vulnerables a apegarse excesivamente a personas que no pueden amarlos. Una paciente hiperempática me comentó: «No he tenido una relación seria desde hace cinco años, pero cuando he conocido hombres de los que me he enamorado rápida y apasionadamente, me he comportado como una loca de amor. No he prestado atención a las señales de advertencia y siempre he acabado sintiéndome defraudada. Ahora, me aseguro de ir despacio para reconocer si la persona en cuestión está disponible y si es conveniente para mí».

Una alternativa a esperar que aparezca la persona indicada es asistir a un taller de tantra o tener una sesión privada con un maestro tántrico. El tantra es una antigua práctica en la que la sexualidad y la espiritualidad se combinan por medio de ejercicios. Sea en un contexto grupal o en una sesión privada, aprenderás a conectarte con tu cuerpo, sintonizar con tus energías sexuales y espirituales, procesar antiguos traumas y trabajar tus patrones destructivos en las relaciones con los demás o ese bloqueo que no te permite sentir. Estas sesiones aumentan la energía sexual y favorecen que fluya por todo el cuerpo para potenciar la propia capacidad de atracción, en lugar de dejar que permanezca latente. De ese modo, los demás podrán percibir tu sensualidad.

Hace algunos años asistí a una de esas sesiones tántricas después de haberme entregado precipitadamente a la persona equivocada. Quería ocuparme de los bloqueos que favorecían mi patrón de elegir hombres inadecuados o no disponibles, o de estar sin pareja durante mucho tiempo. Estaba cansada de hablar de todos esos temas con mi psicoterapeuta, así que decidí asistir a una sesión de tantra, que me ayudó a desbloquear la energía y atraer a un compañero compatible con mi personalidad.

En cuanto encuentres una persona que sea una buena compañía para ti, es fundamental que combines tus energías amorosas con tus energías sexuales para que la relación progrese armoniosamente. Los sujetos hiperempáticos prosperan gracias a la energía del corazón. Cuando la energía del corazón se combina con la energía sexual y la espiritual, hacer el amor es un alimento sublime para todo tu ser.

Una forma de mantener la sexualidad centrada en el corazón es aprender a establecer claramente los límites cuando hay algo de la relación que no te sienta bien. Por ejemplo, si él (o ella) ha tenido un día frustrante y está enfadado, quizás no sea el mejor momento para una relación sexual, porque tú tienes la capacidad de absorber la energía negativa de su rabia. Es mejor que le expliques los motivos por los que no deseas tener una relación íntima cuando está enfadado o especialmente estresado, para que pueda comprender tu negativa a hacer el amor.

Comunícale a tu pareja tu nivel de sensibilidad. A menos que estés con una persona hiperempática, tendrás que explicarle amablemente tus reacciones para que pueda responder a tus necesidades. El universo de las personas altamente empáticas es diferente al de las que no lo son. Tu compasión y tu paciencia marcarán la diferencia en la intimidad.

VALORA TUS NECESIDADES CUANDO TIENES UNA RELACIÓN SENTIMENTAL

Las personas hiperempáticas debemos encontrar un equilibrio entre la energía saliente y la entrante. Tenemos un gran corazón y a veces pecamos de ofrecernos demasiado a nuestras familias, amigos y parejas. Y esto supone un gran desgaste. Ayudamos mucho, ofrecemos mucho, pero no obtenemos lo suficiente. Es de fundamental importancia que encontremos el equilibrio para proteger nuestra propia energía. Dar y recibir amor es la receta para mantener una relación grata y satisfactoria. Conocer tus necesidades y ser capaz de defenderlas es una excelente forma de autoprotección. Es así como los individuos hiperempáticos pueden disfrutar de sus máximas capacidades durante una relación sentimental. Si estás soltero, puedes ocuparte de identificar tus necesidades para tener las cosas claras cuando conozcas a alguien o vuelvas a estar en pareja. Cada vez que te incomode algún aspecto de la relación, debes hablar de ello, no sufrir en silencio. Verbalizar lo que te sucede equivale a afirmar tu poder. Si tus necesidades básicas no se ven satisfechas, es probable que te encuentres agotado, ansioso o que sientas que te usan de felpudo. Tu pareja no puede leer tu mente, así que debes expresar lo que te sucede para salvaguardar tu bienestar. El siguiente ejercicio te ayudará a hacerlo.

ESTRATEGIA DE PROTECCIÓN

DEFINE Y EXPRESA TUS NECESIDADES MIENTRAS MANTIENES UNA RELACIÓN SENTIMENTAL

Calma tu mente respirando de forma lenta y regular. Experimenta la dicha de contar con esos momentos para escuchar a tu ser hiperempático más profundo.

Ahora pregúntate: «¿Qué es lo que necesito de una relación y siempre he tenido miedo de pedir? ¿Qué parte de mi sensibilidad me gustaría más que mi pareja apoyara? ¿Qué es lo que me haría sentir más a gusto con otra persona?». Formúlate interiormente estas preguntas y otras que se te ocurran. Luego capta intuitivamente las respuestas en lugar de intentar averiguarlas por medio de la razón. Escucha tu cuerpo y sus señales. Deja fluir los sentimientos y las comprensiones intuitivas. Presta especial atención a las impresiones que te hacen sentir más empoderado y protegido.

Mantén tu mente y tu corazón abiertos y no censures nada. ¿Preferirías pasar más tiempo a solas o en silencio? ¿Te gustaría dormir solo algunas veces? ¿Te apetecería jugar más, conversar más o tener más relaciones sexuales? Deja fluir tu intuición sin emitir juicios. Manifiesta tus verdaderos sentimientos. No hay ninguna razón para que te sientas avergonzado o te reprimas. Concéntrate en valorar tus necesidades como persona hiperempática. Acepta compasivamente tu sensibilidad y todas tus peculiaridades. Permite que esta sensación amorosa te inspire a ser auténtico.

Al definir lo que te hace sentir a gusto (y lo que te molesta) mantienes la energía negativa a distancia y te proteges. Siéntate en silencio durante varios minutos hasta que hayas terminado de contestar todas las preguntas que te parezcan pertinentes y disfruta de los buenos sentimientos que te han embargado.

Apunta en un diario lo que has descubierto que necesitas de una relación sentimental después de finalizar esta meditación. Si estás soltero, te resultará muy útil tomar conciencia de tus necesidades antes de iniciar una relación sentimental; si estás en pareja, empieza gradualmente a expresarlas para que la persona que amas sepa cómo ayudarte.

Las personas con un alto grado de empatía pueden mantener buenas relaciones sentimentales que potencian su sensación de seguridad, su capacidad de amar y su conexión a tierra. El matrimonio, o cualquier tipo de unión sagrada, debe ser una competición de generosidad, lo que significa que cada una de las partes está al servicio de la otra con el objetivo de hacer más profundos su devoción, bondad, pasión y amor cada día. Una relación sentimental es una experiencia espiritual en la que podemos aprender el uno del otro, compartir nuestro corazón y cuidarnos mutuamente. La consideración y la tolerancia son esenciales. Las personas hiperempáticas progresan en relaciones en las que estas cualidades son una prioridad y el objetivo es tener una comunicación sincera.

AFIRMACIÓN PARA PERSONAS HIPEREMPÁTICAS

Alcanza un sereno estado de autoaceptación y repite interiormente: «Merezco una relación amorosa en la que me sienta a gusto. Soy digno de expresar mis verdaderas necesidades. Merezco que mi sensibilidad sea respetada. Soy digno de ser escuchado».

Capítulo 5

CÓMO PROTEGERTE DE LOS NARCISISTAS Y DE OTROS VAMPIROS ENERGÉTICOS

Los vampiros energéticos se sienten atraídos por las personas altamente empáticas porque ellas abren su corazón y se entregan. Los sujetos sensibles deben estar alertas cuando conozcan a este tipo de individuos. A través de mis pacientes hiperempáticos he descubierto que algunas relaciones con este tipo de gente les resultan positivas y revitalizantes, mientras que otras les resultan agotadoras. De hecho, hay determinadas personas que pueden absorber tu positividad y tu tranquilidad; yo las denomino «vampiros energéticos». En el trabajo, en casa y en cualquier otra parte, los vampiros energéticos agotan tu energía física y emocional. Las personas que son supertóxicas pueden hacerte creer que estás lleno de defectos y no eres digno de ser amado. Aunque no hayan tenido una reacción explosiva, tu miedo puede lograr que camines de puntillas cuando estás en su presencia. Algunos te atacan con descalificaciones, te culpan o te humillan. Por ejemplo, pueden decir «querida, hoy pareces estar muy cansada, se te ve envejecida» o «eres demasiado sensible». Y, de repente, tú percibes que algo va mal en tu vida.

Un paso esencial en este libro es que identifiques a los vampiros energéticos que hay en tu vida y desarrolles estrategias para tratarlos tal como se merecen. Cuando lo consigas, notarás una tremenda diferencia en la calidad de tus relaciones y lograrás que no socaven tu energía. No permitas que los vampiros energéticos te tomen por sorpresa. Concibe un plan. Trata de que no te afecten sus críticas mordaces, aun cuando no sean intencionadas. El esfuerzo que se requiere para hacerlo es a menudo extenuante, pero absolutamente necesario para recuperar tu fuerza y proteger tu sensibilidad. Recuerda que los individuos que socavan tu energía lo hacen movidos por su propio miedo e inseguridad. Y ten en cuenta que también molestan a otras personas, no solamente a ti.

AUTOEVALUACIÓN

¿CÓMO SABES SI HAS CONOCIDO A UN VAMPIRO ENERGÉTICO?

Hay que prestar atención a las siguientes señales:

- Te sientes cansado y lo único que quieres es dormir.
- Experimentas repentinamente un intenso malhumor.
- Te encuentras físicamente mal.
- No te sientes visto ni escuchado.
- Empiezas a dudar de ti mismo y recurres a la autocrítica.
- Sientes una súbita ansiedad, te enfadas o tienes pensamientos negativos.
- Te sientes avergonzado, controlado o juzgado.

En algunas ocasiones puedes atraer a un tipo específico de vampiro energético porque compartes con él (o ella) conflictos emocionales que ambos tenéis que sanar. Así, se establece una relación negativa basada en herir al compañero, un patrón que se repite una y otra vez. En este tipo de intercambio se produce un curioso alivio psicológico: ambos repetís lo que ya conocéis y a lo que estáis acostumbrados.

Esta dinámica crea un vínculo afectivo en el que te sientes cada vez más apegado a una persona tóxica a la que eres incapaz de abandonar, y quedas atrapado en un círculo vicioso que causa sufrimiento. Por ejemplo, los sujetos con baja autoestima atraen a personas que los critican y las personas que critican atraen a quienes se prestan a ser denigrados. Presta mucha atención para no perpetuar este tipo de relaciones. Por el contrario, aprovecha a esas personas (independientemente de que sean amigos, colegas del trabajo, compañeros sentimentales, etc.) para desarrollar tu autoconocimiento y sanar tu herida original. Así conseguirás evitar este tipo de relaciones y encontrarás otras que sean mucho más gratificantes.

LOS SIETE VAMPIROS ENERGÉTICOS

A lo largo de más de veinte años de profesión he identificado siete tipos principales de vampiros energéticos que son particularmente peligrosos para las personas hiperempáticas.

1. El narcisista

De todos los vampiros energéticos, los narcisistas pueden ser los más destructivos para los hiperempáticos. Me estoy refiriendo a los verdaderos narcisistas, y no a personas con rasgos narcisistas (que pueden tener más empatía). Explicaré qué es lo que pretendo decir. Los narcisistas actúan como si el mundo girara a su alrededor. Tienen un sentido exagerado de su propia importancia y de sus derechos. Necesitan ser el centro de atención y que los elogien constantemente. Hay que decirles muchos cumplidos para obtener su aprobación. También pueden ser extremadamente intuitivos, aunque utilizan la intuición para manipular a los demás y conseguir sus objetivos. Pueden ser especialmente dañinos con los individuos

> LAS INVESTIGACIONES DEMUESTRAN QUE LOS NARCISISTAS TIENEN UN TRASTORNO DE DÉFICIT DE EMPATÍA. NO DEBES CONFIAR EN ELLOS NI ENTREGARLES TU CORAZÓN.
>
> **Dra. Judith Orloff**

hiperempáticos porque tienen poca o ninguna capacidad de amar incondicionalmente. Si no haces las cosas a su manera, o si estás en desacuerdo con ellos, se convierten en personas frías y castigadoras, te niegan su amor o te escarmientan dejando de hablar contigo durante días y, a veces, incluso semanas.

Las investigaciones científicas sobre sujetos narcisistas (y sobre sociópatas y psicópatas) han revelado que padecen un trastorno por déficit de empatía. Los verdaderos narcisistas utilizan lo que parece hiperempatía para obtener lo que desean cuando notan que el otro empieza a distanciarse de ellos. Sin embargo, su empatía no es creíble ni real. Los narcisistas son seductores persuasivos que saben muy bien lo que deben decir para seducirte emocionalmente. Si intentas distanciarte, recurren a todo tipo de zalamerías para que vuelvas a su lado. Pero su «empatía» solo durará hasta que ellos lo necesiten, y los favores que te conceden siempre están sujetos a alguna condición. En cuanto hayas vuelto a su lado, invertirán la situación para volver a minar tu energía.

¿Por qué existe semejante atracción fatal entre las personas hiperempáticas y los narcisistas? He observado esta dinámica destructiva en numerosos pacientes. Los hiperempáticos deben reconocer que mantener una relación con individuos narcisistas puede ser una cuestión muy seria e identificar cuáles son los rasgos que siguen pareciéndoles atractivos. Quedan atrapados por el carisma de la personalidad narcisista y por su promesa de amor y comprensión. Puede parecer que los narcisistas tienen mucho que ofrecer, pero eso no es verdad. Lo que suele confundir a los hiperempáticos es que en las relaciones superficiales suelen ser listos, graciosos, reflexivos y generosos; sin embargo, no son capaces de mantener ese perfil en las relaciones más íntimas.

Los sujetos hiperempáticos son la diana perfecta para los narcisistas. ¿Por qué? Porque son sensibles, atentos, inocentes e incluso crédulos y, en consecuencia, carecen de las defensas que tienen la mayoría de las personas. A los hiperempáticos les resulta inconcebible que los narcisistas no tengan capacidad de empatía, porque perciben el mundo a través de ella. Las personas con alto grado de empatía son compasivas y esperan que los demás también lo sean e incurren en el error de intentar conquistar a un narcisista mediante su amor. Lamento decir que esto no funciona: es como esperar que alguien que no tiene corazón sea capaz de amar.

El gran problema que supone relacionarse con un narcisista es que resulta muy difícil dar por terminada la relación. A algunas personas les ha llevado décadas. Una mujer que asistió a uno de mis talleres de hiperempatía me comentó: «Estuve casada con un narcisista durante diez años. Siento que fue destruyendo poco a poco mi alma hasta hacerla pedazos a lo largo de nuestra relación». Y *no* exageraba. Los narcisistas pueden conseguir que las personas hiperempáticas se sientan físicamente enfermas y deprimidas; pueden destruir su autoestima hasta que ya no crean en sí mismas.

Los sujetos narcisistas no hacen muchos progresos en psicoterapia porque siempre culpan a los demás y no reconocen su participación en los conflictos. En ocasiones utilizan una técnica dañina llamada *hacer luz de gas* (a veces mencionada con el término inglés, *gaslighting*), que distorsiona la percepción de la realidad de la otra persona por medio de crear intencionalmente situaciones que pueden llegar a enloquecerla, y cuestionan luego su salud mental basándose en sus reacciones emocionales. También reescriben el pasado o niegan determinados sucesos, desestimando los recelos de la otra persona y tachándolos de infundados. Lo triste de esta cuestión es que muchas de sus víctimas los creen.

ESTRATEGIA DE PROTECCIÓN

PROTÉGETE DE LAS PERSONAS NARCISISTAS

- Baja el nivel de tus expectativas en relación con la capacidad emocional de un narcisista.
- No permitas que el narcisista te manipule.
- No esperes que un narcisista respete tu sensibilidad, son personas extremadamente frías.

- **No te enamores de un narcisista.** Independientemente de la atracción que sientas por él, debes salir corriendo en otra dirección.

- **Intenta no trabajar para un jefe narcisista,** pero si no puedes evitarlo, no permitas que tu autoestima dependa de sus reacciones.

- **Halaga el ego de un narcisista.** Cuando quieras pedirle algo, formula tu solicitud de forma que parezca provechosa para él. Es la única forma de comunicarse con un narcisista. Por ejemplo, si quieres pedirle unos días para asistir a una conferencia relacionada con el trabajo, puedes decirle algo semejante a «me ayudará a gestionar más eficazmente tu negocio», en lugar de «necesito tomarme un descanso». Si quieres comunicarte eficazmente con una persona narcisista y obtener los resultados que deseas, debes convencerla de que aprovechará lo que le pides en beneficio propio.

- **Suspende todo contacto con este tipo de personas mientras todavía sea posible.** Si quieres terminar una relación sentimental con un narcisista (o con cualquier otra clase de persona de la que quieras separarte), debes hacerlo de golpe y sin contemplaciones. Sigue adelante sin mirar atrás y además utiliza las siguientes estrategias:

  » **Visualiza que estás cortando la cuerda que te une a esa persona.** Calma tu mente e imagina cuerdas de luz que os conectan a ambos. Agradece interiormente por lo que has aprendido en la relación, aunque las lecciones hayan sido duras. Luego afirma con rotundidad: «Ya es hora de romper completamente nuestros vínculos». A continuación, visualiza que utilizas unas tijeras para cortar cada uno de esos vínculos y liberar todos los lazos energéticos. Esta visualización te ayudará a dar por terminada la relación y eliminar la persistente energía que sigues sintiendo de esa persona.

» **Cierra dignamente la relación.** Esta técnica chamánica te permite liberarte de una persona, en particular si sigues pensando en ella o sientes que ella sigue pensando en ti. Sal a la naturaleza y busca un palo grande. Míralo y pronuncia en voz alta: «Esta relación se ha acabado». Luego rompe el palo por la mitad, deja sus trozos sobre el suelo, aléjate y no vuelvas la mirada atrás. Con esto finaliza la ceremonia de clausura.

2. El adicto a la rabia

Este vampiro energético resuelve los conflictos acusando, atacando e intentando controlar al otro. Los adictos a la rabia suelen gritar y, como ya mencioné en el capítulo 4, esto es algo que las personas hiperempáticas no soportan. En realidad, los hiperempáticos podemos llegar a sentir un dolor físico cuando alguien chilla a nuestro alrededor. Este tipo de individuos coléricos se comportan peor con las personas a las que aman. Dicen cosas horribles que luego pueden lamentar, como por ejemplo «eres una mala esposa» o «ya no me atraes». Dichos comentarios pueden desgarrar el corazón vulnerable de los altamente empáticos. Estos adictos a la ira tienen la capacidad de traumatizarlos, por medio de minar su talante positivo y su autoestima. Los hiperempáticos suelen experimentar sobrecarga sensorial cuando alguien grita, discute, hace ruidos fuertes o se expresa en voz muy alta a su alrededor. Por esta razón no permito que nadie descargue su cólera cerca de mí. En cierta ocasión estaba esperando que una amiga terminara de hablar por teléfono. La noté agitada y nerviosa y, de repente, comenzó a gritarle a la persona con la que estaba hablando. Sentí que estaba descargando toda su energía tóxica sobre mí y, como es natural, sufrí los efectos de su enfado. Más tarde le dije: «Mira, soy una persona hiperempática y tu irritación me afecta directamente y me resta energía, por lo que te pido que no vuelvas a descargar tu rabia cuando estés conmigo». Afortunadamente me escuchó con atención y nunca más repitió esa conducta.

En otra ocasión abandoné una comida que estaba compartiendo con unos amigos cuando un hombre que estaba en el local se puso furioso con su mujer. Su cólera me hizo daño. En situaciones semejantes suelo proteger férreamente mi energía, de manera que les dije a mis amigos: «Os ruego me disculpéis, estoy un poco cansada», y me marché educadamente. Fue una situación incómoda, pero siempre antepongo mi bienestar a ser «socialmente correcta».

Uno de mis pacientes hiperempáticos me describió su forma de responder a una discusión durante una cena: «Estábamos en casa de mi novia. De pronto sus familiares comenzaron a gritarse unos a otros mientras estábamos cenando. Yo estaba horrorizado. Ella me dijo: "Esto es completamente normal, así es como nosotros nos tratamos". Yo sentía que la situación me superaba y no tenía la menor idea de cómo sobrellevarla». Como es natural, muchos sujetos hiperempáticos sentirían lo mismo en una situación similar. Necesitamos recuperar nuestra energía después de presenciar explosiones coléricas. Nos resulta fundamental pasar un tiempo a solas y en silencio para deshacernos de la sobreestimulación que hemos recibido, antes de comunicar nuestras necesidades a nuestros seres queridos.

Una persona hiperempática que pretenda marcarle los límites a un adicto a la rabia debe conocer muy bien la diferencia entre *airear* y *descargar*. Hay formas saludables de expresar el enfado que un individuo hiperempático puede tolerar, como por ejemplo *airear* la rabia; pero también hay modos tóxicos de manifestar la irritación que pueden traumatizarlo, como es *descargar* la rabia contra él o ella. Por ejemplo, puedes decirle a tu mujer que si quiere comunicarte que está enfadada, te lo anuncie primero diciendo: «Tengo que pedirte algo. Necesito hablar de un tema que me preocupa. ¿Te parece bien que lo haga ahora?». Esta actitud permite que la persona hiperempática reciba una advertencia que evita que la situación la tome por sorpresa y, en consecuencia, la desborde. Así tendrá oportunidad de decidir si abordan el problema en ese momento o más tarde, cuando haya tenido tiempo de centrarse y prepararse.

A continuación daré algunas sugerencias para comunicar la rabia o el enfado, tanto cuando se trata de expresar tus propios sentimientos como de escuchar los de los demás. Utilízalas y compártelas con tus seres queridos.

DEBES CONOCER LA DIFERENCIA ENTRE *AIREAR* Y *DESCARGAR*

Airear los problemas es sano y tiene una duración limitada. Cuando lo hagas:

- Limítate a abordar un solo tema.
- No repitas siempre el mismo problema.
- No culpes.
- No hables como si fueras una víctima.
- Responsabilízate de tus propios actos.
- Mantén tu mente abierta a las soluciones.

Descargar la cólera en otra persona es una conducta tóxica que se repite una y otra vez. Alguien que se limita a descargar su rabia:

- Agobia a la otra persona con un sinfín de preocupaciones.
- Repite constantemente el mismo problema.
- Culpa a los demás.
- Se comporta como una víctima.
- No se responsabiliza de su propio papel en el problema.
- No está abierto a encontrar soluciones.

También puedes recurrir a las siguientes normas básicas para expresar tu irritación, de tal manera que todo el mundo se sienta más tranquilo y a salvo. Estas normas son muy efectivas con los adictos a la rabia.

ESTRATEGIA DE PROTECCIÓN

PROTÉGETE DE LOS ADICTOS A LA RABIA

- **Haz que el adicto a la rabia tenga claro que lo has escuchado** y sugiérele que ya os encargaréis de resolver el problema sin faltaros al respeto cuando los dos os hayáis tranquilizado. Puedes decirle algo semejante a «quiero ayudarte, pero me resulta difícil hacerlo cuando estás en este estado». No respondas a su ira.

- **Establece la norma de no gritar con tus seres queridos.** Como mínimo, que no se grite a tu alrededor. Hay otra manera de resolver los conflictos, sin necesidad de chillar.

- **Mantén la calma.** No respondas de la misma forma cuando pierdas los nervios. Reaccionar impulsivamente solo agravará la situación y terminarás sintiéndote vacío y agotado.

- **Cuenta hasta diez cuando te sientas agitado.** Haz una pausa para aquietar la respuesta de luchar o huir. Espera hasta sentirte sereno antes de responder a una persona iracunda; de lo contrario ella descargará más rabia sobre ti.

- **Exprésate con moderación en cualquier tipo de comunicación,** sea una llamada telefónica, un mensaje de texto o un correo electrónico. Así podrás controlar tus emociones cuando decidas dirigirte a esa persona.

- **Visualízate como una ventana abierta por la que circula libremente el aire.** De la misma forma, deja que la cólera de la otra persona pase a través de la ventana abierta para que no se adhiera a ti.

- **Abandona la habitación si la otra persona no deja de gritar o pídele que se marche.**

3. La víctima

Los vampiros energéticos con mentalidad de víctima minan la energía de los hiperempáticos con su actitud de «el mundo está en mi contra». No asumen la responsabilidad de los problemas que se presentan en su vida. Los demás son siempre la causa de su sufrimiento.

Los individuos altamente empáticos a menudo asumen el rol de cuidadores compasivos con estas «víctimas» e intentan resolver sus numerosos problemas. Como es evidente, esta actitud los agota. Las víctimas normalmente responden a cualquier solución posible con un «sí, pero...», de manera que los hiperempáticos se sienten frustrados y terminan bloqueando sus correos electrónicos o llamadas telefónicas o evitando intencionadamente a este tipo de personas que socavan su energía. Aunque los hiperempáticos tenemos la disposición de ayudarlos, el aluvión de sus quejas termina por ser demasiado pesado. Por lo tanto, debemos aprender a marcar claramente los límites con las personas que tienen mentalidad de víctima y tener cuidado para no caer en una codependencia o actuar como si fuéramos su «terapeuta».

ESTRATEGIA DE PROTECCIÓN

PROTÉGETE DE LAS VÍCTIMAS

- **Establece límites claros y compasivos.** Las demás personas pueden escucharnos mejor cuando no nos mostramos impacientes ni nos comportamos con brusquedad.
- **Utiliza la llamada telefónica de tres minutos:** escucha a tu amigo o familiar durante un breve periodo de tiempo y luego dile: «Me gustaría ayudarte pero solo te escucharé unos minutos más si sigues repitiendo los mismos temas. Creo que sería bueno para ti encontrar un terapeuta».
- **Di «no» con una sonrisa.** Por ejemplo, si estás hablando con un compañero de trabajo, puedes sonreír y decirle más o menos esto: «Me concentraré en tener pensamientos positivos para que obtengas el mejor resultado posible. Gracias por entender que tengo una fecha de entrega y que debo seguir ocupándome de mi proyecto». Si estás con amigos y familiares, puedes empatizar con

> SONRÍE Y RÍETE MÁS. ASÍ MANTENDRÁS ALEJADOS A LOS VAMPIROS ENERGÉTICOS.
>
> **Dra. Judith Orloff**

su problema durante varios minutos y luego decir «no» con una sonrisa y cambiar de tema sin darle la oportunidad al otro de seguir quejándose.

- **Establece límites recurriendo al lenguaje corporal.** Este es un buen momento para cruzarte de brazos y eliminar el contacto visual, transmitiendo así el mensaje de que estás ocupado.

4. El rey o la reina del drama

Este tipo de individuos agotan a las personas sensibles sobrecargándolas con dramas interminables. Esos dramas normalmente implican demasiada información y estimulación, que los hiperempáticos no somos capaces de procesar. Su histrionismo nos deja exhaustos. El drama es una especie de droga a la que son adictas algunas personas. No permitas que te sobrecarguen con esa adicción. Mi paciente Zoe se sentía cada vez peor con una de sus amigas que no dejaba de cancelar en el último momento los planes que habían hecho juntas, disculpándose mediante diferentes excusas. En cierta ocasión la causa había sido un dolor de muelas por el que casi había perdido el conocimiento. En otro momento le habían robado la cartera y había tenido que ir a la comisaría a presentar la denuncia. Luego fue un pequeño accidente de coche en el que afortunadamente no sufrió ninguna lesión, aunque tuvo que pasar todo el día en Urgencias. Zoe estaba harta de estos episodios dramáticos y cansada de que la dejara tirada una y otra vez. Los reyes y las reinas del drama se revitalizan con la reacción que tienen los demás ante su forma de actuar, pero no obtienen ninguna recompensa cuando no se produce ninguna reacción. De manera que si te mantienes sereno pronto perderán todo interés por ti y buscarán a otra persona que siga alimentando su drama.

ESTRATEGIA DE PROTECCIÓN

PROTÉGETE DE LOS REYES Y LAS REINAS DEL DRAMA

- **No les preguntes cómo están.** No te interesa saberlo.
- **Respira profundamente.** Cuando los reyes o las reinas del drama empiecen a hablar, respira profundamente, mantén la calma y no te dejes involucrar en su historia.
- **Marca los límites de una manera amable pero con firmeza.** Por ejemplo, si tienes un amigo que no deja de cancelar los planes que habéis hecho juntos, puedes decirle: «Lamento todos tus contratiempos; creo que lo mejor es no volver a hacer planes hasta que las cosas se calmen y estés nuevamente disponible». Establecer límites te ayudará a comunicarte claramente con tu amigo y no reforzar su conducta.

5. Los controladores compulsivos y los individuos críticos

Estos vampiros energéticos ofrecen siempre su opinión aunque nadie se la haya solicitado. Comienzan sus intervenciones con comentarios como «¿sabes lo que deberías hacer...?» y luego continúan dando todo tipo de sugerencias, independientemente de que el otro quiera o no escuchar sus consejos. También se empeñan en destacar aquello que el otro «ha hecho mal»; dicen por ejemplo «otra vez te has olvidado de guardar los platos» o «deberías aprender a aparcar mejor el coche». Las personas hiperempáticas pueden tomarse muy en serio su desaprobación, particularmente si no tienen demasiada confianza en sí mismas, y pueden acabar sintiéndose atacadas, deprimidas y cansadas. Recuerda que una opinión es subjetiva y no tienes por qué rendir cuentas a quien la expresa. Evidentemente, las críticas pueden ser muy útiles, pero si el comentario no es constructivo o no responde a la realidad, ya no resulta tan útil. Las críticas, especialmente las que insisten en destacar errores o faltas, pueden llegar a minar la energía de la persona con elevada empatía.

ESTRATEGIA DE PROTECCIÓN

PROTÉGETE DE LOS CONTROLADORES COMPULSIVOS Y DE LOS INDIVIDUOS CRÍTICOS

- **Sé asertivo, pero no les digas a este tipo de personas lo que tienen que hacer** porque solo conseguirás que se pongan a la defensiva. En cambio puedes decir: «Valoro tu consejo pero quiero decidir personalmente cómo voy a ocuparme de esta situación».
- **Pídeles educadamente que dejen de criticarte.** Actúa con firmeza y no te dejes llevar por las emociones. No adoptes el papel de víctima.
- Si te sientes vulnerable en presencia de una persona crítica o controladora, **intenta reconocer cuál es el problema de autoestima que su presencia ha puesto en evidencia y concéntrate en solucionarlo.** Cuanto más seguro te sientas, menos daño podrán infligirte este tipo de vampiros.

6. Las personas que hablan sin parar

Esta clase de personas pueden mermar toda la fuerza vital de los sujetos hiperempáticos por su tendencia a hablar sin parar. Yo intento evitarlas porque me ponen nerviosa y además hieren mi sensibilidad. Te atrapan contándote una y otra vez su vida sin hacer ni una pausa para respirar y no te ofrecen la más mínima oportunidad de interrumpirlas. Además, pueden acercarse tanto físicamente que llegan a invadir tu espacio personal. Si tú das un paso atrás, ellas avanzan varios pasos. No puedes escapar. Hay una ocurrencia que dice que para los sujetos adictos a hablar debería existir un programa de doce pasos llamado «Imparables Anónimos». Las personas hiperempáticas sabemos escuchar muy bien, pero a menudo cometemos la equivocación de tolerar durante demasiado tiempo a los habladores crónicos, y por este motivo terminamos hartos y exhaustos. Para protegernos debemos solucionar nuestra tendencia a complacer a los demás. A todo el mundo le gusta contarle su vida a los hiperempáticos porque escuchan con mucha atención. Sin embargo, debemos aprender a poner límites claros con los habladores crónicos, porque es una forma básica de autoprotegernos.

ESTRATEGIA DE PROTECCIÓN

PROTÉGETE DE LAS PERSONAS QUE HABLAN SIN PARAR

- **Las personas que hablan constantemente no responden a tus señales no verbales.** Con ellas no funciona manifestar inquietud o impaciencia; es necesario interrumpirlas, a pesar de que a veces puede resultar muy duro hacerlo.

- **Exprésate con mucho tacto.** Aunque íntimamente estés deseando decir «cállate de una vez, me estás volviendo loco», abstente de hacerlo porque solo conseguirás que se ponga a la defensiva o se enfurezca. En lugar de ser tan directo, dile diplomáticamente: «Perdona que te interrumpa, pero tengo que hablar con una persona que acabo de ver en la fiesta» o «Lo siento pero tengo una cita». Una excusa socialmente aceptable a la que recurro con frecuencia es: «Tengo que ir al cuarto de baño».

- **Pide algo.** Cuando estés hablando con un miembro de tu familia o un compañero de trabajo, comunícale en un tono de voz neutro y que no genere culpa: «Me gustaría poder participar también en la conversación; sería genial que me dejaras aportar algo». Si transmites este mensaje sin manifestar irritación, será más probable que te escuche.

- **Recurre al sentido del humor.** Cuando estés hablando con personas que conoces bien y que sabes que tienen sentido del humor y aceptan las bromas, puedes decirles: «El reloj no se detiene, se acaba el tiempo». Es lo que me dice una buena amiga cuando hablo demasiado.

7. Las personas pasivo-agresivas

Este tipo de personas expresan su rabia con una sonrisa. Endulzan su hostilidad, pero puedes percibir intuitivamente que detrás de su sonriente fachada se esconde su irritación. Suelen postergar las cosas, tener «olvidos» convenientes y excusarse por no haber podido cumplir un compromiso. Estas personas parecen sinceras, pero no son fiables. Te prometen el mundo, pero luego hacen lo que les place. Y para poner las cosas todavía más difíciles, el narcisismo y la conducta pasivo-agresiva pueden estar presentes simultáneamente en la misma persona, lo que constituye un peligro doble para los individuos hiperempáticos.

A continuación daré algunos ejemplos de una conducta pasivo-agresiva. Tu pareja siempre se olvida de tu cumpleaños a pesar de saber que para ti es muy importante celebrarlo. Una amiga trae *cupcakes* a tu casa cuando sabe que estás a dieta. Tus ruidosos vecinos prometen ser cuidadosos pero nunca lo son. Un compañero siempre te dice «te devolveré la llamada» cuando tenéis un proyecto de trabajo en común, pero nunca lo hace y te ves obligado a perseguirlo. Las personas pasivo-agresivas suelen hacer comentarios sarcásticos sobre ti y luego te preguntan: «¿No sabes aceptar una broma?». Se enfurruñan cuando no consiguen lo que quieren, pero lo encubren afirmando que todo está bien. Estos mensajes confunden a los sujetos hiperempáticos, que son mucho más directos.

ESTRATEGIA DE PROTECCIÓN

PROTÉGETE DE LAS PERSONAS PASIVO-AGRESIVAS

- **No cuestiones tu forma de responder a este tipo de personas.** El hecho de que oculten que están disgustadas no significa que no lo estén. Confía en tu intuición.
- **Reconoce su patrón de conducta y habla con ellas para intentar solventar el problema.**
- **Concéntrate en resolver los problemas de uno en uno para que la persona pasivo-agresiva no se sienta atacada.** Por ejemplo, si un amigo sigue ofreciéndose a ayudarte con una tarea pero nunca llega a hacerlo, puedes decirle en un tono neutro: «Te ruego que no te comprometas si no puedes cumplir con tu

palabra». Luego observa cómo reacciona. Acaso te responda: «Lo siento. Tengo que centrarme un poco más». Más adelante podrás comprobar si su conducta se ha modificado. Si nada ha cambiado, puedes volver a sacar el tema o limitarte a aceptar que esta persona no es de fiar y dejar de contar con ella.

- **Si no obtienes una respuesta directa, pídele que aclare su posición.** Es importante que se responsabilice de su conducta y encuentre una solución. Hablar claramente con una persona pasivo-agresiva la obligará a pronunciarse.

Emplea las estrategias mencionadas para relacionarte con los siete tipos de vampiros energéticos que pueden aparecer en tu vida. Cuando estés preparado, serás tú quien tengas el poder, y no ellos. Haz un inventario de las personas que te dan energía y de las que te la quitan. Puedes hacer listas separadas para el trabajo, la casa y la familia, los amigos y los conocidos. Luego quizás decidas dejar de tener contacto con las personas que te privan de tu energía. También debes elegir las estrategias que vas a utilizar con aquellas a las que no puedes eliminar de tu vida, como por ejemplo algunos familiares, y ponerlas en práctica regularmente. Al marcar los límites a los vampiros emocionales proteges tu sensibilidad y aumentas tu bienestar.

> NO PUEDES PEDIRLE AGUA A LA PERSONA QUE HA SECADO TUS MARES, Y NO PUEDES CONSTRUIR TU MERECIDO HOGAR EN EL INTERIOR DE OTRO SER. LA MEDICINA ES RETORNAR A TU PROPIO SER, DONDE RECORDARÁS TU FUERZA, RECUPERARÁS TU PROPIO RITMO Y ESCRIBIRÁS TU NUEVA CANCIÓN.
>
> **Victoria Erickson**

CÓMO SOBRELLEVAR UNA RESACA EMOCIONAL

No es raro que los individuos hiperempáticos experimenten «resacas emocionales», un residuo energético de la relación, a pesar de haber establecido límites claros y efectivos, con los vampiros energéticos. Las emociones tóxicas pueden emerger mucho tiempo después de haber cortado el vínculo y manifestarse a través del agotamiento, de lagunas mentales o incluso de enfermedades. Cuando las personas hiperempáticas nos relacionamos con vampiros energéticos, precisamos tiempo para recuperarnos. Si necesitas solucionar los síntomas de este tipo de resaca, puedes recurrir a las siguientes estrategias:

ESTRATEGIA DE PROTECCIÓN

CÓMO CURAR UNA RESACA EMOCIONAL

- **Practica la meditación de la ducha.** Cuando estés bajo el agua, pronuncia en voz alta o interiormente la siguiente afirmación: «Que el agua lave toda la energía negativa que hay en mi mente, cuerpo y espíritu». Siente cómo el agua de la ducha te limpia y te renueva.

- **Utiliza piedras preciosas.** Lleva siempre contigo o usa cualquiera de las siguientes gemas: una turmalina negra, una amatista o una obsidiana negra. Te ayudarán a conectarte a tierra y eliminar tu resaca emocional. Los chamanes dicen que si usas o llevas contigo algo negro estarás más protegido. Yo tengo un colgante de jade de Quan Yin, la expresión china de la diosa de la compasión y protectora de la bondad. Debo decir que estoy muy contenta porque he notado que con el paso del tiempo el jade ha regulado mi química corporal y mis cambios emocionales.

- **Limpia tu espacio.** En la cultura de los nativos americanos se utiliza el ritual de quemar plantas aromáticas o medicinales para limpiar las energías negativas que se han estancado en una habitación. Me encanta quemar hierba fresca; su olor dulce flotando en el aire nutre mi condición femenina. La salvia también es muy efectiva. Y en mis paseos por la naturaleza suelo recoger ramas de ciprés, eucalipto y enebro. Puedes experimentar con cualquier planta cuya esencia te inspire.

- **Utiliza generadores de iones negativos o lámparas de sal.** Estos dispositivos generan iones negativos que limpian el polvo, las esporas de moho, el polen, los olores, el humo del tabaco, las bacterias y los virus que se propagan por el aire. Asimismo, se cree que eliminan la negatividad que se acumula en el hogar, la oficina u otros espacios. La ducha, con su flujo de agua en movimiento, también produce iones negativos.

- **Enciende una vela blanca.** Esto contribuirá a crear un estado meditativo y eliminará rápidamente la energía negativa del ambiente. El blanco contiene todos los colores del espectro e induce calma y consuelo.

- **Pulveriza agua de rosas o utiliza otro tipo de aromaterapia.** La delicada esencia del agua de rosas es fantástica; la encuentro muy efectiva para aliviar una resaca emocional. Inhalar aceite esencial de lavanda o hierbabuena levanta el ánimo. También puedes elegir otro aceite esencial y colocarlo en un difusor para que su aroma flote en el aire. Prueba con la lavanda, la hierbabuena, el enebro, la salvia, el incienso o la mirra. Disfruta de la sublime fragancia de cualquiera de estos productos mientras purifican tu energía y la de la habitación. No utilices aceites sintéticos, porque pueden contener ingredientes tóxicos.

- **Sal a la naturaleza.** Abraza un árbol. Practica la conexión a tierra andando descalzo en la naturaleza o tumbándote directamente sobre la hierba. Regocíjate entre las flores. Sostén una piedra en la mano. Respira el aire fresco para curar tu resaca emocional (inhalar oxígeno también es un buen tratamiento para las resacas producidas por el alcohol). La pureza de la naturaleza puede devolverte el buen ánimo y la claridad mental.

- **Crea un espacio sagrado para meditar.** Coloca velas, incienso, flores, una estatua de Quan Yin o la imagen de un maestro sagrado sobre una pequeña mesa en un rincón tranquilo. Meditar en un espacio sagrado protege y promueve la energía positiva, que es un bálsamo para las resacas emocionales.

- **Busca apoyo emocional.** Si la energía negativa procede de una relación tóxica, probablemente necesites un poco más de ayuda para deshacerte de ella. Conversar con un terapeuta, o quizás con un amigo, te ayudará a ponerle palabras a la situación y disipará todos los restos de negatividad.

Tu objetivo como persona altamente empática es protegerte de los vampiros energéticos para poder experimentar el máximo bienestar. Además de las estrategias que has aprendido en este capítulo, te recomiendo específicamente que trabajes contigo mismo para sanar tus emociones. La ley de la atracción establece que atraemos lo que proyectamos, tanto lo positivo como lo negativo. En consecuencia, podemos atraer y absorber las emociones negativas de los demás. No obstante, la causa de que eso suceda es que nosotros mismos todavía no hemos resuelto esas mismas emociones en nuestra propia vida. Por esta razón somos excesivamente sensibles a la energía de algunas personas, y no a la de otras. Será menos probable que absorbamos esas emociones cuanto más nos dediquemos a sanar nuestros miedos, ira y ansiedad. Como persona hiperempática, mi prioridad es mi propia sanación emocional. No tengo ningún interés en que los demás me sobrecarguen con sus problemas. Mi progreso constante es profundamente liberador.

Considero que todas las emociones que experimentamos y todas las personas que aparecen en nuestra vida, incluidos los vampiros energéticos, son maestros espirituales o «nobles adversarios». Nos enseñan a superar la negatividad y a curarnos a nosotros mismos, a establecer límites claros y amarnos más. Como es natural, a nadie le gusta tener relaciones tóxicas, pero cuando nos vemos involucrados en este tipo de interacciones, tenemos que hacer todo lo que está en nuestras manos para protegernos y darnos cuenta de que lo más importante somos nosotros. Mientras tanto, aprendemos a perdonar esa parte de las demás personas que parece haberse olvidado de cómo se ama.

AFIRMACIÓN PARA PERSONAS HIPEREMPÁTICAS

Protegeré mi energía cuando esté en presencia de personas tóxicas. Aprenderé a marcar los límites de una manera saludable. Aprenderé a decir «no» en el momento oportuno. Escucharé mi intuición para reconocer cuáles son las relaciones enriquecedoras para mí.

Capítulo 6

LAS PERSONAS HIPEREMPÁTICAS, LA CRIANZA Y LA EDUCACIÓN DE LOS NIÑOS SENSIBLES

Ser padres es una de las opciones vitales más complicadas, muy especialmente para las personas con elevada empatía. Nuestros sensibles sistemas nerviosos se sobrecargan con facilidad cuando aumentan los estímulos sensoriales y las ocupaciones. A pesar de ello, tanto mis pacientes como mis amigos hiperempáticos que son padres afirman rotundamente que las recompensas superan con creces el estrés que implica tener hijos. A menudo los describen como la luz de su vida.

Es indudable que la crianza de los hijos ofrece grandes satisfacciones a los padres. Los niños no solamente potencian los lazos emocionales y la sensación de estar en familia; también nos sorprenden y nos colman de ternura y diversión. Los padres y madres hiperempáticos disfrutan y se enriquecen mucho educando a sus hijos. Tienen la oportunidad de ayudar a un nuevo ser humano a tener un buen comienzo. Los individuos hiperempáticos son generosos por naturaleza y les encanta cumplir esa función. La ayuda y orientación que ofrecen a sus hijos es una contribución sagrada a su crecimiento. Por otra parte, los niños son maestros poderosos que ayudan a evolucionar a sus padres por medio de ofrecerles oportunidades para aprender a ser pacientes, establecer límites y amar. Cuando los hiperempáticos desarrollan estrategias de autoprotección, se convierten en padres maravillosos gracias a su compasión e intuición y a su capacidad de respaldar la sensibilidad de sus hijos.

Pero (y este es un gran pero) la crianza de los hijos no solo ofrece innumerables regalos sino también constantes factores estresantes, incluso aunque tengas la fortuna de que tu pareja, tus familiares, tus amigos o la canguro sean muy colaboradores. Los sujetos hiperempáticos deben ser conscientes de esto porque tienen una considerable tendencia a sufrir sobrecarga sensorial. Algunos de dichos factores incluyen menos tiempo para disfrutar en soledad, más relaciones sociales y una apretada agenda diaria que incluye preparar comidas, cambiar pañales, tener pocas horas de sueño y soportar el nivel generalmente alto de ruido que producen los niños pequeños cuando lloran o gritan. Y cuando los niños crecen, participan en muchas fiestas, pasan la noche en casa de amigos, sus habitaciones están desordenadas, participan en equipos deportivos y asisten a un sinfín de eventos escolares.

Una persona hiperempática me dijo en una ocasión: «Me encantan los niños y ayudé a criar a mi querido ahijado. Es un regalo maravilloso que alguien te confíe el cuidado del alma de un niño. El ruido y el caos fueron difíciles de soportar, pero mereció la pena. El mayor sacrificio que tuve que hacer fue ofrecerle mi tiempo y mi libertad».

A la luz de lo anterior, te resultará útil sopesar mentalmente los beneficios y las desventajas cuando te preguntes si quieres tener un hijo. Algunos hiperempáticos deciden no tenerlos porque no les entusiasma demasiado la idea de ser padres o porque saben que es una labor demasiado exigente para su naturaleza sensible. Otros deciden tener un solo hijo y muchos se contentan con ser tíos, padrinos o mentores. Estas funciones requieren menos tiempo y energía y son opciones que también ofrecen la sensación de tener familia y muchas satisfacciones.

LA PATERNIDAD ES UNA ELECCIÓN CONSCIENTE Y UNA CUESTIÓN DEL DESTINO

Dado que los sujetos hiperempáticos tienen una alta sensibilidad, a la hora de plantearse la posibilidad de ser padres deben tomar una decisión consciente. Yo ayudo a mis pacientes a considerar los pros y los contras, para que no analicen el proceso desde un punto de vista romántico sin tener en cuenta el impacto que tendrá sobre su sistema nervioso, su intimidad y su sensibilidad. La intuición es fundamental para tomar una buena decisión. Aconsejo a mis pacientes que observen cómo reacciona intuitivamente su cuerpo cuando contemplan la posibilidad de tener un hijo. He aquí dos técnicas intuitivas que te sugiero utilizar:

EJERCICIO DE MEDITACIÓN

TÉCNICA 1. SINTONIZA CON TU INTUICIÓN

Elige un lugar silencioso y tranquilo para conectarte con tu intuición. Luego, formúlate interiormente la siguiente pregunta: «¿Es una buena opción para mí tener un hijo?». A continuación, escucha la respuesta de tu voz interior:

- Un «sí» intuitivo puede hacerte sentir a gusto, lleno de energía, emocionado, equilibrado, o provocarte la sensación de estar flotando.
- Un «no» intuitivo puede hacerte sentir que te estás hundiendo o que estás enfermo, producirte malestar o contracturas, o generarte la sensación de que estás forzando una situación o de que has chocado contra una pared.

La intuición te ayudará a tomar la mejor decisión. Debes tener hijos si de verdad quieres tenerlos, y no para complacer a tus padres que quieren ser abuelos ni porque la sociedad espera eso de ti. Evidentemente, tomar esa decisión te generará cierto grado de ansiedad. Esto es completamente natural. Pero básicamente debe existir un «sí intuitivo» antes de dar el paso. Además, tú y tu pareja tenéis que estar de acuerdo con la decisión; de lo contrario podéis consultar con un terapeuta o buscar una persona que sea capaz de orientaros.

EJERCICIO DE MEDITACIÓN

TÉCNICA 2. MEDITA SOBRE EL ESPÍRITU DEL NIÑO

En un momento reposado, medita para conectarte con el espíritu del bebé. Las personas altamente empáticas suelen percibirlo gracias a su mayor sensibilidad. Puedes intuir una fuerza vital que se acerca, un anhelo mutuo de encontraros o una sensación de felicidad. Si experimentas estas impresiones, u otras similares, que confirmen tu conexión con esa alma, es indudable que se trata de un potente «sí» intuitivo. Algunos de mis pacientes tienen dificultades para concebir un hijo y a menudo recurren a esta técnica para conectarse con el espíritu del niño diciendo: «Hola, te deseamos de todo corazón». Esta presentación formal es una invitación que puede facilitar energéticamente la concepción.

> HAY RINCONES DEL CORAZÓN QUE NO CONOCES HASTA QUE TIENES UN HIJO.
>
> **Anne Lamott**

Tener un hijo depende de una decisión, pero también del karma y del destino. Algunas personas no han venido a esta vida para tener hijos, y no hay ningún problema en ello. Sus lecciones espirituales se manifiestan de otras formas que son ideales para ellas. Algunas veces estamos destinados a cuidar de un niño en particular, porque él también te ayudará a ti. Este es un gran motivo para que un alma nazca o sea adoptada, y da lugar a un vínculo muy intenso. He trabajado con parejas que han terminado por separarse después de haber tenido hijos, como si el motivo principal de su unión hubiera sido traer esos seres al mundo. También puede ser tu destino educar a los hijos de tu pareja. Recuerda que todas estas variables son significativas en el ámbito de la crianza.

CONSEJOS PARA PADRES HIPEREMPÁTICOS

Las tensiones habituales que se producen cuando tienes hijos se acrecientan si eres una persona hiperempática. ¿Cómo puedes compaginar el trabajo, la relación con tu pareja, los niños, la familia y los amigos sin volverte loco, especialmente si te sobrecargas con facilidad? Si eres una madre o un padre hiperempático, el secreto para salir adelante es aplicar estrategias para contrarrestar la tensión y la sobreestimulación. Como es obvio, esto es importante para todos los padres pero, dado que el umbral de estrés, ansiedad y sobrecarga sensorial es más bajo en los hiperempáticos, estas herramientas pueden contribuir a su salud mental y su bienestar. Las personas hiperempáticas se sienten cómodas cuando todo funciona regularmente, de manera que en lugar de dejarse descentrar por los constantes giros y cambios que implica la paternidad deberían aprender algunas estrategias fiables para poder afrontar las situaciones de un modo más constructivo.

La sensibilidad es un paquete mixto. A pesar de que la hiperempatía de los padres beneficia psicológicamente tanto a ellos mismos como a sus hijos, el impacto sobre la salud física de los padres es otra historia. Un reciente estudio publicado en *Health Psychology* afirma que los padres hiperempáticos muestran una tendencia a padecer trastornos inmunitarios e inflamaciones leves por tener que lidiar habitualmente con los disgustos o la depresión de sus hijos.[1] Es fácil comprender por qué muchos médicos recomiendan técnicas para reducir el estrés, como son el ejercicio físico y la meditación, para estimular el sistema inmunitario de los padres.

En cuanto a la autoprotección, tanto los padres que sienten una empatía natural por sus hijos como los padres hiperempáticos pueden practicar las siguientes estrategias para reducir el estrés y mantenerse equilibrados y serenos. Estas técnicas los ayudarán a tomar conciencia de cómo expresan sus emociones a sus hijos, lo que de ningún modo implica que deban renunciar a sus sentimientos profundos.

Los altamente empáticos se sobrecargan fácilmente cuando tienen que hacer demasiadas cosas sin poder tomarse un descanso. Este tipo de padres y madres harían muy bien en incorporar estas herramientas y dedicar un tiempo cada día a encerrarse en una habitación para respirar, aunque solo sea durante unos minutos. Aunque parezca poco, ello contribuye a revitalizar la propia energía y alcanzar un estado de serenidad.

Doce pasos para que los padres hiperempáticos consigan equilibrarse y reducir su sobrecarga sensorial

1. **Comienza el día con una afirmación de gratitud** para imprimirle un tono positivo y estimulante, en lugar de iniciarlo con una interminable lista de obligaciones. Piensa o pronuncia en voz alta la siguiente afirmación: «Estoy agradecido por este día, mi salud, mi conexión con el Espíritu, mis hijos y mi familia. Gracias por todas estas bendiciones. Deseo mantenerme sereno. Deseo ser feliz. Deseo ser cariñoso».

2. **Recuerda respirar.** Las prisas nos hacen retener la respiración o respirar de forma muy superficial, lo que contribuye a que se acumule tensión en el cuerpo. A lo largo de un día muy atareado, debes organizarte para practicar periódicamente la respiración consciente profunda con el fin de liberarte de la tensión. Puedes utilizar la alarma de tu teléfono para recordarlo.

3. **Dedica un tiempo a estar solo.** Organízate para estar solo al menos unos minutos cada día y recargar baterías para compensar la exigente tarea de criar a tus hijos. Pasa algún tiempo en la naturaleza; si no puedes hacerlo, crea un lugar sagrado en tu hogar donde puedas retirarte. Un descanso de cinco minutos en el cuarto de baño o en otro espacio pequeño (si no tienes otro recurso) es todo lo que necesitas. Si tu pareja está disponible, puede ocuparse de los niños; de lo contrario, disfruta de tu soledad cuando tu hijo esté durmiendo la siesta, jugando en casa de un amigo o quizás

en el entrenamiento del deporte que practica. Si te parece seguro dejar un rato solo a un niño en edad escolar, cierra la puerta de tu dormitorio y túmbate con los ojos cerrados para disfrutar del simple placer de aminorar el ritmo y relajarte.

Una amiga y su vecina decidieron ayudarse y acordaron turnarse para cuidar a sus respectivos hijos con el fin de que cada una de ellas pudiera tener una tarde libre al menos una vez a la semana.

También es muy positivo decirles a los niños: «Necesito estar un rato solo». Al principio es probable que se enfaden porque ellos quieren que les prestes atención constantemente, pero a largo plazo se beneficiarán de tu conducta, que les servirá de modelo, y tú podrás preservar tu propia energía. Serás una madre o un padre menos irritable. «Lo mejor que puedo ofrecerle a mi hija es ser feliz. Cuando tengo tiempo para mí, soy mejor madre», me dijo una madre hiperempática.

Si tienes la suerte de contar con alguien de confianza para cuidar a los niños, puedes hacer pequeños retiros. Después de catorce años de casada, una madre hiperempática de dos niñas en edad escolar finalmente se atrevió a reservar una habitación de hotel para pasar un fin de semana. Pensó: «No lo hago porque deba asistir a una conferencia, sino para tener un poco de tiempo para mí y dedicarme a escribir, porque casi he olvidado el sonido de mi voz interior».

4. **Escucha música suave.** La música tiene el poder de sanar, inspirar y transformar la tensión y potencia instantáneamente la energía. Puede ser una gran ayuda para ti y tu bebé mientras lo meces suavemente para que se duerma, y más adelante puede ser un buen recurso para que todos los miembros de la familia compartan un rato tranquilo y se relajen cuando están juntos en casa. El mero hecho de escuchar una canción que nos gusta puede calmar un sistema nervioso alterado. Como es evidente, la música también es un bálsamo cuando estamos a solas. Me gusta empezar el día escuchando *El canto de la gran campana,* narrado por el monje budista Thich Nhat Hanh, y música devocional interpretada por artistas como Enya, Snatam Kaur, Tina Malia o Wah!

5. **Medita**. Encuentra algunos ratos para meditar, porque esta actividad interrumpe el ciclo de estrés y calma el sistema nervioso. Una madre hiperempática me comentó en cierta ocasión: «Después de meditar me siento más serena. Ya no me dejo involucrar en el drama de las rabietas de mi hijo». Intenta practicar en casa la meditación del corazón de tres minutos (ver el capítulo 2) mientras un familiar, un amigo o una canguro se ocupa de los niños. Si no tienes tiempo libre, medita en el coche después de dejar a los niños en el colegio o incluso en un aseo público, si ese es el único espacio privado que está a tu alcance. Quizás te apetezca tener en casa una pequeña fuente o algún elemento con agua para escuchar su agradable y relajante sonido, que armoniza el ambiente. Te ayudará a serenarte ¡y también calmará a los niños!

Mientras meditas puedes concentrarte en algo que te inspire, como puede ser el océano, el cielo nocturno o un bosque. También puedes concentrar toda tu atención en el amor que sientes por tus hijos y en la sensación de que son un milagro en tu vida. Esto alumbrará la energía de tu corazón en los momentos de estrés. Respira, céntrate, siente tu corazón y vuelve a conectar contigo mismo y con tu poder superior mientras exhalas suavemente, liberando toda la tensión acumulada. Es increíble lo reconstituyente que puede ser una breve meditación.

6. **Duerme la siesta**. Si tienes hijos pequeños, seguramente sueles aprovechar el momento en que están durmiendo la siesta para ocuparte de hacer la colada. Sin embargo, ese es el momento perfecto para que tú también recuperes tu energía con una siesta. Veinte minutos bastarán para que te sientas revitalizado durante el resto de tu ajetreado día. Las personas hiperempáticas son enormemente receptivas a la energía sanadora durante el sueño. La ropa puede esperar.

7. **Establece límites**. Debes marcar los límites claramente e insistir una y otra vez para reforzarlos. Seguramente nos cuesta más poner límites a nuestros hijos que a cualquier otra persona. Sin embargo, es muy saludable que digas «no» a las exigencias de tus hijos

y a su mala conducta. Algunos de mis pacientes hiperempáticos lo pasan muy mal poniendo límites. Son cuidadores supervigilantes, que responden constantemente a las demandas de los niños, aun cuando no son razonables. A los hiperempáticos les resulta difícil tolerar el llanto de sus hijos porque su cuerpo absorbe todas sus emociones. Sin embargo, un padre o una madre asertivo debe poder decir: «Ya sé que quieres chatear con tus amigos en las redes sociales, pero no lo harás hasta que hayas terminado la tarea». O quizás la situación se asemeje más a esto: «Comprendo que te apetezca tomar un dónut, pero no es bueno para tu salud. Si no dejas de llorar, nos marcharemos ahora mismo de la tienda». En este segundo ejemplo debes estar dispuesto a dejar el carro en su sitio y abandonar el establecimiento. Los niños necesitan límites para socializar. Nadie puede conseguir todo lo que quiere. Los niños deben aprender a afrontar la frustración; en caso contrario, se convertirán en adultos exigentes y egocéntricos. Hay más tranquilidad en casa cuando los padres establecen límites claros y razonables y los refuerzan regularmente; esto, a su vez, fomenta un ambiente más relajado para los hiperempáticos. Todos conocen sus límites y lo que se espera de ellos. Sin límites, impera el caos.

8. **No te conviertas en un padre o una madre helicóptero.** Los padres con elevada empatía son muy intuitivos y recogen todo lo que sus hijos sienten y piensan, a veces de un modo exagerado. Como resultado, pueden sufrir ansiedad, y esto los lleva a ocuparse minuciosamente de todas sus obligaciones y estar demasiado pendientes de ellos. Esta conducta no es provechosa para los niños, pues puede provocarles ansiedad y acaso también resentimiento. Utiliza tu intuición, pero ten presente que no debes sofocar a tus hijos con preocupaciones constantes. Si te relajas, conseguirás reducir tus niveles de estrés.

Por otra parte, ten cuidado de no invadir su espacio emocional cuando están enfadados. Es duro ver a tus hijos sufriendo sin interferir, pero es importante darles un poco de tiempo para que procesen sus sentimientos. Identifica las emociones que te pertenecen y hazte responsable de ellas; esto facilitará que tus hijos puedan reconocer sus propios sentimientos. Les enseñarás a solucionar los problemas a su manera y tendrán la oportunidad de aprender sus propias lecciones. Esto no significa que no estés presente para orientarlos, pero dejarás de rondarlos y de involucrarte excesivamente en sus problemas.

9. **Centra tu propia energía.** Tu energía afecta a la energía de tus hijos, de modo que debes ser consciente de tu forma de expresar tus emociones para no desestabilizarlos. Si te sientes frustrado y actúas impulsivamente cuando estás de malhumor, solo conseguirás disgustarlos y confundirlos. Una madre soltera hiperempática me dijo que sus hijos pasaban mucho tiempo estudiando al salir del colegio porque tenían muchas tareas escolares. Observó que cuando se sentía tensa y nerviosa porque había tenido un día complicado en el trabajo, los niños empezaban a portarse mal en el coche en cuanto los recogía. Poco a poco fue advirtiendo que la irritabilidad de los niños se debía a su propia energía; estaban absorbiendo su estado de ansiedad y reaccionando a él. Así que decidió que dejaría de pensar en el trabajo en cuanto terminara su jornada laboral y que se organizaría para pasar una tarde divertida con ellos. Su cambio de actitud provocó la alegría de sus hijos; la energía tierna y lúdica de ella tuvo el efecto de tranquilizarlos.

> TU PRESENCIA ES EL REGALO MÁS PRECIADO QUE PUEDES DARLE A OTRO SER HUMANO.
>
> **Dr. Marshall B. Rosenberg**

10. **Presta atención a lo que comes.** Los individuos hiperempáticos tienen tendencia a sufrir hipoglucemia (ver el capítulo 3). A menudo se benefician de tomar pequeñas comidas proteicas para mantenerse centrados y conservar la energía. Saltarse una comida los hace más vulnerables al agotamiento, la ansiedad y la sobrecarga emocional. También debes evitar los atracones de azúcar que producen cambios de humor y conductas frustrantes con tus hijos y tu pareja. Intenta comer alimentos sanos y frescos para

mantener tu equilibrio y tu energía. Reduce la ingesta de alcohol. Algunos padres hiperempáticos beben o consumen otras sustancias, como pueden ser ansiolíticos, para poder soportar un día estresante con los niños. No caigas en esa trampa.

11. **Relájate haciendo ejercicio.** El movimiento diluye el estrés, es relajante, pone en circulación las endorfinas (los analgésicos naturales del cuerpo) y reduce las hormonas del estrés. El yoga, los estiramientos, andar y montar en bicicleta son formas maravillosas de reducir el estrés y la sobrecarga sensorial. Si tu pareja está de acuerdo, podéis alternaros en el cuidado de los niños para que ambos tengáis la oportunidad de practicar ejercicio.

12. **Diviértete con tus hijos.** Recuerda que son unos seres de luz maravillosos en lugar de pensar en los disgustos que te dan. Concéntrate en el privilegio que tienes al estar al cuidado de tus hijos. La risa de los niños felices es sanadora. Deja que tu ser hiperempático se libere del estrés sumándote a su regocijo.

Mientras vives la extraordinaria experiencia de criar a tus hijos, no te olvides de ser compasivo contigo mismo. Debes aceptar que no puedes hacerlo todo. Incluso si no tienen hijos, los hiperempáticos se sienten sobreestimulados cuando se relacionan excesivamente con otras personas. Aunque estés descando aceptar ciertas invitaciones a participar en eventos sociales, hay momentos en que es mejor renunciar a algunas actividades que no son una prioridad. He visto a madres y padres hiperempáticos pasándolo mal porque no habían sido capaces de decir «no» a una invitación. La belleza de ser padres es que los niños te entrenan para que practiques la autocompasión expresando tus necesidades, como la de descansar o la de dar un paseo para relajarte. Cuando aprendas a valorar el hecho de cuidar de ti mismo, la experiencia de ser padre será todavía más maravillosa.

CRIAR NIÑOS SENSIBLES

Los niños hiperempáticos y los que son altamente sensibles tienen sistemas nerviosos que reaccionan más rápida e intensamente a los estímulos externos. En ocasiones sienten con demasiada intensidad, pero no saben manejar la sobrecarga sensorial. Suelen ver más, escuchar más, oler más, intuir más y experimentar las emociones más profundamente. Por ejemplo, es probable que les desagraden los olores intensos de los alimentos en la cocina, los perfumes, las discusiones o las luces muy brillantes (en particular, los tubos fluorescentes). Les gusta la ropa suave (y no los tejidos ásperos), aman la belleza y la naturaleza y prefieren tener unos pocos amigos íntimos que muchas relaciones. El duro mundo en el que vivimos puede afectar a su sensibilidad y, en consecuencia, su comportamiento. Dado que la mayoría de los niños sensibles no son capaces de reconocer la causa de su malestar, los padres deben estar atentos para ayudarlos a identificar los motivos y ofrecerles soluciones (de las que hablaré más adelante).

Los padres necesitan saber qué es lo que sobreestimula a sus hijos sensibles. Cuando lo averigüen, seguramente habrá que renunciar a algunas actividades para que los niños estén más relajados y protegerlos del agotamiento, las rabietas y la ansiedad. Las causas más comunes de la sobreestimulación incluyen tener demasiadas actividades (cuando los niños tienen una agenda muy apretada cada día y poco o ningún tiempo de descanso), realizar múltiples tareas simultáneamente, no pasar tiempo a solas, utilizar videojuegos y ver las noticias de los telediarios o programas televisivos violentos, especialmente por la noche. Los niños que viven estas situaciones pueden tener problemas para dormir y por lo general necesitan un poco más de tiempo para relajarse antes de irse a la cama. Los niños sensibles pueden tardar más que otros en apaciguarse por las noches porque sus sistemas nerviosos son más lentos a la hora de hacer la transición de la estimulación a la calma. Además, estos niños también tienden a sentir y absorber el malestar emocional de otras personas, especialmente de sus padres y amigos íntimos. Reaccionan de forma exagerada a las situaciones, motivo por el cual sus sufrimientos son más profundos aunque, paralelamente, sus alegrías son mucho más intensas.

Los niños hiperempáticos, o los que son altamente sensibles, no cuentan con los mismos mecanismos que tienen los otros niños para filtrar estímulos como la luz, el sonido y el caos que se produce en las aglomeraciones (por ejemplo, los fuertes estímulos de un evento deportivo pueden agobiarlos). Los abucheos, los saludos efusivos y los aplausos pueden resultarles estridentes, irritantes e incluso dolorosos. No toleran la música demasiado alta, las bocinas, los martillazos ni las herramientas eléctricas que hacen mucho ruido, pues estos sonidos los agitan. Por el contrario, los cantos pacíficos de los pájaros, los repiques suaves de campanas y el sonido del agua los relajan. Los niños que son altamente empáticos pueden llorar más e insistir en retirarse para poder autorregular su sobrecarga sensorial en soledad. En general, estos niños excepcionales no son muy comprendidos en los colegios, ni tampoco por el resto de la sociedad. Los médicos y maestros convencionales a menudo los etiquetan como «tímidos», «antisociales» o «quisquillosos». También se les puede diagnosticar fobia social, trastorno de ansiedad o depresión. Como suelen ser más silenciosos, reflexivos, profundos y amables, y no muy asertivos o comunicativos, las otras personas pueden considerarlos retraídos. A la luz de estas falsas ideas, la función de los padres es fundamental para respaldar su sensibilidad, intuición, creatividad y sabiduría, así como también para enseñarles herramientas que les sirvan para prosperar en el mundo.

Yo fui una niña hiperempática y no recibí ningún apoyo de mis padres, ambos médicos. Y no fue porque no me quisieran; sencillamente, ignoraban qué era una persona altamente empática y no comprendían mis necesidades especiales. Querían que yo fuera feliz, pero pensaban que respaldar mi sensibilidad no iba a contribuir a ello. Me decían que era «demasiado sensible» y que necesitaba «una piel más gruesa». Estos comentarios bien intencionados me hicieron creer que algo iba mal. Me he dedicado con entusiasmo a enseñar a los padres a tratar a sus hijos sensibles porque en mi infancia me sentí incomprendida e invisible.

Saber que tu hijo es hiperempático, o altamente sensible, es el primer paso para sacar lo mejor que hay en él o ella. Si eres consciente de cómo es, podrás apoyar su sensibilidad como una expresión de su excelencia, compasión y profundidad. Para determinar si tu hijo es hiperempático, responde las preguntas de la siguiente evaluación:

AUTOEVALUACIÓN

¿ES TU HIJO HIPEREMPÁTICO?

- ¿Siente las cosas intensamente?
- ¿Se siente sobreestimulado por la presencia de otras personas, las aglomeraciones, el ruido o el estrés?
- ¿Tiene reacciones intensas ante las escenas tristes de los cuentos o las películas o ante las que producen miedo?
- ¿Manifiesta su intención de marcharse o esconderse en las reuniones familiares porque hay mucho jaleo?
- ¿Siente cosas diferentes a los otros niños o se queja de no encajar en ningún sitio?
- ¿Es capaz de escuchar y sentir compasión?
- ¿Te sorprende con sus comentarios intuitivos sobre tu propia persona o los demás?
- ¿Tiene una fuerte conexión con la naturaleza, las plantas, los animales o incluso las mascotas de peluche?
- ¿Prefiere pasar mucho tiempo solo en lugar de estar jugando con otros niños?
- ¿Absorbe tus emociones o tu estrés, o los de otras personas, y se comporta mal cuando te ve enfadado, molesto o deprimido?
- ¿Tiene tu hijo un amigo íntimo o un puñado de buenos amigos en lugar de una amplia red social?

La puntuación de esta evaluación es la siguiente:

- Si has respondido afirmativamente entre nueve y once preguntas, esto indica que el niño tiene rasgos hiperempáticos extremadamente intensos.
- Si has respondido afirmativamente entre seis y ocho preguntas, esto indica que el niño tiene rasgos hiperempáticos intensos.
- Si has respondido afirmativamente entre cuatro y cinco preguntas, esto indica que el niño tiene rasgos hiperempáticos moderados.

- Si has respondido afirmativamente entre una y tres preguntas, esto indica que el niño tiene algunos rasgos hiperempáticos.

- Si no has respondido afirmativamente ninguna pregunta, esto indica que el niño no es hiperempático.

Independientemente de cuál sea la parte del espectro en la que se sitúe tu hijo, enseñar a un niño a valorar su particular sensibilidad le aportará grandes beneficios.

LA NUEVA GENERACIÓN DE NIÑOS ÍNDIGO

En la última década se ha hablado mucho de los niños índigo. Yo los considero como un tipo de niños hiperempáticos con una intuición y un conocimiento de las personas y las situaciones sorprendentemente desarrollados. Son lo contrario de la generación pendiente de sí misma que exige gratificaciones instantáneas, tan común en nuestra cultura actual. Los índigo son una oleada de niños con una intuición más despierta, mayor sensibilidad, claridad de propósitos e interés por cambiar el planeta. A menudo se los describe como «almas antiguas» que tienen un profundo conocimiento de la condición humana, y hay quien dice que han vivido muchas vidas para obtenerlo.

Una de mis pacientes describió a su hija de diecisiete años, Anna, como una niña índigo. Me comentó que tenía sueños proféticos, dibujaba ángeles desde que era muy pequeña y veía espíritus que visitaban su casa. También era capaz de conocer intuitivamente a las personas y saber lo que estaban sintiendo. A los diecisiete años, Anna quiere elegir una profesión con la que pueda ayudar a detener el calentamiento global, un fenómeno que hiere su alma porque, como ella dice: «Siento dolor al ver cómo el cambio climático está amenazando nuestra Tierra».

Los niños índigo tienen necesidades singulares, y es imprescindible que sus padres y maestros tomen conciencia de cómo hay que tratarlos. Reconocer y valorar sus dones ayudará a estos niños a evitar la frustración y alcanzar el equilibrio en su vida. Los niños índigo traen la promesa de una mayor conciencia colectiva y una nueva forma de percibir lo que está ocurriendo en los ámbitos social, político y económico. Por ser personas hiperempáticas nos ofrecen la posibilidad de disfrutar de un mundo en el que haya mayor comprensión mutua y armonía, tanto en nuestras relaciones personales como en las globales. Si tienes un hijo con estas características excepcionales, debes estimular sus notables dones.

RETOS ESPECIALES PARA LOS NIÑOS SENSIBLES

Los niños hiperempáticos a veces lo tienen más difícil que las niñas debido a estereotipos culturales, como por ejemplo la típica expresión «los niños no lloran». Los niños sensibles pueden ser humillados debido a su amabilidad y compasión y a menudo se les dice que «se comporten como hombres». Crecen avergonzados por ser como son. Suelen llorar más que otros niños al sentirse agobiados o cuando perciben el sufrimiento de otra persona. En ocasiones lloran de alegría cuando se sienten felices o se emocionan por los aspectos tiernos de la vida. Tienden a rechazar la adrenalina que producen el ruido y las escenas de acción de las películas o los videojuegos violentos y evitan los deportes rudos, como el fútbol o el boxeo, donde hay riesgo de hacer y hacerse daño. Como consecuencia, sus amigos pueden dejar de invitarlos a participar en muchas actividades. Los niños sensibles sufren por este rechazo y sienten que no encajan en ningún lado. En la cultura occidental a menudo se refuerzan las conductas arriesgadas de los varones pero a los niños hiperempáticos no suelen gustarles los riesgos; prefieren resultados más seguros y previsibles. Son más cautos porque intuitivamente son muy conscientes de las señales de peligro, aunque su actitud puede malinterpretarse como cobardía.

Los padres que tienen hijos sensibles deben ayudarlos a aceptar sus dones y, al mismo tiempo, no perder de vista los estereotipos culturales asociados con la amabilidad de los hombres. Por ejemplo, un hombre sensible puede ser considerado femenino, «demasiado blando» o «afeminado». En el viejo paradigma de la masculinidad del «tipo duro» al estilo John Wayne, los hombres son fuertes y callados;

no expresan el dolor ni el miedo y tampoco lloran para que no los consideren débiles. En el nuevo paradigma de tolerancia, los hombres se consideran fuertes cuando pueden ser vulnerables, gentiles y lo suficientemente seguros de sí mismos como para poder llorar en público. Esto no significa que se hayan feminizado excesivamente, sino que han aprendido a aceptar tanto su parte masculina como su parte femenina para ser personas completas. Te animo a que hables con tu hijo sobre los aspectos positivos de su sensibilidad —su capacidad de reflexión, su inteligencia, su creatividad, su comprensión, su intuición, su facilidad para sintonizar con las personas y la naturaleza—. Si sabe que lo apoyas, podrá desarrollar su autoestima.

Lamentablemente, algunos chicos sensibles se rebelan intentando ser lo que no son o más adelante recurren al alcohol o a otras sustancias para anestesiar su intensa empatía y sentirse iguales a sus amigos. Pueden enfadarse cuando otros niños los avergüenzan, rechazan o acosan en casa o en el colegio. Una madre me comunicó en una ocasión: «Sus compañeros acosan a mi hijo en la escuela. Él se ha deprimido y dice que ya no confía en la gente. Tiene miedo de salir de casa porque no quiere que vuelvan a hacerle daño». Es importante que hables con tu hijo de este problema y que valores sus sentimientos. Debes asegurarle que no tiene la culpa de lo que sucede y explicarle que quien verdaderamente tiene problemas emocionales es el niño que lo intimida. Jamás toleres que nadie avergüence a tu hijo cuando expresa su sensibilidad. Defiéndelo en todo momento. Involucra a las autoridades escolares y refuerza el mensaje de tolerancia cero frente al acoso escolar.

Los padres sensibles son excelentes modelos de conducta para sus hijos varones. Aquellos progenitores que se sienten orgullosos de ser afectuosos y sensibles, aunque no sean hiperempáticos, les transmiten el mensaje correcto. Los buenos padres son hombres fuertes y sensibles, de buen corazón, y no tienen miedo de comunicar sus sentimientos a su familia. Tu modelo parental tendrá un excelente efecto a largo plazo si le enseñas a tu hijo cómo se puede ser un hombre equilibrado y tener una vida afectiva satisfactoria.

CÓMO APOYAR A LOS NIÑOS SENSIBLES
La magia y el estrés del embarazo y de la infancia

¿Qué factores pueden contribuir a que un niño sea hiperempático?

Algunos niños pueden empezar a ser hiperempáticos en el útero; son capaces de sentirlo todo con gran intensidad, tanto lo gozoso como lo angustiante. Estos niños nacen con una alta sensibilidad; salen del vientre materno con una enorme capacidad de respuesta a los estímulos externos, mucho mayor que la de otros niños. En estos casos parece ser que el componente empático se transmite genéticamente.[2] Sin embargo, en determinadas ocasiones este temperamento es resultado de la educación. El modelo parental es muy importante. Los niños aprenden las características empáticas observando a sus padres.[3]

El apoyo a la empatía se inicia durante el embarazo. Todo lo que sucede en ese periodo afecta al feto en desarrollo. De hecho, independientemente de que ese bebé llegue a ser un individuo hiperempático, sabemos que los fetos son sensibles al clima emocional de sus padres. Se ha demostrado, por ejemplo, que algunos disfrutan de Mozart y se agitan cuando escuchan *rap*.[4] Escuchar música relajante durante el embarazo calma tanto a la madre como al bebé.

Otro factor que también es importante es el grado de estrés de la madre. Las investigaciones han demostrado que sus hormonas del estrés atraviesan la placenta y circulan por el feto, lo cual incrementa la tendencia del bebé a ser «muy nervioso».[5]

Cuando una madre tiene un conflicto persistente con su pareja, o con otras personas, el feto se prepara para sobrevivir en un ambiente de «alta tensión», y al nacer el bebé puede traer una predisposición a sufrir otros síntomas asociados al estrés.

Las conexiones neurológicas para la sensibilidad se desarrollan en el vientre materno. Por este motivo es importante que la madre esté rodeada de tranquilidad. Así, durante la gestación tanto ella como su bebé se bañarán en endorfinas, los analgésicos y neuroquímicos «de la felicidad» que el cuerpo produce de forma natural. La meditación, la risa, el ejercicio y estar en la naturaleza aumentan los niveles de endorfinas. Recomiendo a las futuras madres que utilicen diariamente la siguiente meditación durante y después del embarazo para aprovechar los beneficios espirituales, emocionales y físicos de las endorfinas.

ESTRATEGIA DE PROTECCIÓN

UNA MEDITACIÓN PARA LAS MADRES

Dedica cinco minutos a respirar lenta y profundamente. Coloca una de tus manos sobre tu corazón y siente que todo tu ser está lleno de amor y gratitud por ser madre. Vive profundamente la bendición, el aprecio, la calidez, la ternura y la conexión de ser madre. Las madres son las diosas de la creación. Los cuidados maternales son un acto de amor profundo. Siente el poder de la diosa madre que hay en lo más hondo de tu ser. Ella es la parte de ti que está conectada a la Tierra y a todos los ciclos naturales de un modo profundamente místico. La diosa madre fue adorada por diversas culturas en la antigüedad. Exalta a la diosa madre que hay en ti. Siente su poder primigenio y saluda su presencia en tu propio ser.

El bebé que llevas en tu vientre reacciona cuando tú reaccionas, de manera que es muy importante tener un estado mental positivo. Calma a tu bebé calmándote a ti misma con pensamientos optimistas y apacibles, y mueve tu cuerpo con conciencia y naturalidad. El suave balanceo que siente el feto cuando sales a dar un paseo relajado os sume a ambos en un estado de gran tranquilidad. Después de su nacimiento esos mismos movimientos de balanceo lo ayudan a dormir. Las madres con alta empatía deben ser amables consigo mismas durante la gestación, porque el hecho de sentir un nuevo ser desarrollándose dentro de ellas puede aumentar su sensibilidad. Conéctate con tu bebé colocando las manos sobre tu vientre, acariciándolo dulcemente y enviándole a tu bebé la energía del corazón. Tu pareja también puede hacerlo. Es una forma energética de saludarlo y establecer un dulce vínculo entre los padres y el bebé. Una madre hiperempática me comentó: «Podía sentir cómo crecía mi bebé. Mi hija estiraba sus alas por todos los rincones de mi vientre, como si fuera una mariposa. Entonces yo sabía que todo estaba bien».

Los padres altamente empáticos también deben adaptarse a un nuevo nivel de sensibilidad durante el embarazo. Un padre que es hiperempático físico me dijo que él sentía las náuseas que su mujer tenía por las mañanas, incluso antes que ella. En un nivel inconsciente, fundía intuitivamente su cuerpo con el de ella y experimentaba sus sensaciones. Después de aprender a meditar y hacer ejercicios de conexión a tierra en nuestras sesiones, fue capaz de marcar un límite entre la energía de su mujer y la suya propia. Recurriendo a estas estrategias consiguió ser menos propenso a absorber sus síntomas.

Cuando tu hijo llegue por fin al mundo, esmérate especialmente en crear un ambiente agradable y tranquilo, con iluminación suave y bajo nivel de ruidos, si tienes sospechas de que puede ser un bebé hiperempático. La lactancia materna hace más profundos los vínculos afectivos entre madre e hijo, igual que llevarlo en una mochila de porteo para que ambos sintáis la proximidad de vuestras energías. Esto es mucho más enriquecedor que poner al bebé en la cuna con un chupete en la boca, o un biberón, cada vez que llora.

El efecto de los traumas tempranos en la sensibilidad de un adulto

Como psiquiatra he observado que el rechazo o el maltrato en la infancia puede afectar al nivel de sensibilidad de los adultos. Como ya comenté en el capítulo 1, algunos de los sujetos hiperempáticos con los que he trabajado sufrieron traumas tempranos emocionales o físicos, que desgastaron sus defensas y los convirtieron en personas más sensibles.

Un ambiente en el que imperan los enfados y los gritos tiene un impacto negativo considerable en un niño sensible. Recientemente, investigadores de la Universidad de Oregón descubrieron que los niños se alteran cuando oyen discusiones y voces acaloradas y que una exposición constante a esas situaciones los hace menos tolerantes a otros tipos de estrés y también proclives a padecer trastornos del sueño.[6] Los padres deben ser conscientes del efecto que la rabia y los gritos tienen sobre su bebé. Tienen que aprender a calmarse y gestionar su cólera de una forma más sana. Los bebés son totalmente dependientes; no pueden escapar de la ira de sus padres y están expuestos a sufrir sus consecuencias tóxicas. El estudio reveló además que los abusos y maltratos graves pueden alterar significativamente el desarrollo cerebral del bebé, un dato muy aleccionador que debe abrirnos los ojos.

> TE RUEGO ME CONCEDAS SERENIDAD PARA ACEPTAR A LOS PADRES QUE NO PUEDO CAMBIAR.
>
> **La oración de la serenidad (variación)**

Recomiendo a todas las personas hiperempáticas que han sufrido abusos y rechazo por parte de sus padres que busquen la ayuda de un terapeuta, u otro profesional cualificado, para sanar sus heridas. También les sugiero que repitan una versión modificada de la oración de la serenidad (que se incluye en esta página) para liberarse del pasado y también de la expectativa de que sus padres puedan cambiar.

Esta oración puede protegerte de los resentimientos tóxicos y del sufrimiento que proceden de tu infancia. Fomentará la aceptación y también te ayudará a tener más paz y un mejor humor, independientemente de las limitaciones de tus propios padres. Nuestra vida y la de nuestros hijos será mejor cuantos menos resentimientos acumulemos, en especial los que están relacionados con nuestra familia.

Además, también es importante y muy sanador perdonarte a ti mismo por los errores que puedas cometer con tus propios hijos y con tus familiares. No te castigues. Es imposible ser perfecto. Sin embargo, es beneficioso reparar rápidamente

> LO SIENTO.
> TE PERDONO.
> TE AMO.
> GRACIAS.
>
> **Plegaria de Ho'oponopono**

los conflictos con los seres queridos si te has comportado de una manera impaciente, irritable o movido por la frustración. Mientras reparas tus relaciones, te sugiero que mires amorosamente a tu pareja y a tus hijos y repitas la tierna plegaria tradicional hawaiana del Ho'oponopono.

Esta plegaria crea energía positiva y al mismo tiempo elimina el resentimiento y el dolor. Además, refuerza las grandes lecciones espirituales que ofrece la paternidad —entre las que se encuentran el amor a ti mismo, la humildad y la entrega— para que puedas honrar tu propia sensibilidad, la de tu pareja y la de tus hijos.

Veinte sugerencias para favorecer el desarrollo de los niños hiperempáticos

Es maravilloso ofrecer apoyo a los niños sensibles y valorar sus dones. Esto marcará una gran diferencia para que se sientan cómodos en su propia piel en el presente y cuando se conviertan en adultos sensibles. Las siguientes estrategias serán útiles para ti y para ellos:

1. **Fomenta la sensibilidad y la intuición de tu hijo**. Anímalo a hablar contigo abiertamente de sus experiencias y también con cualquier persona que lo entienda y pueda apoyarlo. Aclárale que no todo el mundo es capaz de aceptar su sensibilidad e identifica a personas que puedan ser de confianza. También puedes compartir con él tus experiencias hiperempáticas —como puede ser la tendencia a absorber las emociones y el estrés de los demás—, aunque yo le evitaría los detalles que puedan resultarle dolorosos. Lo importante es que estés disponible para apoyar y ayudar a tu hijo, y no para hacer una terapia personal. Debes enseñarle a valorar sus habilidades singulares y a confiar en su intuición y en su voz interior. De ese modo será capaz de considerar que sus dones son algo natural. Estas conversaciones lo ayudarán a sentirse reconocido y a comprender mejor sus propias reacciones.

2. **Valora los sentimientos de tu hijo o hija**. Presta mucha atención a lo que siente y respeta sus sentimientos. Por ejemplo, si lo ves irritado o nervioso, puedes darle permiso para faltar un día al colegio

con el fin de que se relaje o dejar que juegue solo con más frecuencia. Esto no significa fomentar su aislamiento sino respetar los momentos de soledad que necesita y que son fundamentales para el bienestar de los hiperempáticos. Si siente la necesidad de refugiarse bajo la mesa del comedor durante una fiesta o manifiesta su deseo de marcharse porque hay mucha gente, no intentes disuadirlo. En lugar de avergonzarte por sus deseos de marcharse, puedes proponerle que se quede en algún sitio desde donde pueda observar lo que sucede sin sentirse agobiado; de esta forma lo ayudarás a que participe de la reunión a su manera. Puedes llegar a sorprenderte con los comentarios de tu hijo después de que los invitados se hayan marchado.

3. **Comunica a los miembros de tu familia y a los maestros de tu hijo que es un niño hiperempático.** No dejes que los demás lo juzguen ni lo critiquen con comentarios del tipo «tienes que ser más duro», porque puede sentirse molesto o herido. Los familiares y las demás personas no tienen la intención de ser desconsiderados, solo necesitan conocer un poco más el temperamento sensible de tu hijo. El ambiente escolar puede ser duro para los niños altamente empáticos, de modo que debes comunicar a los maestros las características de su personalidad y su tendencia a sobrecargarse emocionalmente. Además, pídeles que apoyen a tu hijo si alguien lo intimida o se burla de él.

4. **Confía en tu intuición.** Sigue prestando atención a lo que te indica tu propia intuición sobre las necesidades de tu hijo. No contradigas tu voz interior ni dejes que otras personas cuestionen lo que sabes a través de ella. Confía en tu intuición para educar a tu hijo.

5. **Ayuda a tu hijo a reconocer que ha absorbido las emociones de los demás.** Debes explicarle que las emociones de las personas que lo rodean pueden afectar a los niños sensibles mucho más que a los demás niños. También puedes añadir que es algo así como si él fuera la única persona capaz de percibir sobre la cabeza de alguien una nube que trae lluvia o la luz del sol. Puedes enseñarle una foto de Joe Btfsplk, el famoso personaje de la tira cómica

Li'l Abner, * que siempre lleva una nube oscura sobre la cabeza; él tiene buenas intenciones pero trae mala suerte a todos los que lo rodean. Los niños hiperempáticos pueden sentir las vibraciones negativas y positivas que emiten los demás; por lo tanto, cuando adviertas un cambio súbito e inexplicable en su estado anímico o en su nivel de energía, debes comunicarle que es muy probable que esté recogiendo las emociones de otra persona. Evidentemente esto no ocasiona ningún problema si la experiencia es placentera, pero si es incómoda o agotadora debes apoyar a tu hijo para que tome distancia de esa persona y conversar con él para aclararle la situación. Tu hijo se sentirá menos confundido en cuanto aprenda a distinguir las emociones propias de las ajenas.

6. **Estabiliza tus propias emociones.** Los niños con elevada empatía tienden a absorber la ansiedad de sus padres y pretenden hacerles la vida más fácil para que no sigan sufriendo. Intenta calmar tus emociones y evita expresar tu ansiedad en su presencia. Una madre me comentó: «Mi hijo percibe mi ansiedad y eso lo desestabiliza y le provoca rabietas. Por eso me he planteado el objetivo de mantenerme centrada. Cuando lo consigo, él se siente seguro». Sé consciente de que los niños altamente empatícos pueden imitar tus emociones y síntomas. Los padres hiperempáticos pueden hacer lo mismo con sus hijos.

7. **No discutas en presencia de tu hijo ni en un sitio donde pueda oírte por casualidad.** Los niños sensibles creen que deben ayudar a sus padres a llevarse bien. Sienten más miedo y absorben la rabia más intensamente que los niños que no son hiperempáticos. La ansiedad y las discusiones los sobreestimulan. Si tienes que discutir con tu pareja o con otras personas, hazlo en un lugar donde tus hijos no puedan oírte. Los gritos alteran a este tipo de niños, tal como les sucede a los adultos altamente sensibles. Pueden llegar a creer que tienen la culpa del conflicto. Además, absorben la

---

* *Li'l Abner* es una tira de prensa satírica estadounidense, que narra las andanzas de una familia rural en la empobrecida ciudad de Dogpatch (Kentucky).

negatividad y desean solucionar el problema, una función que no les corresponde.

8. **Anima a tu hijo a pasar ratos a solas para que se tranquilice y desarrolle su creatividad.** A los niños hiperempáticos les sienta muy bien tener tiempo libre; es una oportunidad para que sean creativos y dejen volar su imaginación. Se recargan y se relajan cuando están solos, y esto reduce su umbral de estimulación. Respalda a tu hijo para que disfrute de esos momentos mágicos en los que recupera su energía. Una forma de hacerlo es no abrumarlo con demasiadas tareas y darle permiso para hacer descansos regularmente, en especial cuando está agobiado, irritable o de malhumor.

9. **Enseña a tu hijo a respirar y meditar.** Es importante que los niños sensibles aprendan a respirar profundamente durante unos instantes para relajarse cuando están estresados o cuando sienten que han absorbido las emociones de otras personas (incluidas las tuyas). También pueden cerrar los ojos durante un par de minutos y visualizar una imagen relajante, como puede ser el mar, su mascota preferida o un día agradable en el parque. Enséñale a enfocar su atención en esa imagen mientras exhala para liberarse del malestar e inhala para calmarse y sentirse feliz. Así aprenderá a romper el ciclo de sobrecarga sensorial y podrá volver a centrarse.

10. **Anima a tu hijo a expresar sus sueños.** Los niños hiperempáticos suelen disfrutar compartiendo lo que han soñado por las noches. Puedes crear un ritual a la hora del desayuno para que puedan contar sus sueños detalladamente, expresar lo que han sentido, verbalizar qué emociones les han despertado y cuál creen que es su mensaje. Por ejemplo, si tu hijo se ha sentido frustrado en un sueño, puedes ayudarlo a identificar cuál es la fuente de su frustración en la vida diaria para poder resolver el problema. Sugiérele que apunte sus sueños en un diario o que dibuje o pinte imágenes de sus sueños en ese diario.

11. **Ayuda a tu hijo a protegerse de los vampiros energéticos.** Enséñale a reconocer a las personas molestas que minan su energía y a establecer límites saludables, independientemente de que se trate

de adultos o de otros niños. Tu hijo puede limitar el tiempo que pasa con una persona que le resta energía diciéndole: «Tengo que reunirme con mi madre ahora mismo»; así conseguirá mantenerse a salvo de gente desagradable. Si no puede evitar la compañía de alguna de esas personas, puedes enseñarle a visualizar un escudo protector de luz blanca que rodea su cuerpo por completo, desde la cabeza hasta los dedos de los pies, a unos pocos centímetros de su piel. Explícale que este escudo repele la energía negativa y evita que él absorba los sentimientos negativos, pero que la energía positiva puede atravesarlo.

12. **Ayuda a tu hijo a conectarse a tierra tocando el tambor.** Los tambores producen un sonido primigenio que calma a los niños. Si notas que tu hijo está sobreestimulado o de malhumor, podéis pasar juntos un buen rato tocando el tambor con un ritmo suave y regular que imite el sonido del corazón. Un cascabel también ayuda a aliviar las tensiones. Cuando tu hijo sea un poco mayor, podéis uniros a un círculo de tambores de tu localidad, siempre que el grupo no sea demasiado numeroso.

13. **Reduce su exposición a situaciones muy estimulantes.** Los niños hiperempáticos pueden sentirse irritados cuando reciben demasiados estímulos, por eso debes limitar el tiempo que pasa tu hijo en ambientes muy estimulantes, como pueden ser los parques de atracciones. A diferencia de otros niños, para ellos acaso sea suficiente con pasar dos o tres horas en ese tipo de lugares. No es divertido tener que arrastrar a un niño que está chillando cuando os encontráis en «el lugar más feliz de la Tierra»; por eso te aconsejo que vayas a una hora en la que sepas que no habrá mucha gente. Dale un respiro cuando observes que comienza a sobrecargarse y llévalo de vuelta a casa o al hotel. Siempre podéis volver al parque de atracciones una vez que haya tenido tiempo para recuperarse y volver a conectar consigo mismo.

14. **Ocúpate de que pase un tiempo sin hacer ninguna actividad antes de que se vaya a dormir.** Esto significa que no habrá televisión, móviles, redes sociales, videojuegos, ordenadores ni otros

dispositivos electrónicos antes de ir a la cama. Un niño hiperempático necesita más tiempo para relajarse por las noches. La oscuridad y el silencio reducen la estimulación y esto le permite dormir más relajadamente. Cantarle nanas también lo ayuda a conciliar el sueño.

15. **Limita el consumo de alimentos procesados, carbohidratos y azúcares.** Eliminados los cambios de humor producidos por las altas concentraciones de azúcar y los antojos y el ímpetu producidos por los carbohidratos, podrás reducir el nivel de estimulación de tu hijo. Los alimentos procesados están llenos de productos químicos y carecen de nutrientes, razón por la cual son menos digeribles. Pueden causar irritabilidad a tus hijos, producir un exceso o una disminución de su energía y favorecer su dispersión mental. Los niños sensibles también lo son a los alimentos. Tienes que enseñarles que lo que comen afecta a su nivel de energía y su estado anímico.

16. **Debes intervenir antes de que tu hijo tenga una rabieta.** Si el niño está disgustado o a punto de tener un berrinche, baja las luces para relajar el ambiente y pon música suave, ¡nada de *rock*, *rap*, ni *heavy metal*! Algunas veces los sonidos naturales, como el fluir del agua, son una gran ayuda. También puedes pedirle a tu hijo que respire varias veces larga y pausadamente para calmarse. Enséñale a exhalar liberando el estrés y a inhalar incorporando tranquilidad.

17. **Recurre a la aromaterapia con aceites esenciales (¡nunca sintéticos!).** La lavanda es relajante. Puedes poner una o dos gotas sobre el tercer ojo del niño (entre las cejas) o calentar aceite de lavanda en un dispersor para que su aroma se propague por la habitación (normalmente se puede adquirir el difusor en la misma tienda donde se compra el aceite). Invítalo a darse un baño caliente con unas gotas de aceite de lavanda, manzanilla, sándalo o *ylang-ylang*.* Dile a tu hijo que se imagine que está lavando el estrés acumulado

---

* N. de la T.: El *ylang-ylang* es un árbol oriundo de la India, Java y Filipinas conocido comúnmente con el nombre de cananga, de la familia de las anonáceas.

en su cuerpo mientras se baña. También es útil añadir al baño media taza de sales de Epsom para eliminar toxinas y aliviar el estrés. Un masaje durante o después del baño de la noche puede relajarlo y ayudarlo a dormir bien.

18. **Utiliza la terapia de las mascotas.** Las mascotas ayudan a conectarse a tierra y ofrecen amor incondicional. Son una buena compañía y pueden calmar a un niño enfadado. Los niños hiperempáticos sienten una afinidad especial con los animales y pueden comunicarse con ellos a niveles muy profundos si tienen una empatía particular con ellos. Los perros pueden ser muy eficaces para calmar a los niños hiperactivos o agresivos.

19. **Utiliza piedras preciosas.** Pídele a tu hijo que sujete un cuarzo o una turmalina de color negro o rosa, pues le ayudarán sutilmente a calmarse y conectarse a tierra.

20. **Ayuda a tu hijo a deshacerse del estrés.** Además de las recomendaciones previamente mencionadas, puedes enseñarle a utilizar la siguiente visualización para serenarse e interrumpir el ciclo del estrés cada vez que se sienta sobrecargado. Puede utilizarla en casa, en el colegio o mientras está con sus amigos. Esta técnica forma parte de un kit básico de herramientas para todos los niños sensibles.

ESTRATEGIA DE PROTECCIÓN PARA LOS NIÑOS SENSIBLES

ENSEÑA A TU HIJO A DESCONECTARSE DEL ESTRÉS

Cuando tu hijo se sienta sobreestimulado enséñale la siguiente técnica: dile que imagine un gran dial que está sobre una mesa que hay frente a él. El dial tiene números que van del 10, en el lado izquierdo, al 0 en el lado derecho. En ese momento, el dial está en el 10. Pídele que gire el dial hacia la derecha, en el sentido de las agujas del reloj, hasta que llegue a 0: 10, 9, 8, 7, 6, 5, 4, 3, 2, 1. Mientras gira el dial, se siente cada vez más relajado; está reduciendo sus niveles de estrés y malestar. Cuando llegue a 0, se sentirá relajado y feliz.

Si tu hijo es demasiado pequeño para imaginar un dial, puedes dibujar uno y pedirle que señale su nivel de estrés. Luego haz con él una cuenta atrás hasta llegar a 0.

Las estrategias prácticas que presento en este libro facilitarán la tarea de educar a un niño altamente empático, y la experiencia será más relajada y gozosa para toda la familia. Es una bendición apoyar los dones especiales de los niños hiperempáticos. Si aprenden a manejar su sensibilidad a una edad temprana, tanto su infancia como su vida adulta serán más fáciles y más gratificantes. Esto nos recuerda que criar a nuestros hijos es una responsabilidad sagrada.

EL FUTURO DE UNA PATERNIDAD TOLERANTE

Mi sueño es que los padres y los maestros empiecen a recibir información sobre cuáles son las características de un niño hiperempático en las etapas más tempranas del desarrollo. En lugar de avergonzar a los niños hiperempáticos a causa de su sensibilidad, los padres, maestros y otras figuras de autoridad deben respaldar sus capacidades para ayudar a estos niños con características especiales, pero también deben asesorar a sus seres queridos para que los comprendan. De esta forma los niños aprenderán a aceptar su sensibilidad y convivir con ella, lo que fomentará su creatividad y confianza.

Unidos podemos empezar a aceptar a los niños y adultos sensibles. El mundo sería mucho más armonioso y apacible si nuestros líderes fueran personas altamente sensibles con un corazón grande y fuerte. A través de mis talleres, libros, cursos *online* y programas de audio, he dedicado mi carrera a formar a la mayor cantidad posible de gente —incluidos líderes de todas las áreas y en toda clase de empresas, pero también padres y sanadores— para que comprendan a los niños hiperempáticos y sean capaces de educar a estos seres que tienen una enorme sensibilidad. ¡Imagina el glorioso día en que todos tengamos la capacidad de ser receptivos a las maravillas de nuestra propia sensibilidad y la de nuestros hijos!

AFIRMACIÓN PARA PERSONAS HIPEREMPÁTICAS

Suelo utilizar la siguiente afirmación para los niños y los padres: «Acepto mi sensibilidad y dedico tiempo a descansar y recargar energía. Expresaré mis necesidades cuando esté en compañía de personas que me brindan su apoyo. No esconderé mis dones. Seré auténtico. Afianzaré mi poder. Estoy orgulloso de ser una persona afectuosa y sensible».

Capítulo 7

LAS PERSONAS HIPEREMPÁTICAS Y EL TRABAJO

Los hiperempáticos deben estar a gusto en su entorno laboral para conservar la salud y sentirse contentos, como les sucede a la mayoría de las personas. Sin embargo, como tienen menos capacidad para defenderse del estrés que sufren los demás, les resulta más difícil evitar caer en el agotamiento o contraer alguna enfermedad debido a cuestiones que surgen en el lugar de trabajo. Los sujetos con elevado grado de empatía somos creadores, inventores, visionarios, artistas pero, sobre todo, somos personas que lo sienten todo con mucha intensidad. A lo largo de nuestra jornada laboral tenemos una visión global de las cosas, y como nuestra forma de pensar es poco común, podemos tener la sensación de que el ambiente tradicional de la oficina o de la empresa es demasiado restrictivo. No obstante, el trabajo puede ser muy satisfactorio, estimulante y divertido cuando se reconocen y aprovechan nuestro talento y habilidades.

Las personas hiperempáticas prosperamos en un ambiente laboral adecuado. Un trabajo que se adapte a nuestro temperamento puede ser muy inspirador, fomentar nuestra creatividad y potenciar nuestra vitalidad y nuestra pasión. El hecho de saber que hemos contribuido a un bien mayor, aun cuando sea de una forma muy pequeña, es gratificante para nuestro generoso corazón. Por el contrario, un trabajo inadecuado puede resultarnos muy agobiante y desencadenar una cascada de emociones y síntomas físicos como respuesta al estrés y a la sobrecarga emocional. En este capítulo compartiré contigo algunos secretos para que puedas encontrar la profesión que más favorezca tus dones y necesidades sensoriales. Dado que normalmente trabajamos muchas horas, el bienestar de una persona altamente empática depende de que se sienta a gusto la mayor parte del tiempo.

PROSPERAR EN EL TRABAJO

Hay tres factores principales que intervienen en nuestro grado de confort: que el trabajo le otorgue sentido a nuestra vida, la energía de las personas que hay a nuestro alrededor y la energía que impera en el espacio físico en el que trabajamos. Reflexiona sobre de qué manera te afectan estos tres factores y comienza a vislumbrar de qué modo podrías mejorar tu situación.

1. Un trabajo que le otorgue sentido a nuestra vida

Las personas hiperempáticas disfrutamos con los trabajos que están en sintonía con nuestra sensibilidad. Nos gusta sentir que hemos marcado una diferencia en la vida de las personas, o incluso en el mundo. Ese trabajo puede ser cualquiera: jardinería, llevar una empresa de *catering*, o trabajar en profesiones donde se ayuda a los demás. Lo más importante es que el trabajo nos resulte grato y no nos reste energía aunque, como es evidente, algunos días podemos sentirnos agotados realizando cualquier tipo de tarea. Yo me siento una privilegiada por haber encontrado un trabajo que me apasiona, como escritora, oradora

> ÁRMATE DE CORAJE Y ESCUCHA TU CORAZÓN Y TU INTUICIÓN. DE ALGUNA FORMA ELLOS YA SABEN LO QUE TÚ QUIERES LLEGAR A SER.
>
> **Steve Jobs**

y médica. Como muchos otros sujetos hiperempáticos, me encanta ofrecer mis servicios a los demás y sacar partido a mi creatividad. Más allá de que seamos profesionales de la salud, trabajemos en el sector de la alimentación, seamos abogados o peluqueros estilistas, siempre podemos ayudar a nuestros colegas de trabajo y a las demás personas. Esta es una perspectiva maravillosa que le otorga sentido a cualquier clase de trabajo. Tal como dice el poeta Rumi: «Deja que la belleza que amamos sea lo que hacemos. Hay cientos de formas de arrodillarse y besar la tierra». Poner el énfasis en la humildad y en servir a los demás, o en un bien superior, puede conseguir que un trabajo estresante o aburrido tenga sentido.

Los valores del amor y el servicio pueden aclarar las prioridades a cualquier persona que desee buscar un trabajo que tenga más sentido. Por otra parte, si en lugar de contarnos historias sobre lo mucho que aborrecemos nuestro trabajo adoptamos una actitud centrada en todo aquello por lo que podemos estar agradecidos, seremos capaces de producir un cambio constructivo independientemente de que conservemos ese mismo trabajo o lo cambiemos por otro. Más adelante, en este mismo capítulo, identificaremos los tipos de trabajos en los que las personas hiperempáticas se manejan bien, y aquellos en los que no. Entonces contarás con más información, que te ayudará a efectuar la elección que más te convenga.

2. La energía de las personas que nos rodean

Nuestros colegas, compañeros de trabajo y jefes pueden contribuir a que nos sintamos a gusto en el trabajo o, por el contrario, hacernos la vida más difícil. Las personas sensibles tienen un umbral inferior de tolerancia al ruido, a los conflictos y a las dinámicas competitivas. Un problema en el trabajo que para cualquier persona no sería más que un engorro puede llegar a agotar la energía de los hiperempáticos y generarles ansiedad. Las personas sensibles se mueven mejor en ambientes amistosos y colaboradores donde se valora la buena voluntad y la ayuda mutua. Un clima laboral altamente competitivo con altos niveles de adrenalina, como el de Wall Street, no es una buena opción para una persona sensible. Para nosotros lo ideal es sentir que tenemos buena sintonía con nuestros compañeros de trabajo y supervisores, aunque debo advertir que un entorno laboral en el que se comprenda a las personas hiperempáticas es verdaderamente algo muy especial y difícil de encontrar. Un objetivo más realista es encontrar compañeros de trabajo con los que los altamente empáticos podamos relacionarnos sin conflictos. Aunque no todo el mundo puede tener una actitud positiva en el trabajo, y mucho menos respetar nuestras necesidades, nos encontramos más a gusto cuando estamos en compañía de esos ángeles en la Tierra que sí lo hacen. Las relaciones en las que prima el apoyo mutuo pueden salvarnos en épocas de agobio y estrés.

Sin embargo, siempre hay vampiros energéticos a nuestro alrededor. Como ya he mencionado en el capítulo 5, estos vampiros incluyen a los narcisistas, los adictos a la rabia, las víctimas, los controladores compulsivos y los individuos críticos, las personas pasivo-agresivas, los charlatanes crónicos y los reyes y las reinas del drama. En cualquier trabajo hay esta clase de vampiros, y cuando absorben nuestra energía, nos sentimos física y emocionalmente agotados, lo que afecta a nuestro rendimiento. Los colegas, compañeros y supervisores tóxicos pueden ser muy destructivos en el trabajo porque allí es difícil escapar de ellos. Las personas hiperempáticas podemos tener problemas de salud (como cansancio, irritabilidad o un empeoramiento de síntomas que ya experimentamos) cuando comenzamos a recoger la energía negativa de otra persona. Para poder relacionarte diariamente con esos compañeros de trabajo que ponen en peligro tu energía, debes tener en cuenta las diversas estrategias que ya he mencionado para lidiar con ese tipo de individuos. Una persona hiperempática me dijo: «Sobrevivo concentrándome en hacer mi trabajo y apartándome de cualquier persona que sea hipócrita, se queje o quiera contarme un drama o hacerse la víctima». Una enfermera hiperempática hizo el siguiente comentario sobre su trabajo: «Trabajo en el turno de noche para evitar los cotilleos, las charlas superfluas y las conversaciones sobre política que abundan durante el día. Por las noches puedo dedicarme plenamente a mis pacientes y a mi trabajo, que me encanta». Te sugiero que vuelvas a leer el capítulo 5 y apliques las estrategias de protección que allí presento (como meditar, autoprotegerte o establecer límites claros) para cuidarte debidamente en tu lugar de trabajo. Con esas herramientas conseguirás conservar tu energía. También te resultará útil compartir tu tiempo con los compañeros que tienen una actitud positiva y pueden ayudarte a mantener la distancia con los que son más tóxicos.

3. La energía del espacio físico

Todos los edificios, las oficinas y los huecos de las escaleras tienen una energía sutil que les es propia. Algunos espacios son estimulantes mientras que otros son todo lo contrario. Las personas altamente empáticas pueden intuir la energía que hay en un espacio físico gracias a su sensibilidad exquisitamente desarrollada. Te sugiero que conectes con la energía de tu sitio de trabajo para asegurarte de que es positiva. Algunas veces quedan residuos energéticos de los anteriores ocupantes, que pueden ser negativos o positivos. Si notas que la energía no es buena, puedes modificarla pulverizando agua de rosas en la habitación. Debes tener cuidado si decides quemar salvia, una planta muy eficaz para limpiar los espacios cargados negativamente, porque el humo puede hacer saltar las alarmas o incordiar a algunos compañeros que no conozcan los rituales de limpieza energética y puedan sentirse incómodos. También puedes meditar a solas o con compañeros de mentalidad afín con el propósito de infundir energía del corazón en el espacio y eliminar las energías negativas o estancadas. Por otra parte, también puedes recurrir a la ayuda de un experto en *feng shui*, que está especializado en crear ambientes armoniosos modificando la ubicación de los muebles, plantas, espejos y otros objetos que hay en una habitación.

Los sujetos hiperempáticos reaccionamos también a otros factores que influyen positiva o negativamente en la calidad de la energía del espacio físico, entre ellos la luz, los niveles de actividad y sonido, los olores, las corrientes de aire, la proximidad física de otros empleados y la falta de intimidad. No toleramos muy bien los tubos fluorescentes ni las habitaciones sin ventanas y tendemos a ser un poco (o muy) claustrofóbicos y por ello preferimos contar con un gran perímetro de espacio personal para estar a salvo del estrés de otras personas. Un ambiente abarrotado de gente puede alterarnos y mermar nuestras capacidades, mientras que otro tranquilo, ordenado y espacioso nos ayuda a centrarnos.

También puede afectarnos tener demasiados dispositivos electrónicos a nuestro alrededor. Algunas personas hiperempáticas, a las que denomino «electrosensibles», son particularmente vulnerables a esta situación. La radiación electromagnética de los teléfonos móviles y los ordenadores tiene un impacto sobre los campos electromagnéticos de nuestro cerebro y nuestro corazón. Un estudio reciente realizado por el Programa de Toxicología Nacional vincula la radiación de los teléfonos móviles con tumores cerebrales y fallos cardíacos en ratas.[1] Una mujer hiperempática me comentó: «Tapo el monitor del ordenador lo más frecuentemente posible cuando estoy en mi escritorio. Los monitores de gran tamaño son los peores. Intento no pasar demasiado tiempo frente al ordenador sin hacer pausas y también limito el uso del móvil».

Y por último, la energía de las personas reunidas en el lugar de trabajo afecta considerablemente a la energía del espacio. Los individuos negativos generan energía negativa; los positivos generan energía positiva. No obstante, incluso en un espacio caótico, o que provoque ansiedad, puedes crear una burbuja de serenidad a tu alrededor utilizando flores, cristales y objetos sagrados.

CONTAGIO EMOCIONAL EN EL LUGAR DE TRABAJO

Las personas con un grado de empatía normal también sufren en el trabajo al absorber el estrés que hay en el ambiente. Las investigaciones han documentado que todos podemos absorber las emociones de los demás. Este fenómeno se conoce como *contagio emocional*.[2] La ansiedad o el ataque de pánico de un empleado puede propagarse repentinamente como un virus por toda la oficina y bajar la moral y la productividad del resto. Por suerte, también puede circular felicidad por la oficina, y este contagio emocional positivo da como resultado una mejor cooperación, satisfacción y rendimiento. Aunque cualquiera es susceptible de absorber las emociones de otras personas, esto sucede de una manera particularmente intensa en los individuos hiperempáticos. La buena noticia es que podemos beneficiarnos de toda la energía positiva que circula en el trabajo, y la mala es que podemos contagiarnos de las emociones negativas y las enfermedades de nuestros compañeros si no aprendemos a evitarlas.

Y para empeorar las cosas para los hiperempáticos, muchas oficinas de hoy en día están diseñadas como un espacio abierto en el que los escritorios no están separados por paredes o consisten en cubículos con mamparas divisorias de vidrio. Por tanto, básicamente todo el mundo comparte el mismo espacio y todos pueden escuchar que la gente habla, se queja, chismorrea, tose, se suena la nariz, se ríe, hace explotar el globo que ha hecho con su chicle, tararea y abre el envoltorio de los caramelos. También se puede oler el perfume del vecino o lo que está comiendo y ver a la gente ir y venir. Todo esto significa recibir constantemente una buena cantidad de estímulos. Los hiperempáticos son más vulnerables al estrés que sus compañeros debido a esta falta de intimidad.

Afortunadamente, hay soluciones creativas para evitar el contagio emocional en el lugar de trabajo. Shopify, una empresa de comercio electrónico, hizo una encuesta entre sus empleados y descubrió que había una población equilibrada de introvertidos y extravertidos, por lo que sus diseñadores de oficinas decidieron modificarlas para favorecer a ambos grupos. Algunas secciones eran más ruidosas e interactivas, en tanto que en otros espacios había sofás de respaldos altos que se podían desplazar hacia un rincón para tener más privacidad. También crearon habitaciones específicas que se parecían a acogedoras bibliotecas donde se podía «trabajar en silencio». Estos cambios en el diseño del lugar de trabajo ofrecieron a los introvertidos más espacio y más tranquilidad y, como resultado, ya no fueron tan vulnerables al estrés de sus compañeros. En el caso de los hiperempáticos, el contagio emocional también puede producirse a distancia. Podemos experimentarlo con nuestros pacientes o clientes a través del teléfono y percibir físicamente lo que siente la otra persona. Un sujeto hiperempático que asistió a uno de mis talleres comentó: «Había conseguido un nuevo trabajo como vendedor de seguros de vida. Las llamadas telefónicas me producían ansiedad, incluso cuando los clientes solamente me pedían información. Mi corazón se disparaba cuando hablaba con familias que habían perdido sus hogares y no tenían seguro o cuando conversaba con alguien que había perdido repentinamente a su esposa o esposo. No podía evitar absorber su dolor».

A continuación te haré algunas sugerencias para que consigas proteger tu energía en un ambiente laboral donde haya mucha gente, que requiera mucha implicación emocional o que sea sobreestimulante.

ESTRATEGIA DE PROTECCIÓN

ESTABLECE LÍMITES ENERGÉTICOS EN TU LUGAR DE TRABAJO

Si trabajas en un espacio abierto o en una oficina caótica, rodea el borde exterior de tu escritorio con plantas y fotos de familiares o de mascotas, para crear una barrera psicológica de protección. Los objetos sagrados, como pueden ser una estatua de Quan Yin, san Francisco o Buda, y también cuentas y cristales sagrados o piedras de protección pueden servir para marcar un límite energético. Es importante hacer un descanso para ir al cuarto de baño de vez en cuando o, si es posible, salir a dar un paseo y tomar aire fresco. Los tapones para los oídos o los auriculares son muy útiles para amortiguar las conversaciones y los sonidos no deseados. Además, puedes visualizar un luminoso huevo dorado que repele la negatividad y únicamente deja pasar la energía positiva alrededor de tu escritorio. Visualízate protegido por ese huevo dorado. Todas estas estrategias crean un capullo de protección del que puedes fiarte.

Aunque no puedas controlar todo lo que sucede en tu lugar de trabajo, tienes en tus manos el poder de cambiar la energía a tu alrededor. Si te concentras en el espacio seguro que has creado, en lugar de prestar atención al ruido y la confusión que imperan en la sala, conseguirás reducir la posibilidad de contagiarte emocionalmente del estrés de tus compañeros. De ese modo te sentirás más protegido y tu experiencia laboral será mucho más placentera.

ENCONTRAR EL TRABAJO ADECUADO

Algunos trabajos son más gratificantes y menos estresantes que otros para los individuos altamente empáticos. Nuestra aspiración es aprovechar al máximo nuestra sensibilidad, intuición, capacidad de reflexión, tranquilidad y creatividad para ser competentes en nuestro trabajo y disfrutar de él. No queremos convertirnos en otra persona.

Los mejores trabajos para las personas hiperempáticas

A menudo me preguntan cuáles son las carreras y condiciones laborales ideales para los hiperempáticos. Tradicionalmente, este tipo de personas rinde mejor en pequeñas empresas o trabajando por cuenta propia y realizando trabajos que no requieran demasiado estrés. Los hiperempáticos generalmente son más felices trabajando en casa, alejados del ritmo frenético de una oficina. Es mucho más fácil tratar a un vampiro emocional a través de un correo electrónico o un mensaje de texto o una conversación telefónica. Si trabajas en casa, puedes organizar tu agenda y hacer descansos regulares para relajarte. Muchos de mis pacientes hiperempáticos prefieren ser autónomos, porque de este modo evitan sentirse agobiados y agotados por el estrés de sus compañeros o de sus jefes y por las agendas repletas de obligaciones. Este tipo de personas trabajan mejor cuando gestionan su propio tiempo en lugar de tener que asistir a frecuentes reuniones de equipos de trabajo, como ocurre en las grandes empresas (a menos que el equipo esté integrado por compañeros colaboradores y que tengan una actitud positiva). Un sujeto hiperempático me dijo: «Decidí empezar a trabajar en casa después de varios intentos fallidos de hacerlo en oficinas. Tengo más energía y me siento más feliz siendo mi propio jefe». Otra mujer con las mismas características me comentó: «Soy costurera y trabajo en mi casa; no podría pasar cuarenta horas por semana en un taller. Los sonidos, los olores y las luces me ponen enferma».

Si estás empleado en una empresa, quizás puedas hacer un arreglo para realizar parte de tu trabajo en casa, trabajando virtualmente con acceso constante a Internet, a los correos electrónicos y a Skype. Hay cada vez más gente que no necesita estar atada a la oficina para hacer bien su trabajo. Esto representa una gran ventaja para los hiperempáticos, porque pueden tener más opciones laborales. Una persona hiperempática montó un negocio independiente y ofrece asesoramiento a individuos sensibles: «Trabajaba en una empresa y me harté de tanta competitividad. Ahora trabajo por Skype, y es maravilloso. Piensa en lo que te gusta hacer y cuáles son tus habilidades. Luego busca la forma de divulgarlo a través de Internet. Allí es donde está el nuevo lugar de trabajo».

De todos modos, más allá de que trabajes en casa o solo en una oficina, intenta no aislarte ni esforzarte demasiado. Busca el equilibrio entre el tiempo que pasas a solas y el que compartes con tus compañeros de trabajo y tus amigos. Algunos de mis pacientes hiperempáticos han descubierto que para ellos es ideal trabajar en casa media jornada. Puedes evitar el aislamiento reuniéndote con tus clientes fuera del lugar donde trabajas. Conozco un asesor financiero que lo hace y recientemente me comentó: «Me gusta trabajar de forma independiente y reunirme personalmente con mis clientes en diferentes sitios. No estoy obligado a quedarme en una oficina ni tampoco en casa, así que puedo organizar mi agenda a voluntad». Todas estas opciones pueden ser preferibles a la sobrecarga sensorial que implica conducir todos los días al trabajo en medio de un tráfico pesado o permanecer en una oficina ocho horas diarias o más. La clave es la gestión del tiempo.

¿Cómo se trasladan estas consideraciones a los trabajos del mundo real? Los individuos con un elevado grado de empatía rinden mucho más cuando son empresarios que trabajan por cuenta propia, escritores, editores, artistas o tienen otras profesiones creativas. Muchos actores y músicos han reconocido ser «altamente sensibles», entre ellos Claire Danes, Alanis Morissette, Scarlett Johansson y Jim Carrey.

Otros trabajos idóneos pueden ser: diseñadores gráficos y de páginas web, asesores virtuales, contables o abogados que tienen su despacho en su casa y electricistas, contratistas y fontaneros autónomos que organizan libremente las citas con sus clientes. Otras ocupaciones que van bien para los hiperempáticos son la de agente inmobiliario o asesor empresarial itinerante, siempre que sean capaces de establecer límites claros con los horarios en los que están disponibles para no tener una agenda demasiado apretada. La jardinería, el diseño de paisajes, la silvicultura u otros trabajos asociados a la Tierra y sus ecosistemas también son profesiones adecuadas para los hiperempáticos. Muchos de ellos eligen trabajar ayudando a otras personas porque tienen un gran corazón y vocación de servicio; pueden ser médicos, enfermeros, protésicos dentales, fisioterapeutas, psicoterapeutas, practicantes de medicina china, masajistas, sacerdotes, trabajadores en asilos o residencias, *coaches*, o bien pueden trabajar profesionalmente o colaborar como voluntarios para organizaciones sin ánimo de lucro. Otras alternativas gratificantes pueden ser trabajar con animales, rescatar fauna silvestre y ser veterinario. Pero cualquiera que sea el caso, para prosperar en este tipo de profesiones las personas con alta empatía deben aprender a no absorber los síntomas ni el estrés de sus

> SER UNA PERSONA
> HIPEREMPÁTICA
> SENSIBLE ES TAN
> HERMOSO COMO
> SER UN ARTISTA.
>
> **Alanis Morissette**

pacientes o clientes, una habilidad de la que hablaré más adelante en este mismo capítulo. Las ocupaciones de policía o bombero, a pesar de ser trabajos heroicos, pueden resultar demasiado estresantes para un individuo hiperempático debido a su bajo umbral para la estimulación sensorial y a los traumas físicos y emocionales inherentes a estos empleos.

Los hiperempáticos pueden alcanzar la excelencia cuando utilizan su intuición y su compasión para contribuir al bienestar de los demás. Un paciente hiperempático me comentó: «Me considero un buen profesor universitario porque puedo percibir cuándo un estudiante necesita ayuda adicional». Otra persona hiperempática afirmó: «Soy un administrador efectivo porque mis clientes se sienten a gusto cuando vienen a consultarme. Saben que me pongo en su lugar y los comprendo». Aunque los hiperempáticos obtenemos grandes satisfacciones al ayudar a otras personas, muchas veces nos encontramos al borde del agotamiento por nuestra tendencia a ofrecernos demasiado. Pese a todo, si los hiperempáticos que trabajan atendiendo necesidades personales o sociales ponen en práctica estrategias de autoprotección, pueden tener carreras muy gratificantes que mejoren la vida de muchos sujetos. Los hiperempáticos son muy valiosos en una gran cantidad de profesiones. No obstante, tienes que encontrar el trabajo más adecuado para tus habilidades, dones y temperamento. Los atributos de una persona altamente empática pueden no ser valorados en ámbitos como empresas, academias, deportes profesionales, el ejército o puestos gubernamentales. Lo más apropiado serían las profesiones que sirven para ayudar a los demás, las artes y las organizaciones con conciencia humanista. Por lo tanto, te recomiendo que utilices tu intuición para reconocer si los objetivos compartidos y las tareas que se realizan en una empresa, sus empleados, el espacio y la energía del ambiente laboral son una buena opción. El hecho de que un trabajo te parezca tentador no significa que sea idóneo para ti. Tienes que sentir físicamente que puedes encontrarte a gusto en esa situación.

Trabajos que deben evitar las personas hiperempáticas

Una de las mejores maneras de cuidar tu propia energía es elegir un trabajo que potencie tus dones hiperempáticos singulares y no merme tu energía. ¿Cuáles son las ocupaciones de las que es conveniente que te mantengas alejado? El área de ventas está en una posición alta de la lista. No muchos hiperempáticos disfrutan siendo vendedores, especialmente si son introvertidos. Lidiar con el público les resulta demasiado agotador. Una persona que asistió a uno de mis talleres trabajaba en el área de servicio técnico y nos comentó que «era demasiado sensible para tratar constantemente con clientes irritados, incluso aunque tuvieran motivos para estarlo». Como muchos sujetos sensibles, absorbía su irritación y su estrés, y eso la contrariaba y la agobiaba. Otra mujer hiperempática me dijo: «Trabajaba de cajera en unos grandes almacenes y estuve a punto de sufrir un ataque de ansiedad. Las multitudes, el ruido de la gente, los altavoces, las luces intensas y la gran cantidad de horas que pasaba allí me resultaban agotadores». Independientemente de que vendan coches, anillos de diamantes o publicidad, los hiperempáticos por lo general no se sienten a gusto teniendo que estar todo el día en tensión.

Como es evidente, la situación cambia si te gusta lo que haces, sea en el sector de las ventas o en cualquier otro trabajo. Un individuo hiperempático me comentó: «Tengo un negocio de cuidado de mascotas y puedo hablar con satisfacción de las ventajas de mi trabajo porque me encanta lo que hago y estoy convencido de sus beneficios. No podría trabajar de comercial porque soy incapaz de venderle un vaso de agua a un tío que está muerto de sed en el desierto». Otras ocupaciones que resultan estresantes para los hiperempáticos son: relaciones públicas, políticos, ejecutivos a cargo de grandes equipos de trabajo o abogados que participan en juicios. Estas profesiones son bastante exigentes y en las contrataciones se valora que las personas sean extravertidas y capaces de participar en conversaciones intrascendentes y que tengan una personalidad asertiva o agresiva, pero los que son sensibles, introspectivos y hablan con voz suave no se consideran aptos para ocupar estos puestos porque son trabajos que implican responder diariamente a cientos de correos electrónicos y llamadas telefónicas, lo que puede resultar agobiante para los hiperempáticos y provocarles ansiedad.

Los maestros de preescolar y otras personas que trabajan con niños deben ser capaces de sobrellevar el caos y el nivel de ruido que producen los llantos de los bebés y los niños pequeños, que también pueden ser agotadores. Por no hablar de lo que puede significar trabajar en un instituto de secundaria.

El mundo empresarial dominante también es bastante problemático para los hiperempáticos. La mentalidad corporativa que se define como «esta es la forma de hacerlo» resulta difícil para los hiperempáticos, entre los cuales me incluyo. Esa respuesta siempre me ha frustrado porque no lleva a ningún sitio y claramente no valora las necesidades del individuo. Los sujetos con alta empatía son pensadores independientes que cuestionan el *statu quo* cuando perciben que algo no va bien en el trabajo. Les gusta conocer los argumentos que apoyan una decisión para poder comprenderlos guiados por su intuición. Por otra parte, las reuniones regulares de los equipos de trabajo y los compañeros ávidos de poder agotan sus energías. Muchos hiperempáticos prefieren no hacer viajes de trabajo debido a la frenética actividad y las aglomeraciones que hay en los aeropuertos y a la necesidad de alojarse en hoteles que no conocen. Sin embargo, si los viajes forman parte de su trabajo, deberían aprender estrategias de autoprotección. Una de mis pacientes que ofrece cursillos *online* y tiene que asistir a muchas conferencias me ha contado que siempre cena sola en su habitación para recargar energías. Conozco a otra mujer hiperempática que tiene un negocio de aromaterapia y a menudo debe trasladarse a diferentes ciudades en su propio vehículo. Me dijo: «Disfruto de mi tiempo en soledad mientras conduzco y por las noches cuando me retiro a la habitación del hotel. Por eso siempre llevo velas para iluminarla y si sé que la estancia va a ser larga, compro flores para tener la sensación de que estoy en mi propia casa». Una amiga que es azafata de una compañía aérea me comentó: «Me encanta viajar; sin embargo, no me sienta bien hacer un viaje detrás de otro y me he visto obligada a escalonarlos. Siempre llevo conmigo símbolos de oración y talismanes que me sirven de protección contra las energías negativas que se acumulan en los vuelos». Si tienes que viajar por cuestiones laborales, puedes usar tapones para los oídos y, así, aislarte de los ruidos. Uno de mis pacientes manifestó: «Utilizo tapones para los oídos para no oír los llantos o gritos de los niños, que inevitablemente se sientan cerca de mí en casi todos mis viajes». (En el capítulo 2 encontrarás otras sugerencias para los viajes).

Si tu trabajo no es ideal pero te resulta imposible dejarlo, puedes improvisar para encontrar soluciones que mejoren la situación. Una persona hiperempática me comentó: «Soy conductora de autobús y me siento bombardeada por la energía del público a lo largo del día. Por eso necesito escuchar música y cantar mientras trabajo. La música me da alegría y me protege del estrés que absorbo de los pasajeros. También les envío silenciosamente mis bendiciones para potenciar la energía positiva. Antes de empezar mi turno de trabajo recorro el autobús haciendo sonar campanas de oración para despejar cualquier resto de energía negativa que haya quedado de viajes anteriores». Igual que esta mujer, tú también puedes utilizar las estrategias de protección que presento en este libro para despejar la negatividad y crear una mayor sensación de positividad en tu lugar de trabajo.

Trabajar en atención sanitaria o en otras carreras humanistas y sociales

Los sujetos hiperempáticos estamos naturalmente dotados para este tipo de profesiones, desde la medicina hasta la enseñanza. Estos trabajos enriquecen nuestra naturaleza generosa y nos ofrecen oportunidades para utilizar nuestra sensibilidad con el fin de curar y ayudar a los demás. Como psiquiatra, me ha resultado enormemente gratificante trabajar con pacientes, muchos de los cuales son hiperempáticos, y observar que al liberarse de su ansiedad son capaces de amar su vida sin tener necesidad de proteger su corazón. Muchos hiperempáticos que tienen este tipo de profesiones comparten la satisfacción que yo experimento y obtienen grandes beneficios al dedicarse al servicio a los demás.

Desafortunadamente, algunos de ellos están «quemados». Las personas altamente empáticas y los sanadores pueden experimentar fatiga por compasión, un trastorno asociado al estrés producido porque al haber cuidado a un número demasiado grande de personas se han quedado vacíos, sin nada que ofrecer. ¿Cómo puede suceder eso? Se han entregado desmedidamente; han absorbido el dolor de aquellos a quienes han atendido; se empeñan en solucionar los problemas ajenos y se sienten demasiado responsables del progreso de sus pacientes o del individuo al que están prestando ayuda. También se toman como una cuestión personal el hecho de que un paciente no evolucione, empeore o abandone el tratamiento. Por ejemplo, he conocido consejeros de personas adictas a las drogas que se sienten responsables cuando alguna de ellas tiene una recaída. Otro error que pueden cometer algunos sanadores bien intencionados es dar una cita detrás de otra, año tras año, sin dejar un poco de tiempo para meditar o descansar entre las sesiones y poder así volver a conectar consigo mismos. Pueden sobrecargarse de actividades, no divertirse lo suficiente o no llegar a recargar energías en su tiempo de ocio. A las personas hiperempáticas les resulta muy difícil mantener este tipo de profesiones, y seguir disfrutando del placer de dar, cuando se olvidan de cuidarse.

Un estudiante universitario que asistió a mi taller sobre la intuición me preguntó: «¿Son los hiperempáticos demasiado sensibles para trabajar en el campo de la sanación? Mi vocación de servicio entra en conflicto con mi deseo de proteger mi energía». «Debido a su sensibilidad, los hiperempáticos podemos ser grandes sanadores –le expliqué–. Sin embargo, es preciso que recurramos a estrategias diarias para recargarnos y salvaguardar nuestra energía con el fin de evitar el desgaste. De este modo, ni los pacientes ni los compañeros de trabajo conseguirán mermar nuestra energía».

Las siguientes sugerencias de autoprotección deben ponerse en práctica tanto en el trabajo como fuera de él. Te protegerán de la fatiga por compasión porque ya no absorberás constantemente el estrés, las emociones ni los síntomas físicos de las demás personas.

Sugerencias para evitar el agotamiento y la fatiga por compasión

- **Planifica tus periodos de descanso**. Haz pequeños descansos regulares de cinco minutos para recuperar energía, meditar o disfrutar de un paseo entre las diferentes citas, en lugar de ver un paciente tras otro; de lo contrario, tu trabajo terminará por desgastarte.

- **No te sobrecargues de ocupaciones.** Siempre que sea posible, limita el número de clientes o pacientes teniendo en cuenta tus propias posibilidades. Soy consciente de que algunos trabajos no dan lugar a esa flexibilidad. Cuando estés muy ocupado, intenta incluir la siguiente cita en un día que tengas menos pacientes.
- **Aliméntate adecuadamente.** No te saltes ninguna comida y asegúrate de incluir una cantidad suficiente de proteínas, que te ayuden a funcionar mejor. Yo suelo consumir proteínas durante el día porque mantienen estables mi energía y mi nivel de azúcar en la sangre. Trata de evitar los carbohidratos, las barritas dulces, las galletas, los refrescos y otras fuentes de azúcar, y cuando estés muy hambriento, no recurras a la comida rápida para resolver el tema lo antes posible. Por el contrario, toma aperitivos saludables y mantente bien hidratado consumiendo agua, un batido verde o antioxidante y otras bebidas nutritivas. (En el capítulo 3 ofrezco más sugerencias sobre la alimentación).
- **Crea un espacio de trabajo tranquilo.** Organiza el sitio donde trabajas, o al menos tu escritorio, para tener una sensación de tranquilidad. Rodéate de las frases que te inspiran, de objetos sagrados o de cualquier otra cosa que te dé paz.
- **Practica regularmente la respiración profunda.** La respiración profunda consciente puede despejar toda la negatividad que has recogido.
- **Llena tu oficina o lugar de trabajo con la energía del corazón.** Dedica unos minutos a concentrarte en el chakra del corazón, situado en medio de tu pecho, por lo menos una vez al día. Siente la energía del amor que fluye por todo tu cuerpo y te equilibra. Debes saber que si lo haces, la energía del amor se propagará por toda la habitación como si fuera polvo de hadas, llenándola de ternura y positividad. He utilizado esta técnica durante años para crear una atmósfera cordial en mi consulta. Todo el que llegue a tu lugar de trabajo se sentirá relajado e incluso sonreirá sin saber por qué.

- **Establece límites claros en el trabajo.** Di firme y amablemente «no» a los vampiros energéticos y no les dediques tiempo para que no consigan mermar tu energía.
- **Protégete.** Cuando debas afrontar situaciones estresantes, o cuando estés recogiendo las emociones o los síntomas de otra persona, imagina un escudo de luz blanca alrededor de tu cuerpo. Este escudo te protege y deja pasar únicamente las energías positivas. Esta estrategia funciona muy bien para todos los profesionales de la salud (incluidos los masajistas, los fisioterapeutas y las personas que trabajan con el cuerpo de diferentes formas), que son vulnerables a absorber el sufrimiento de sus pacientes mediante el contacto físico. Un dentista me contó que utiliza el escudo de protección para no absorber la ansiedad de sus pacientes. Protegerte no implica reducir tu sensibilidad ni tu capacidad de conectar con las personas a las que estás ayudando; sencillamente significa evitar que te afecte su malestar y su ansiedad.
- **Desintoxícate en el agua.** Date una ducha o un baño con sales de Epsom después de un largo día de trabajo para eliminar el estrés y el sufrimiento que puedas haber absorbido.
- **Pásalo bien cuando termines de trabajar.** Tienes que tener tiempo para divertirte y recrearte. Pasear por la naturaleza disfrutando de las flores, las plantas, los cantos de los pájaros y el resto del mundo natural puede potenciar tu alegría. En lugar de pensar en los pacientes y obsesionarte por problemas vinculados con tu trabajo, trata de estar plenamente presente en tu tiempo de ocio.

Te sentirás más revitalizado y menos propenso al agotamiento cuanto más utilices estas estrategias. Podrás realmente sentir y disfrutar la pasión y la emoción de estar ayudando a otras personas. Una mujer hiperempática que normalmente se siente muy a gusto administrando una residencia para mayores de su propiedad estuvo a punto de caer en un profundo agotamiento, hasta que comenzó a utilizar la visualización del escudo de protección. En cuanto dejó de absorber el estrés constante que suele haber en esos sitios, volvió a recuperar el amor por su trabajo y la alegría. Además de recurrir a las estrategias que he mencionado, quizás quieras conectarte a mi programa de audio *Becoming an Intuitive Healer*,* que he creado para ayudar a los profesionales. También ofrezco sugerencias para cuidarse a uno mismo.

El terapeuta hiperempático

Los psicoterapeutas hiperempáticos, incluidos los psiquiatras, los psicólogos y los consejeros matrimoniales y familiares, recurren en su trabajo a la intuición, la hiperempatía y la espiritualidad además de basarse en su formación convencional. También enseñan a sus pacientes a ser más intuitivos y a tomar conciencia de la energía. Estos terapeutas pueden ser personas hiperempáticas, individuos altamente sensibles o profesionales que desean desarrollar habilidades empáticas. La ventaja de trabajar con terapeutas hiperempáticos o altamente sensibles es que pueden ver más, sentir más e intuir más cosas de sus pacientes, y esto mejora el proceso psicoterapéutico. Los altamente empáticos somos capaces de conectar con la intuición y el espíritu, y esto nos permite guiar a las personas a quienes tenemos la bendición de ayudar. Cuando formo a profesionales de la salud para que incorporen la empatía en su práctica, aprenden a sintonizar con el poder de la intuición, esa pequeña y serena voz interior que ofrece claridad sobre la salud y la sanación. Podemos ponernos en contacto con ella aquietando nuestro ser interior y prestando luego atención a los momentos en que se producen comprensiones, destellos de conocimiento, presentimientos y sensaciones corporales que nos ofrecen información. Considero que la intuición es la expresión de nuestro ser superior, o Espíritu. Los terapeutas con características hiperempáticas no deben tener necesariamente creencias religiosas tradicionales, aunque algunos sí las tienen. No obstante, es necesario que escuchen su intuición y sientan un poder superior flotando a través de ellos,

---

* https://www.soundstrue.com/store/becoming-an-intuitive-healer-359.html, disponible en inglés.

independientemente de que lo interpreten como una manifestación del universo, del amor, de la naturaleza o de cualquier otra cosa que les resuene instintivamente.

Los profesionales de la salud con los que trabajo aprenden también a interpretar las energías sutiles de sus pacientes, otra herramienta terapéutica muy útil para el diagnóstico y el tratamiento. Esta es una perspectiva radicalmente diferente de la formación psiquiátrica que recibí en la Universidad de California en los Ángeles, en que la orientación es biológica y está basada fundamentalmente en la medicación. Combinar el conocimiento de la ciencia convencional y la sabiduría de la medicina intuitiva proporciona un gran servicio.

Por ser una terapeuta con características hiperempáticas, antes de mis sesiones dedico unos instantes a meditar para estar serena y concentrada. Luego puedo escuchar lo que me cuentan mis pacientes con mi mente analítica y también con mi intuición. Cuando trabajo, dejo a un lado mis propios problemas y cuestiones personales para estar plenamente presente con ellos. El paciente es el centro de mi universo durante la sesión. Este tipo de servicio altruista me da mucha energía. También me ayuda a escuchar mi intuición más atentamente sin que interfieran los pensamientos.

Mi función no es resolver los problemas de mis pacientes, sino guiarlos para que tomen el rumbo correcto en su propio camino. Cuando sufren, estoy allí para arrojar alguna luz sobre sus problemas y ofrecerles orientación. Soy consciente de que la mayor parte del sufrimiento emocional no se desvanece de forma inmediata, y por ello valoro las diferentes fases de la curación. No intento que mis pacientes se apresuren a resolver sus conflictos porque su sufrimiento me haga sentir incómoda. No soy yo quien debe resolver sus tormentos pero no les consiento que se recreen en ellos, ni tampoco asumo la responsabilidad de su crecimiento personal. Su trabajo consiste en implementar cambios y evolucionar, y el mío es motivarlos para que pongan en marcha el proceso y enseñarles a escuchar la sabiduría de su intuición a lo largo del camino. Esta actitud me permite conducirlos hacia la curación y me protege de absorber las luchas y los padecimientos de los demás.

A continuación voy a dar un ejemplo de cuál es mi forma de trabajar. Jen es una diseñadora de interiores de cuarenta años que vino a mi consulta para hablar de sus tortuosas relaciones con hombres narcisistas. Toleraba la conducta abusiva de sus compañeros durante demasiado tiempo, luego ellos la abandonaban y ella tardaba meses en recuperarse. Jen quería modificar ese patrón destructivo. En nuestra primera sesión me habló de un hombre al que había estado viendo durante dos semanas.

—Craig es encantador, divertido y además es abogado y se graduó en Harvard —dijo con entusiasmo—. Es el hombre perfecto para mí. La diferencia con mis novios anteriores es que él tiene la capacidad de escucharme.

Jen estaba completamente fascinada por todas las cualidades de Craig. Me habría gustado alegrarme por sus palabras, pero advertí lo difícil que es ver a la persona real cuando en una relación sentimental esa persona está enviando a un «representante». Cuando comencé a conectar con la personalidad de Craig, mi intuición me advirtió claramente que Jen iba a sufrir en esa relación. Sin embargo, decidí no mencionarlo porque mi intuición también me indicó que no tendría ninguna utilidad. Mi trabajo no consistía en predecir su futuro, sino en ayudarla a tomar mejores decisiones sobre sus relaciones amorosas. Por lo tanto le respondí:

—Me parece muy bien, aunque te sugiero que lo conozcas mejor para asegurarte de que no es como los otros hombres narcisistas con los que has salido. Seguramente al principio también consideraste que eran maravillosos. ¿Y qué dice tu intuición acerca de Craig?

Jen intentó conectar con su intuición, pero solo pudo hablar de la atracción que sentía por él, que interpretó erróneamente como una señal de que estaban hechos para estar juntos.

Mi trabajo fue ayudarla a que reconociera y escuchara su intuición, a pesar de sentir por Craig una fuerte atracción sexual, una sensación que habitualmente no nos deja pensar con claridad. Jen mantuvo una relación intensa y humillante con Craig durante un año. A los pocos meses, él empezó a asumir una actitud fría y distante cuando ella no hacía las cosas a su modo. Dejaba de hablarle cuando estaba enfadado. Le daba migajas de amor y luego se apartaba emocionalmente de ella. Estos son los signos clásicos de un narcisista. Esta relación fue una lección muy dura para Jen, pero también muy valiosa. Aprendió mucho sobre los narcisistas y su falta de empatía, a pesar de la buena cara que muestran durante la fase inicial de las relaciones. También aprendió la importancia de recurrir a su intuición para evaluar a los hombres con los que podría llegar a tener una relación amorosa y a seguir prestándole atención a su voz interior hasta obtener alguna señal, especialmente cuando se siente un poco perdida.

En las sesiones de terapia nos centramos en que Jen volviera a conectarse con su propio poder. A medida que su autovaloración aumentaba consiguió poder decirle «no» a Craig, a pesar de los esfuerzos que él hacía por recuperarla con seductoras promesas de cambio. Me sentí muy contenta cuando Jen reunió la fuerza necesaria para romper su patrón disfuncional y abandonarlo. Estaba determinada a encontrar una relación sana. Las lecciones que había aprendido la convirtieron en una mujer más consciente que valoraba su intuición. Todas las relaciones pueden ser maestras y sanadoras si tenemos la actitud adecuada.

Me sentí muy honrada de haber arrojado un poco de luz en los tiempos oscuros que estaba viviendo Jen. No habría sido provechoso para ninguna de las dos que yo hubiera absorbido su sufrimiento. Tener claro cuál era mi función como terapeuta me protegió de absorber energías no deseadas. Cuando tengo sesiones emocionalmente intensas, procuro respirar lenta y conscientemente para mantenerme centrada. Esta estrategia y la de establecer límites claros me permitieron mantener una claridad óptima en beneficio de Jen.

Muchos de mis pacientes hiperempáticos que también son terapeutas están tan apasionados por su trabajo como lo estoy yo. Uno de ellos me dijo: «Me encanta trabajar en esta profesión, ayudando intuitivamente a las personas y confiando en una inspiración que sé que es mucho más grande que yo». No obstante, el mayor peligro que corremos los terapeutas altamente empáticos es el agotamiento que podemos llegar a padecer si no conseguimos protegernos de la sobrecarga sensorial y, en consecuencia, absorbemos demasiadas emociones o malestares físicos de las personas que tratamos. Un psiquiatra me comentó: «Mi cuerpo manifiesta los síntomas que sufren mis pacientes: jaquecas, náuseas, dolor de espalda, depresión, rabia y aflicción. Es agobiante». Otro paciente me comunicó: «Trabajaba en el área de la salud mental y tuve que abandonar mi trabajo porque no conseguía "desconectar" mi empatía. Desde entonces me siento mucho más feliz y más sano, aunque siento que algo falta en mi vida porque mi vocación es ser psicoterapeuta».

Los terapeutas que son hiperempáticos también pueden experimentar sobrecarga sensorial debido a las energías que se acumulan en la consulta. Un colega que comparte despacho conmigo comenzó a sentirse anormalmente ansioso y cansado. Poco después descubrimos que mientras trabajaba ocupaba la silla donde se sentaban mis pacientes. Evidentemente estaba recogiendo el estrés que se acumulaba allí. En cuanto supimos la causa de su cansancio, me pidió que les indicara a mis pacientes que se sentaran en la otra silla. Teniendo en cuenta su problema, estuve plenamente de acuerdo con él. El resultado fue que pasó a sentirse más tranquilo y más a gusto.

¿Cómo pueden desempeñar los hiperempáticos su trabajo de sanadores y terapeutas sin enfermar, cansarse ni absorber los síntomas de sus pacientes? Las siguientes sugerencias, junto con otras que también presento en este capítulo, te ayudarán a mantener tu claridad mental y la conexión contigo mismo. Todos los profesionales de la salud pueden beneficiarse de emplear estas estrategias.

ESTRATEGIA DE PROTECCIÓN

CÓMO EVITAR ABSORBER LAS EMOCIONES DE LOS PACIENTES

- **Regula tu actitud.** No te conviertas en un mártir. Tu función es servir de guía a tus pacientes y no recoger su sufrimiento ni eliminarlo. Cuando lo tengas claro, disfrutarás más de tu trabajo y serás más competente.

- **Identifica tres diferencias evidentes entre tú y tu paciente.** Una forma racional de tomar distancia de las emociones y el sufrimiento de un paciente después de una sesión es pensar en tres claras diferencias que haya entre ambos. Por ejemplo: «Yo soy una mujer y él es un hombre. Él está deprimido, pero yo no lo estoy. Soy vegana y él come carne». Esto te permitirá discriminar qué es lo que te pertenece y qué es lo que le concierne al paciente, un límite que te ayudará a evitar que absorbas su energía negativa.

- **No intentes resolver los problemas ajenos.** La gente se cura a sí misma. Tú puedes servir de apoyo para esa curación, pero son ellos quienes deben implementar los cambios necesarios para liberarse de su sufrimiento.

- **Debes estar muy atento a la codependencia.** Ten mucho cuidado de no caer en la trampa de sentirte responsable del progreso de una persona. La gente cambia a su propio ritmo y no al tuyo. Como es obvio, tu corazón se abrirá a los pacientes que están emocionalmente estancados o que sufren una recaída. Tu función es orientarlos lo máximo posible, pero no eres responsable de su evolución ni de su capacidad de superar obstáculos.

- **Resuelve tus propios conflictos.** Tendemos a absorber energías que están relacionadas con problemas que todavía no hemos resuelto en nuestra propia vida. Debes tomar conciencia de cuáles son los temas que te provocan reacciones emocionales. Reflexiona: «¿Está mostrándome esta persona conflictos que yo mismo debo resolver?». Trata de identificarlos. ¿Depresión? ¿Miedo al abandono? ¿Miedo al rechazo? ¿Inquietud asociada a la salud? ¿Relaciones íntimas? Concéntrate en resolver las cuestiones que te generan conflictos y ya no volverás a absorberlas. Es muy útil participar en grupos de supervisión donde se puedan presentar casos y discutir los temas emocionales que te afecten, y también trabajar con tu propio terapeuta.

Siempre debes mantener tu energía centrada en el corazón cuando trabajas con tus pacientes. Respira conscientemente, recordando que durante la exhalación puedes deshacerte del malestar que recoges. Luego retorna a tu corazón. Él es el sanador y purificador supremo de todas las cosas. Si te sientes emocionalmente alterado durante una sesión, recurre a la visualización del escudo y a las otras técnicas de protección que ya he mencionado para mantenerte centrado. Más tarde podrás investigar qué es lo que te ha afectado para tener más conciencia de ello. Las personas hiperempáticas que nos dedicamos a la sanación necesitamos ocuparnos constantemente de nuestro propio crecimiento. Esta actitud honesta tiene una gran influencia sobre el proceso psicoterapéutico y beneficia tanto a los pacientes como a nosotros mismos. Sé compasivo contigo mismo mientras analizas tu propia psique y desarrollas tu capacidad de hiperempatía. Disfruta de este camino hacia el despertar del espíritu, del amor, del servicio y de tu propia evolución.

Espero haberte servido de inspiración para tu trabajo. Ahora puedes intentar revigorizar tu ocupación actual o encontrar otra que sea más conveniente para tus necesidades hiperempáticas. No tienes que demostrarle nada a nadie en lo que se refiere a tu carrera. Carece de importancia a qué te dedicas; lo verdaderamente importante es que te sientas satisfecho con lo que haces. Solo debes encontrar un trabajo que te haga feliz. Cuando tengas días muy estresantes, concentra toda tu atención en prestar servicio a tus colegas o compañeros y a cualquier otra persona que se ponga en contacto contigo. De este modo podrás modificar la energía negativa y te encontrarás más a gusto. No te olvides de que las personas difíciles o conflictivas son maestros que te ayudan a mantenerte conectado y a controlar más fácilmente tus reacciones emocionales. Toma conciencia de tus necesidades y busca un trabajo que esté en armonía con ellas. Practica constantemente la autoprotección para sobrellevar el estrés laboral, restaurar tu energía y mimarte un poco. Así conseguirás que tu corazón altamente empático sea cada vez más grande y te sentirás más satisfecho cada día.

AFIRMACIÓN PARA PERSONAS HIPEREMPÁTICAS

Declaro mi intención de atraer un trabajo gratificante que me aporte energía. Me ocuparé de cuidar de mí mismo en mi profesión para proteger mi sensibilidad. Prometo divertirme y descansar para recuperar mi energía cuando no estoy trabajando.

Capítulo 8

LAS PERSONAS HIPEREMPÁTICAS, LA INTUICIÓN Y LAS PERCEPCIONES EXTRAORDINARIAS

Los hiperempáticos percibimos el mundo de forma más intensa y en múltiples niveles. El aspecto positivo es que nuestra capacidad de presenciar la naturaleza milagrosa de la vida es cada vez más profunda. A medida que nuestra sensibilidad se desarrolla, y que nos sentimos más seguros con ella, más aprendemos a expandir nuestra intuición para experimentar un amplio abanico de percepciones extraordinarias.

La mayoría de las personas están sintonizadas intuitivamente con un ancho de banda muy estrecho de frecuencias que proceden del material cotidiano o del «mundo real». Su capacidad de «ver» se limita al tiempo lineal. No obstante, no debes considerar que el plano material es la única realidad que existe. En cuanto tu sensibilidad logre ir más allá de lo material, entrarás en un patio de juegos de energías más sutiles y reinos fascinantes *no locales* (un término utilizado por los investigadores de la conciencia) y que desafían las leyes de la física clásica.

Las personas a las que llamo hiperempáticas intuitivas están especialmente capacitadas para recibir información que es no local. Sus supersentidos enriquecen sus vidas, las conectan con lo divino y las ponen en contacto con el tiempo mágico de los momentos en los que se producen las sincronías, así como también con experiencias como son el *déjà vu*, los guías espirituales y los ángeles. Algunos creen que este tipo de hiperempáticos son almas antiguas que han visto muchas cosas a través de los siglos y han llegado a esta vida con una intuición altamente desarrollada. La diferencia entre los hiperempáticos intuitivos y las personas altamente sensibles reside precisamente en la intuición. Aunque ambos tienen una mayor conciencia de lo que se percibe a través del tacto, el olfato, el oído y la vista, los hiperempáticos intuitivos pueden ver más allá de la realidad local para contactar con un conocimiento extraordinario. Conocen realidades que otras personas ignoran porque sus canales están muy abiertos. Algunos tienen visiones que predicen el futuro y otros son capaces de comunicarse con los animales, las plantas y otros elementos de la naturaleza, incluidos los guías espirituales. Entre ellos hay también poderosos soñadores que reciben información a través de sus sueños. Los hiperempáticos intuitivos tienen acceso a los aspectos misteriosos y no locales de la conciencia humana, que la ciencia convencional todavía no ha conseguido comprender.

> DE NIÑO ME SENTÍA SOLO, Y TODAVÍA ME SIENTO ASÍ PORQUE SÉ COSAS E INSINÚO COSAS QUE OTROS PARECEN NO CONOCER, Y QUE LA MAYORÍA PREFIEREN IGNORAR. LA SOLEDAD NO CONSISTE EN NO TENER PERSONAS ALREDEDOR, SINO EN NO PODER COMUNICAR LO QUE A UNO LE PARECE IMPORTANTE O CALLAR CIERTAS OPINIONES QUE OTROS ENCUENTRAN INADMISIBLES.
>
> **Dr. Carl Jung**

En tu condición de persona altamente empática, debes aprender a utilizar sabiamente los dones de la intuición y permanecer centrado y conectado a tierra. En ocasiones estas experiencias pueden parecer excéntricas y también resultar agobiantes. Las estrategias que presento en este capítulo te ayudarán a mantenerte centrado y a integrar de una manera saludable todo lo que ves y sientes.

En mi consulta de psiquiatría he experimentado los miedos y las gratificaciones asociados con el hecho de ser una persona hiperempática intuitiva. Las peculiaridades características asociadas a mi condición me resultan muy provechosas, pues me permiten conocer y comprender más a mis pacientes. No solo puedo «leer» rápidamente lo que les sucede a ellos sino también otros aspectos de mi entorno. Soy también una soñadora apasionada y me dejo guiar por mis sueños en mi vida cotidiana. Por otra parte, disfruto enormemente de la naturaleza y de sus elementos, el aire, el fuego, el agua y la tierra. Aprecio su belleza y siento que cada uno de esos elementos está vivo en el interior de mi cuerpo, y lo encuentro emocionante. Durante mi infancia sentía miedo de mis características hiperempáticas intuitivas. En esa época ni siquiera sabía si había un nombre para lo que experimentaba. Además de percibir la energía que rodeaba a la gente, era capaz de predecir enfermedades, terremotos y otros desastres, lo cual era bastante desconcertante. A los nueve años, presagié la inesperada muerte de mi querido abuelo. La noche antes de que falleciera tuve un sueño en el que se acercaba a mí para despedirse con las siguientes palabras: «Te quiero mucho. No te preocupes por mí. Estoy bien». Cuando me desperté eran las tres de la mañana y corrí hasta el dormitorio de mis padres para contarles mi sueño. Mi madre sonrió y me tranquilizó: «Cariño, solo ha sido una pesadilla», y luego me acompañó hasta mi cama. A la mañana siguiente sonó el teléfono mientras estábamos desayunando y nos enteramos de las malas noticias: el abuelo había muerto repentinamente de un ataque al corazón.

Mis padres consideraron que mi sueño había sido una «extraña coincidencia». Sin embargo, yo sentí que de alguna manera había causado su muerte o contribuido a ella, y que algo malo me sucedía. Mis conclusiones no eran acertadas, pero nadie pudo decirme lo contrario. En consecuencia, durante muchos años me sentí muy sola tratando de comprender esa experiencia y el resto de mis intuiciones, que me crearon mucha ansiedad y me hicieron sentir avergonzada y confusa. Me sentía sola y aislada sin que nadie pudiera asegurarme que no había ningún problema en mí. Desde entonces siempre me ha consolado la descripción que hace Carl Jung de su niñez.

Teniendo en cuenta mis antecedentes, espero que puedas comprender por qué disfruto tanto ayudándote a situar esta clase de experiencias en un contexto saludable. No eres la causa de los sucesos que eres capaz de predecir, y tampoco tienes ningún problema. Se trata solamente de que tu sensibilidad te permite conocer ciertas cosas que desafían la lógica y las limitadas ideas que muchos tienen sobre lo que es posible. Debes saber que ser una persona hiperempática intuitiva es algo natural y maravilloso que te hará sentir conectado en todos los ámbitos de la vida.

TIPOS DE PERSONAS HIPEREMPÁTICAS INTUITIVAS

A través de mis pacientes y de las personas que asisten a mis talleres he observado que los hiperempáticos intuitivos pueden tener características diferentes que intentaré describir a continuación. Descubre si te identificas con una o más de las siguientes clases de hiperempáticos. Puede ser que empieces por reconocerte en una de las categorías pero que, con un poco de práctica, llegues a desarrollar también los rasgos de otras. Mientras te familiarizas con las capacidades que se exponen, intenta desestimar cualquier idea preconcebida que te lleve a pensar que son imposibles. Independientemente de que creas que la intuición procede de tu subconsciente, de tu ser superior, de los ángeles, de los guías espirituales o de cualquier otro ayudante, mantén la mente abierta y disponte a pasarlo bien conociendo más a fondo tu exquisita sensibilidad. La intuición facilita el arte sagrado de conectarte contigo mismo, con otras personas y con el universo.

Las personas hiperempáticas con telepatía

Este tipo de personas pueden saber intuitivamente lo que les sucede a los demás en tiempo real, a pesar de que no expresen sus pensamientos ni sentimientos. Reciben imágenes, impresiones, destellos de información sobre los seres queridos, los compañeros de trabajo, los clientes e incluso personas desconocidas. Voy a intentar explicar cómo puede manifestarse este fenómeno. Estás pensando en un buen amigo; de pronto suena el teléfono y es él. Tienes la sensación de que tu hija está enferma a pesar de que vive a varios kilómetros de distancia, y más tarde te enteras de que realmente lo está. Experimentas una ola de sensaciones positivas, y luego descubres que has conseguido el nuevo trabajo que tanto deseabas.

¿Cómo puedes saber si una intuición es exacta y no una proyección de tus propias emociones y conflictos? Observa si la información que has recogido presenta un tono neutro o compasivo. Sospecha de las intuiciones que tienen una alta carga emocional o que reflejan problemas que estás intentando solucionar. Debes conocerte muy bien para no confundirte. Por ejemplo, si el miedo al abandono te provoca una intensa reacción emocional y no puedes dejar de pensar que tu pareja o un buen amigo se va a alejar de ti, es muy probable que estés proyectando tu miedo sobre ellos. En cambio, si tienes una repentina intuición de que uno de tus compañeros ha decidido dejar el trabajo, lo más probable es que esa información sea cierta. Acaso te sientas un poco disgustado porque no te gusta la idea de despedirte de esa persona, pero en este caso la información inicial no lleva ninguna carga emocional.

Pertenecer al tipo hiperempático con telepatía puede llegar a ser abrumador. Una mujer que asistió a uno de mis talleres atendía cientos de llamadas cada semana en una línea de asistencia telefónica especializada en energía psíquica. Me comentó: «La mayoría de las personas con las que hablo me resultan agotadoras. Utilizo técnicas para mantenerme centrada, pero no consigo eliminar mi agotamiento. Soy incapaz de desprenderme de toda la información que recibo». La carga que afrontaba a diario esta persona era inusualmente intensa, aunque si perteneces a este tipo también puedes sentirte sobrecargado en tu vida cotidiana. Las intuiciones pueden llegar de muchas direcciones: percibes algo de personas que no conoces mientras estás haciendo la compra, de los transeúntes con los que te cruzas por la calle, de tus compañeros de trabajo, de tus amigos y de los miembros de tu familia. Es muy probable que no tengas ninguna intención de conectar con todas esas personas; pese a todo, no dejas de tener intuiciones. Para evitar la sobrecarga intuitiva debes mantenerte conectado a tierra, protegerte y utilizar las estrategias que presento en este capítulo.

Si eres una persona hiperempática con telepatía, toda la información que recoges te sirve para conocer más profundamente a la gente y ser más compasivo. También puedes emplearla para prestar ayuda a los demás si te sientes inclinado a hacerlo y ellos están abiertos a recibirla. Es un regalo sentir esta intensa conexión con los pensamientos y sentimientos de otras personas. Valora y respeta este don en todo momento.

Las personas hiperempáticas precognitivas

Los hiperempáticos precognitivos tienen premoniciones sobre el futuro cuando están despiertos y también a través de sus sueños. Sus premoniciones pueden ser espontáneas, pero también pueden concentrarse intencionalmente para recibirlas, pues es posible desarrollar esta habilidad con la práctica. Puedes tener premoniciones respecto a la salud de alguien, relaciones afectivas, tu carrera u otras cuestiones. Por ejemplo, puedes saber mucho antes que otras personas si uno de tus amigos enfermará, morirá, se casará o será aceptado en la universidad. Los hiperempáticos precognitivos reciben esa información desde reinos no locales; su origen no está en el mundo lineal.

Algunos místicos se refieren a este almacén de información colectiva no local como los *registros akáshicos*, o el *libro de la vida*, que según se dice contienen el pasado, el presente y el futuro de toda la historia de la humanidad. Las personas hiperempáticas precognitivas pueden ir más allá de la realidad lineal para acceder a este conocimiento. Dichos registros se mencionan en los mitos de muchas culturas, y también en el Antiguo y el Nuevo Testamento. Se cree que estas tablas espirituales se remontan a los antiguos asirios, babilonios, hindúes, fenicios y hebreos. Las personas con este tipo de hiperempatía deben tener muy claro cómo utilizar su precognición con honradez. Algunas veces puedes advertir a alguien que está a punto de vivir una situación estresante o peligrosa para que tome precauciones o la evite. Cuando se trata de acontecimientos más felices, como puede ser que una pareja va a tener un hijo, puedes decir en un tono ligero: «Mi intuición me dice que pronto seréis padres». Debes tener en cuenta que la información que tienes sobre el futuro es una mera probabilidad –podrías equivocarte, porque el futuro nunca está totalmente determinado–. Por lo tanto, no pienses que eres una autoridad que todo lo sabe. Además, debes tomar conciencia de que a menudo los eventos que presientes no pueden ser modificados. Por otra parte, a veces no es conveniente comunicarle lo que estás intuyendo a la persona en cuestión. ¿Cómo puedes tomar la decisión correcta? La respuesta siempre debe basarse en si esa persona puede beneficiarse de tener esa información. Sintoniza nuevamente con tu intuición para preguntarle: «¿Será útil que le comunique a esta persona la información que he recibido?». Luego presta atención para escuchar un «sí» o un «no» intuitivo, y déjate guiar. Si tienes dudas, no comuniques tus intuiciones hasta que recibas un mensaje claro y coherente. Yo suelo comunicarles a mis pacientes aproximadamente la mitad de las impresiones que tengo sobre ellos. En algunos casos no les digo lo que he percibido porque entiendo que no les serviría de nada saberlo; en otros, espero el momento oportuno en el que considero que están preparados para escucharlo. Las intuiciones, aunque sean bien intencionadas, pueden atemorizar a las personas que no tienen conciencia de ellas o que actúan movidas por el ego y el deseo de impresionar a los demás con sus talentos. Lo más importante que debes tener en cuenta es que en todo momento debes preservar el bienestar de los demás. Practica la discreción y la humildad para utilizar tu don honradamente.

> ALGUNAS PERSONAS HIPEREMPÁTICAS TIENEN INTUICIONES Y VISIONES MUY POTENTES QUE GUÍAN SU VIDA.
>
> **Dra. Judith Orloff**

Los hiperempáticos precognitivos tienen muchas ideas equivocadas respecto de sus dones. Quizás sientas que eres tú quien está provocando los sucesos que predices, o creas que es tu responsabilidad evitarlos, en especial cuando se trata de la muerte de alguien. Nada de eso es verdad. Lo que ocurre es sencillamente que los sucesos y las emociones que tienen fuertes cargas negativas emiten señales más potentes. Los hiperempáticos precognitivos inexpertos perciben más fácilmente ese tipo de situaciones que las circunstancias felices. A medida que perfecciones tu intuición serás capaz de captar una gama mucho más amplia de señales.

Las personas hiperempáticas que presagian situaciones a través de los sueños

Este tipo de hiperempáticos suelen tener sueños muy vívidos que pueden recordar perfectamente. Esta es una experiencia que por lo general comienza en la infancia. Si te identificas con esta clase de personas, seguramente te sientes atraído por el mundo onírico y estás deseando irte a dormir cada noche. Los sueños son una forma potente de intuición porque sortean el ego y la mente lineal para transmitir una información clara. Ofrecen información asociada a la sanación, la espiritualidad y la forma de superar las emociones intensas (algunas veces a través del poder sanador de las pesadillas) y te indican cómo ayudarte a ti mismo y a los demás.

Por otra parte, tus sueños pueden ser telepáticos o precognitivos y dar información sobre asuntos actuales y futuros. Uno de mis pacientes me comunicó: «He soñado los titulares de las noticias que iban a dar los periódicos al día siguiente, desde la adjudicación de un premio a una conocida actriz hasta un tiroteo desde un vehículo». También puedes tener instantáneas de los sueños de otras personas mientras estás hablando con ellas. Al estar muy sintonizados con los sueños, este tipo de hiperempáticos tienen mayor acceso al mundo onírico que el resto de personas.

Como muchos otros hiperempáticos que vaticinan sucesos a través de los sueños, puedes tener espíritus guías que se comunican contigo mientras duermes. Se manifiestan en muchas y variadas formas, como por ejemplo animales, personas, presencias, ángeles o voces de seres queridos. Pueden ofrecerte consejos para superar determinados obstáculos, alcanzar tus objetivos o tener una vida más tranquila y espiritual. No todo el mundo cuenta con unos guías espirituales específicos; asegúrate de escuchar sus mensajes si tú los tienes. Suelen ofrecer información útil y compasiva, y nunca te dirán nada que sea dañino para ti ni para otras personas.

Este tipo de hiperempáticos pueden viajar a otros reinos durante los sueños. Yo pertenezco a este grupo desde que era una niña. Me siento más a gusto cuando sueño que cuando estoy despierta. Cada día puedo funcionar normalmente en el mundo material, pero luego necesito sentir el carácter sagrado del mundo de los sueños, que nutre mi alma.

Si tú también te identificas con este tipo de hiperempatía, está en tus manos desarrollar tus habilidades. Apunta tus sueños en un diario cada mañana. Al despertarte disfruta de esos tranquilos momentos hipnagógicos que caracterizan la transición entre el sueño y la vigilia y escribe todo lo que recuerdes de lo que has soñado. A lo largo del día puedes meditar sobre el significado de esa información. En mi libro *Libertad emocional* describo con todo detalle cómo recordar e interpretar los sueños. También te aconsejo que desarrolles el hábito de formular una pregunta antes de dormirte. Por ejemplo, «¿qué rumbo debo darle a mi carrera?» o «¿es buena para mí esta relación?». Por la mañana conocerás la respuesta que te han ofrecido tus sueños. Recordar regularmente tus sueños y aprender de ellos te ayudará a comprenderte más profundamente y a entender mejor a las demás personas. Quizás también quieras utilizar la práctica del sueño lúcido, una técnica que utilizan los chamanes. Consiste en ser consciente de participar en tu sueño mientras lo estás soñando, ser capaz de observar lo que está sucediendo e incidir sobre el resultado. Yo suelo utilizar todos estos métodos y considero que el trabajo con el sueño es un acto devocional para las personas sensibles, porque los sueños honran nuestra intuición, nuestra espiritualidad y la realidad de otras dimensiones.

Las personas hiperempáticas mediúmnicas

Este tipo de hiperempáticos pueden comunicarse con personas, animales o espíritus que están en el otro lado. Tienen un talento especial para traspasar la gran barrera divisoria que hay entre esta vida y el más allá y tienden puentes entre ambos espacios.

La mediumnidad es la capacidad de conectarse con todo aquello que se encuentra más allá del plano material. Los límites ordinarios que separan el «aquí» del «allí» no tienen un efecto disuasorio. Este tipo de hiperempáticos que pueden dejar a un lado su mente intelectual y su ego con el propósito de convertirse en canales para recibir mensajes funcionan de la misma forma que un cableado telefónico. Si te identificas con este tipo de hiperempatía, la mediumnidad es una habilidad que se puede desarrollar con la guía adecuada de un maestro experimentado y con la práctica personal.

Los mensajes suelen ser similares, independientemente de que estés comunicándote con el tío Fred, que ha fallecido recientemente, o con un tierno caniche. Los que están en el otro lado quieren que sepamos que están bien, que sus espíritus tienen trabajo allí y que nos quieren. Tuve una sesión con una médium en Inglaterra y me dijo: «Tienes más amigos en la otra vida que en esta». Me pareció que era verdad lo que decía, y me hizo reír. Algunos médiums son canales para los ángeles, como por ejemplo el arcángel Miguel, que es un protector e infunde fe en el Espíritu. He presenciado que el hecho de consultar con un médium puede ser terapéutico para las personas que están pasando por un duelo. Aunque esta habilidad no es comprendida ni aceptada por la ciencia moderna, los médiums han existido a lo largo de la historia y en todo el mundo. Aunque algunos son un fraude, hay otros que son auténticos.

Si te identificas con este tipo de hiperempatía, puedes comunicarte con el otro lado abriendo primero tu corazón mediante la meditación. El amor atraviesa todos los límites, de manera que cuando estés preparado para la experiencia, podrán escucharte en todos los universos. Luego debes identificar a la persona con la que quieres comunicarte y pedir internamente entrar en contacto con ella. A continuación prepárate para recibir los mensajes auditivos, visuales o del tipo que en general sueles percibir. El proceso es muy semejante a comunicarse con una persona real, aunque bien es cierto que en este caso la otra persona es energía pura. A veces medito sobre mis padres, que ya han fallecido, con el deseo de comunicarme más profundamente con ellos. Eso me hace sentirlos más cerca de mí y me consuela. En algunas ocasiones me ofrecen su ayuda. No obstante, como cualquier otra experiencia intuitiva, esta también puede resultar agobiante. Los niños sensibles y los adultos inexpertos pueden sentir que pierden el control o tal vez asustarse cuando se comunican con el otro lado. Piensa en el gracioso personaje Oda Mae Brown, que interpretaba Whoopi Goldberg en la película *Ghost*. Ella era una médium a la que acudían multitudes de espíritus para enviar mensajes a sus seres queridos y, como es lógico, se sentía abrumada.

Es esencial que practiques las técnicas para conectarte a tierra y protegerte con el fin de conservar la calma y no perder la conexión contigo mismo. Además, debes saber que tienes el derecho de negarte a participar en una experiencia que no te apetece vivir. Acaso necesites establecer los límites con los que están al otro lado, de la misma forma que lo haces con las personas que están aquí. En cuanto empieces a considerar la mediumnidad como una extensión natural de tu hiperempatía y tu intuición, te sentirás más cómodo marcando los límites y practicando las técnicas de autoprotección que son imprescindibles para que todas las relaciones sean saludables.

Las personas hiperempáticas que son sensibles a la energía de las plantas

Este tipo de hiperempáticos sienten una atracción natural por las plantas, los árboles y las flores. Conectan intuitivamente con sus necesidades y se comunican con sus espíritus. Pueden percibir si las plantas están sanas y, de lo contrario, saben lo que se debe hacer para curarlas.

Si eres una de estas personas, es probable que las plantas te hablen y tú puedas entenderlas y que te sientas atraído por los bosques, las montañas y las masas de agua, porque te acercan a la naturaleza. Posiblemente cuando eras niño tus compañeros y confidentes eran los árboles y las plantas y acostumbrabas a ir a su encuentro para resolver tus problemas o para encontrar solaz cuando estabas inquieto. Eso es lo que yo hacía. El mero hecho de estar cerca de un árbol es reconfortante para una persona hiperempática que ama el mundo vegetal. Nos gusta tocarlos, trepar por ellos, abrazarlos y algunas veces saludarlos cuando pasamos por su lado. Este tipo de hiperempáticos tienen mano para las plantas; las flores prosperan a su alrededor y sienten su capacidad para sintonizar con ellas. Esta afinidad mutua las hace reaccionar en presencia de la persona hiperempática, y cuando esta las toca. Si eres de esta clase de hiperempáticos, probablemente disfrutarás de la jardinería; habrás estudiado una carrera asociada a la agricultura, la horticultura, la botánica, el diseño de jardines, la arquitectura de paisajes o el diseño floral; o trabajarás para los servicios forestales. Necesitas estar cerca de las plantas y del mundo natural para sentirte sano y feliz.

Los individuos con estos rasgos hiperempáticos pueden ser muy buenos sanadores, como los practicantes de medicina china o los naturópatas. Hay quienes recetan remedios florales, una forma de homeopatía desarrollada por el doctor Edward Bach en la que las esencias florales se destilan en forma líquida para tratar diversos tipos de enfermedades. En la antigüedad las personas vivían en armonía con la naturaleza y las plantas eran consideradas seres sensibles, conscientes e inteligentes. En aquella época los chamanes tribales y los curanderos eran los mensajeros entre las plantas y el mundo espiritual, y hoy en día siguen llevando a cabo esta labor; escuchan las hermosas canciones de las plantas y pueden emplear los poderes curativos de la medicina del reino vegetal.

Si te identificas con este tipo de hiperempatía, seguramente las plantas son tus guías y puedes sentir su divinidad. Puedes mirar profundamente una flor o un árbol y recibir la información que tiene para darte, una técnica que los chamanes denominan «contemplar». Puedes meditar junto a una planta, formularle preguntas y luego recibir intuitivamente sus respuestas. Las plantas son capaces de transmitir muchos contenidos, desde orientaciones personales y espirituales hasta mensajes para ayudar a otra gente y al mundo. Son seres compasivos y generosos.

El desafío de ser una persona hiperempática afín a las plantas es que puedes sentir el dolor de los seres vivientes del reino vegetal. Sabes cuándo están heridos o a punto de morir. Sientes la angustia de los bosques que han sido destruidos por la humanidad. Tu propio cuerpo experimenta el daño que sufren las plantas. Para liberarte de este dolor debes reconocer esas emociones y sensaciones físicas, respirar para eliminar el malestar de tu cuerpo y seguir enviando amor y bendiciones al mundo vegetal de todo el planeta.

Las personas hiperempáticas que son sensibles a la energía de la Tierra

Este tipo de hiperempáticos se caracterizan porque su cuerpo experimenta cambios que están sintonizados con los fenómenos naturales. Son capaces de sentir sensual y energéticamente el poder de una tormenta de truenos, la belleza de la luna y la calidez del sol. Si te identificas con esta clase de hiperempatía, todo lo que le sucede a la Tierra está íntimamente conectado con tu cuerpo. La belleza y la salud del planeta nutren tu alma y te sostienen. El océano y sus mareas afectan a todas las personas, pero muy en especial a ti. Eres sensible a los cambios del clima y de las horas de luz. Este tipo de personas pueden tener más tendencia a sufrir el trastorno afectivo estacional, que es la propensión a deprimirse en invierno, cuando los días son más cortos y más oscuros.

Estos hiperempáticos sienten que la Tierra, sus elementos y el universo son como su familia. En mi caso, la luna y las estrellas siempre han sido mis compañeras. Una mujer que asistió a uno de mis talleres me comentó que prefería contemplar las estrellas antes que ir a un bar a tomar una copa o a una discoteca. Desde que era niña he mirado al cielo sintiendo que mi verdadero hogar estaba allí. He descubierto que las personas hiperempáticas que, como yo, lo pasan mal intentando acoplarse a la vida en este planeta necesitan conectar con la energía terrestre para sentir que habitan más plenamente su cuerpo. Aprender a hacerlo es parte de nuestra curación.

Si tú también eres una persona hiperempática que siente especial afinidad con la Tierra, tu cuerpo está íntimamente conectado con ella y puedes sentir cuánto nos ama. Es probable que experimentes los cambios globales que se producen como si te estuvieran ocurriendo a ti, y por ese motivo puedes sentirte ansioso, triste o tener problemas de salud. Cuando la Tierra está contenta, tú también lo estás, y sufres cuando ella sufre.

Este tipo de hiperempáticos suelen tener premoniciones sobre desastres naturales o sentirlos tan intensamente en su propio cuerpo como si estuvieran ocurriendo de verdad. Un paciente me comentó en una ocasión: «Suelo despertarme justo antes de que se produzca un terremoto. Y de pronto, ¡bum!, allí está». Otro paciente me comunicó: «Durante el último tsunami me desperté de un profundo sueño en un estado de gran agitación y con mucho miedo». Y, por último, una niña hiperempática me dijo que había sentido que tenía una hemorragia después de un vertido de petróleo catastrófico. Toma conciencia de cómo reacciona tu cuerpo a los cambios dramáticos que se producen en la Tierra. Y cuando tengan lugar este tipo de eventos, intenta situar tus sentimientos en el contexto adecuado y practica más la autoprotección.

Las personas hiperempáticas que se sienten muy conectadas con la Tierra también pueden ser sensibles a las tormentas solares. Estas tormentas magnéticas que se producen en el Sol afectan a los campos magnéticos que hay en torno al planeta y también alrededor de nuestro cuerpo. Los terremotos, las erupciones volcánicas, los huracanes y los tornados suelen desencadenarse después de una intensa actividad solar. Durante esos periodos puedes experimentar jaquecas, cambios de humor, ansiedad o palpitaciones cardíacas. Los estudios han demostrado que existe una vinculación entre las tormentas solares y el incremento de las depresiones, la ansiedad, los suicidios y los episodios de trastorno bipolar.[1] Las revoluciones, las revueltas y los conflictos que se producen en todos los rincones del planeta también se asocian con las tormentas solares. Recuerda que el Sol es responsable de la vida en la Tierra, de modo que cuando él sufre cambios, nosotros podemos sentirlos a millones de kilómetros de distancia. Los hiperempáticos perciben estos fenómenos con mayor intensidad.

Es preciso que te conectes frecuentemente a tierra para que tu capacidad de hiperempatía se mantenga viva y puedas aprovecharla al máximo. Dedica tiempo a pasear por el bosque, la orilla del mar o la montaña, donde puedes estar en contacto directo con los elementos y sentirte como en casa. También debes consumir alimentos frescos, orgánicos y saludables para hacer más profundo tu vínculo con la tierra, mejor aún si los cultivas tú mismo. Una dieta de comida basura nos separa del planeta, porque no ingerimos su energía. Recuerda practicar regularmente tu conexión a tierra, especialmente tumbándote sobre ella para absorber su fuerza y positividad. Camina descalzo sobre la hierba, anda por el agua o nada en lagos, en ríos o en el mar. Observa las estrellas.

Si deseas comunicarte intencionalmente con la Tierra, debes sintonizarte con ella y preguntarle: «¿Qué sientes?». Luego debes estar abierto a recibir cualquier intuición que acuda a tu conciencia. También puedes utilizarla como un oráculo y formularle preguntas sobre ti mismo u otras personas. Te responderá a través de tu intuición, y cuando lo haga debes seguir sus recomendaciones.

En las tradiciones nativas, la Madre Tierra es reverenciada y cuidada, y su medicina es la sanación que nos ofrece la naturaleza. Puedes practicar la medicina de la Tierra haciendo todo lo que esté en tus manos para valorar y cuidar nuestro maravilloso planeta. Esto forma parte de nuestro propósito y es importante para que una persona hiperempática que tiene una conexión especial con la Tierra se sienta feliz, sana e íntegra.

Las personas hiperempáticas que son sensibles a la energía de los animales

Este tipo de personas tienen una habilidad especial para comunicarse con los animales. Incluso pueden tener un don específico, como puede ser «susurrar a los caballos o a los perros». Si te identificas con esta clase de hiperempatía, eres capaz de percibir si los animales se sienten preocupados, disgustados, solos o inseguros. Puedes ayudarlos y curarlos porque comprendes sus emociones. Tu presencia parece atraer a los animales allí a donde vayas; adoran estar en tu compañía. Por eso puedes trabajar en organizaciones protectoras de animales, defender sus derechos, ser veterinario o ayudarlos de muchas otras maneras. Las personas hiperempáticas que son especialmente sensibles a los animales, a las que también se conoce como «los que se comunican con los animales», han estado presentes a lo largo de la historia. San Francisco de Asís, el santo patrón de los animales, era capaz de hablar con sus «hermanas y hermanos», incluidos los conejos, los ciervos y los peces. Fue famoso por domesticar un lobo. Todo tipo de criaturas acudían a él, tal como ha sido representado en el arte sagrado. Con frecuencia pasaba periodos de aislamiento, únicamente en compañía de los animales, lo que es típico de los hiperempáticos introvertidos. Era conocido por dar sermones a audiencias de aves. Al hablar de los animales, san Francisco decía: «Tenemos una misión superior: prestarles nuestro servicio cuando lo necesiten».

Si eres un empático afín a los animales, sabes que ellos son altamente empáticos con nosotros, sienten nuestras emociones y también nuestras intenciones. Por ejemplo, tu perro o tu gato sabe si estás triste o sufriendo y responde con amor incondicional. Además, por estar tan conectado con los animales puedes recibir su ayuda intuitiva, como pueden ser advertencias relacionadas con tu seguridad o augurios de felicidad. Los pueblos indígenas creen que los animales pueden escuchar nuestros pensamientos. Tú también eres capaz de escuchar los suyos. Sabes lo que necesitan y puedes ofrecérselo. Este tipo de individuos hiperempáticos son muy competentes cuando se trata de cuidar a los animales.

El poder de la medicina animal

Los hiperempáticos intuitivos (en realidad, como cualquier otro tipo de personas altamente sensibles) pueden beneficiarse de la sabiduría y protección de los animales. En la cultura nativa americana, la medicina se basa en las lecciones de sanación que nos ofrecen determinados animales. En cuanto tomes conciencia de dichas lecciones, podrás implementar cambios apropiados en tu vida. Por ejemplo, los delfines representan la paz, la armonía y el juego. Si trabajas con delfines, es una señal para que tú mismo incorpores esas características. La medicina de las arañas representa la creatividad y la de las hormigas consiste en la paciencia y la perseverancia. Presta atención a estas criaturas, que no dejan de mostrarnos cuál es el camino. Escucha sus enseñanzas.

Los chamanes afirman que los animales pueden ser nuestros aliados en situaciones angustiosas o peligrosas. Este es un recurso muy valioso para los hiperempáticos. Recomiendo la siguiente meditación para invocar la protección del poder del jaguar. Suelo utilizarla cuando necesito un poco más de protección de lo habitual, especialmente si estoy recibiendo demasiada negatividad. El jaguar es un guardián feroz y paciente que puede evitar que las personas pierdan su energía.

ESTRATEGIA DE PROTECCIÓN

LA MEDITACIÓN DEL JAGUAR

Encuentra un espacio tranquilo donde sepas que no van a interrumpirte. Siéntate en una posición cómoda y respira hondo para dirigirte a tu propio centro y relajarte. Cuando te sientas completamente en calma, llama al espíritu del jaguar desde lo más profundo de tu corazón para pedirle su protección. Siente su presencia. Luego visualiza esta maravillosa y poderosa criatura vigilando tu campo energético, dando vueltas a tu alrededor, protegiéndote y manteniendo alejados a los intrusos y a todo tipo de fuerzas negativas. Imagina su apariencia, sus hermosos y feroces ojos, su cuerpo elegante y la gracia y determinación de su andar. Siéntete seguro dentro del círculo de su protección.

Cuando termines esta meditación, dale las gracias interiormente al jaguar. Ten en cuenta que puedes convocarlo siempre que lo necesites. Siente la fuerza que te brinda esta posibilidad. Luego abre lenta y suavemente los ojos. Conéctate nuevamente con el momento presente y con el espacio en el que te encuentras. Vuelve a conectarte con tu cuerpo y recuerda que debes estar siempre atento, consciente y presente en tu entorno.

Además de esta meditación del jaguar también puedes probar con otros animales con los que te sientas especialmente conectado.

Si eres un hiperempático intuitivo, debes saber que cuanto más abierto estés a esta información, más visiones y consejos recibirás de los mundos no lineales. Dichas visiones enriquecerán tu vida y la de las personas a las que ayudas. Algunos sujetos caracterizados por este tipo de hiperempatía también reciben la visita de los ángeles y se benefician de su intervención divina. Si tú también tienes la capacidad de relacionarte con ellos, desarrolla el hábito de pedirles su protección. Esta conexión te ayudará a que el proceso de contactar con diferentes mundos sea más seguro y más divertido.

CÓMO PROTEGERTE DE LA SOBRECARGA INTUITIVA

Así como los hiperempáticos pueden experimentar sobrecarga sensorial en su vida cotidiana, las personas hiperempáticas intuitivas pueden tener la misma sensación cuando reciben informaciones que no son locales. Básicamente, nuestra hiperempatía va a toda marcha y no podemos desconectarla. ¿Cómo se manifiesta esto? Somos bombardeados por información intuitiva dondequiera que vamos, y luego nos sentimos agotados por la gran cantidad de energías que recibimos. Padecemos un intenso estrés cuando tenemos sueños y premoniciones alarmantemente precisos y que muestran unos resultados que no podemos modificar. Para evitar esta situación necesitamos moderar el ritmo. Las siguientes recomendaciones te ayudarán a mantenerte conectado a tierra.

ESTRATEGIA DE PROTECCIÓN

SUGERENCIAS PARA PROTEGERTE DE
LA SOBRECARGA INTUITIVA

- **Dialoga con tu voz interior.** Siempre puedes recurrir a tu voz interior para pedirle que aminore el ritmo a fin de que puedas encontrar otro que te resulte más cómodo, o incluso tomarte un descanso. La intuición no es algo que suceda *per se*; puedes desarrollar una conexión con ella que sea consciente y activa.
- **Aprende a actuar como un testigo.** Intenta permanecer neutral cuando te conectas con tu intuición. En muchas situaciones la función de un hiperempático no es otra que dar fe de algo, una labor sagrada que entendían muy bien los antiguos profetas. Probablemente te preguntes: «¿Por qué estoy sintiendo la muerte, la enfermedad u otras circunstancias dolorosas? ¿Qué hay de bueno en ello si no puedo hacer nada por evitarlas?». Ten en cuenta que el mero acto de verlas arroja luz. Algunas veces no es tu trabajo intervenir y, por otra parte, tampoco es posible. En esas situaciones puedes enviar luz y bendiciones a las personas en cuestión; este es un acto sagrado que ofrece apoyo a los demás de muchas formas milagrosas.
- **Tú no eres responsable del karma de otras personas.** Si tienes en cuenta que todo el mundo merece la dignidad de recorrer su propio camino, no te sentirás impropiamente responsable de lo que intuyes.
- **Visualiza una luz.** Imagina una luz blanca divina que penetra en tu cuerpo a través de la coronilla mientras la oscuridad fluye hacia el exterior a través de las plantas de los pies. Este proceso reduce el desasosiego por medio de hacer circular la energía positiva por todo tu cuerpo y liberar la energía tóxica.

A medida que tengas más confianza en tu intuición será menos probable que tus experiencias te resulten abrumadoras. Además de las sugerencias mencionadas, te recomiendo utilizar también las estrategias que he presentado en el capítulo 5 relativas a los problemas de codependencia que podrías tener en el ámbito intuitivo. Así conseguirás mantenerte centrado, claro y empoderado. Podrás explorar más profundamente los diversos niveles de conciencia cuando tu sensibilidad especial se desarrolle.

Siempre que nos conectamos con la intuición entramos en un tiempo sagrado, ajeno a la realidad lineal. Los antiguos griegos tenían dos conceptos del tiempo. *Cronos* es el tiempo del reloj, que se mide en segundos, minutos, horas, meses y años. A lo largo de la historia ha sido representado innumerables veces como el Padre Tiempo, un hombre cansado y encorvado con barba, que porta una guadaña y un reloj de arena. Es como la muerte personificada. Cronos es frecuentemente considerado como un reino lleno de conflictos y dificultades.

Por otro lado está *Kairós*, el tiempo sagrado que se refiere al momento correcto o supremo donde pueden producirse eventos oportunos. Es un estado no secuencial e infinito que está fuera del tiempo y del espacio lineales. Quizás lo conozcas por la expresión *estar en la zona*. Kairós es el espacio donde se producen las sincronicidades, los momentos oportunos. También es el ámbito del *déjà vu*, esa sensación de familiaridad que sentimos frente a un sitio o una persona que no hemos visto antes en el tiempo lineal. Kairós es la ubicación mágica de la sabiduría mística atemporal. No puedes viajar hacia allí utilizando un mapa físico, pero puedes llegar con tu intuición. Kairós es el dominio de los hiperempáticos intuitivos. A medida que desarrolles tus habilidades descubrirás que hay un abanico de experiencias intuitivas que te resultan más naturales y en las que te sientes más a gusto.

**AFIRMACIÓN
PARA PERSONAS
HIPEREMPÁTICAS**

Honraré mi intuición. Prestaré atención a mis sueños. No cuestionaré mi voz interior. Intentaré buscar el equilibrio entre mi intuición y otros aspectos de mi vida para poder expresar el espectro completo de mi sensibilidad y ser una persona completa.

Capítulo 9

EL DON DE SER UNA
PERSONA HIPEREMPÁTICA

E l viaje de una persona hiperempática es una aventura para toda la vida. Los seres sensibles tienen mucho que agradecer. Tú eres uno de ellos; por eso tienes la capacidad de alegrarte y apasionarte intensamente y tener una visión muy profunda de todas las cosas. Estás conectado con la belleza, la poesía y la energía de la vida, y por ser compasivo puedes ayudar a otras personas. No eres cruel, inflexible ni desalmado; gracias a tu sensibilidad eres un ser humano cariñoso, vulnerable y consciente.

Los hiperempáticos tienen una relación especial con la naturaleza. Seguramente te sientes emparentado con los animales, las flores, los árboles y las nubes. Te atraen la paz de la naturaleza, el silencio del desierto, la majestuosidad de los cañones de rocas rojas y los bosques, así como también la inmensidad del mar. Puedes bailar bajo la luna llena y sentir su belleza en tu propio cuerpo. Sabes estar en armonía con la serenidad de la naturaleza. Deseas proteger la Tierra, nuestra Madre, y conservar sus preciosos recursos.

Por ser una persona altamente empática también tienes el poder de implementar cambios para mejorar tu vida, tu familia y el resto del mundo. En mi consulta he presenciado que los hiperempáticos suelen ser los «elegidos» para deshacer los patrones generacionales de negatividad que se repiten en su propia familia. No necesariamente se ofrecen como voluntarios para desempeñar esa función, al menos a un nivel consciente; sin embargo, ese parece ser su destino. Cuando los hiperempáticos se curan a sí mismos y llegan a valorar su sensibilidad, comienzan a rechazar los patrones de abuso, rechazo y adicción que se reiteran entre los miembros de su familia. La transmisión del sufrimiento de una a otra generación se acaba con ellos. A través del trabajo que han realizado para potenciar su crecimiento personal y gracias a la aceptación de sus dones, los individuos hiperempáticos son capaces de reparar los conflictos familiares. Las personas conscientes y reflexivas son los agentes de cambio más efectivos.

DIRÍGETE HACIA LA LUZ

La Tierra no es un planeta iluminado. Está llena de intensos sufrimientos, aunque también de grandes alegrías. Nuestra función como personas altamente empáticas es utilizar nuestra sensibilidad en nombre del bien común e inclinar la balanza hacia la luz. Los hiperempáticos debemos convertirnos en los guerreros de la luz. No dejes que la oscuridad te atemorice. Confía en el poder de la compasión. Te necesitamos para elevar la vibración del mundo. Los niños y los adultos cambian y mejoran cuando están rodeados de energías sensibles, amorosas y profundas. Tú puedes encarnarlas. El único obstáculo que podría impedirte brillar es el miedo. Debido a nuestra condición de personas hiperempáticas, nuestra labor es liberarnos gradualmente de nuestros miedos para que no bloqueen nuestro camino hacia la luz. Mientras lo haces, recuerda que no estás solo. A tu alrededor hay ángeles y un círculo de protección.

Los hiperempáticos somos vulnerables y fuertes y representamos un nuevo modelo de liderazgo. Nuestras características nos permiten ejercer una considerable influencia sobre la humanidad por medio de fomentar la comprensión mutua, que es el camino hacia la paz en nuestra vida personal y también a escala global. No obstante, la revolución será duradera solamente cuando los revolucionarios den ejemplo mediante su propio trabajo emocional y espiritual. Solo entonces serán posibles los cambios positivos que necesitamos en el ámbito político, social y medioambiental. A través de nuestra sensibilidad podemos crear una revolución compasiva y salvar el mundo.

Me encanta escuchar a David Orr, un especialista en el medioambiente, que suele decir: «El planeta no necesita más *gente exitosa*; lo que necesita desesperadamente son más pacifistas, sanadores, narradores de historias y amantes de todo tipo de cosas. Necesita gente que viva a gusto en el sitio donde se encuentra. Gente con coraje moral, ansiosa por unirse a la lucha para hacer de este mundo un espacio más humano y habitable. Y estas cualidades tienen poco que ver con el éxito, tal como lo define nuestra cultura».

Las personas hiperempáticas son figuras esenciales para que este cambio se manifieste. La sensibilidad es el camino hacia la no violencia. Si manifestamos abiertamente nuestra sensibilidad y nos centramos en nuestro poder, podremos ser sanadores, pacifistas y videntes unidos por la pasión de contribuir a ese cambio. No tenemos nada que temer por ser lo que somos. El mejor consejo que puedo darte es que hagas el bien y seas una persona honrada; el resto vendrá solo. Es imprescindible comprometerse con esta meta porque estamos en un momento en que en el mundo todo va muy rápido; se está acelerando el tiempo que, según afirman los místicos, traerá a nuestro planeta el triunfo de la luz sobre la oscuridad. Debemos actuar con amor. Cuanto más aceptes el poder que tienes, mejor encarnarás el cambio que el mundo necesita.

CELEBRA TUS DONES

A lo largo de tu vida debes tener cada vez más claro de qué forma tu capacidad de hiperempatía está a tu servicio, al servicio de los demás y también del mundo. El siguiente ejercicio te ayudará a recordar estos ejemplos de hiperempatía en acción, y además representa una forma de expresar tu agradecimiento por el don que tienes.

EJERCICIO DE AUTORREFLEXIÓN

ACEPTA TU HIPEREMPATÍA

En la vida cotidiana muchas veces resulta muy útil ser una persona altamente empática. Dedica unos momentos a reflexionar sobre los beneficios que pueden ofrecerte tus cualidades hiperempáticas:

- Recuerda una ocasión en la que hayas sido capaz de empatizar con el sufrimiento de tu pareja y la hayas ayudado demostrándole cuánto la amabas.

- Recuerda un momento en el que te hayas conectado con tu intuición y sencillamente hayas *reconocido* cuál era la mejor opción, y al prestar atención a tu voz interior conseguiste el trabajo adecuado, la mejor relación o el maestro más idóneo.

- Recuerda una etapa de tu vida en la que hayas sentido miedo sin saber qué hacer, y en lugar de obsesionarte o dejarte vencer por tus temores, sentiste gran empatía y compasión por tu propia persona. Esa actitud amorosa te permitió superar ese periodo de aprensiones.

- Recuerda una vez en la que un amigo lo estaba pasando muy mal tras una separación muy complicada, y tú lo apoyaste y lo ayudaste con mucho cariño a superar su dolor.

- Recuerda una ocasión en que como padre, educador o cuidador fuiste capaz de animar a un niño a expresar su sensibilidad y a no sentirse avergonzado por su causa. Siéntete feliz por haber contribuido a enriquecer la vida de un niño.

EL PODER DE LOS GRUPOS

Además de reconocer y aceptar tus dones, también te recomiendo que encuentres un grupo de personas que tengan una mentalidad afín a la tuya. Las almas sensibles son, por naturaleza, lo que yo denomino «coempáticas», lo que significa que nuestra sensibilidad puede potenciarse de forma maravillosa cuando estamos rodeados de gente sensible y positiva. En este sentido, el poder de diez es superior al poder de uno.

Te animo a que crees un grupo de apoyo para personas hiperempáticas en el que se refuercen las cualidades comunes y los integrantes del grupo se respalden mutuamente. La belleza de reunirse con otros es que todos pueden ayudarse.

Ser «visto», aunque solo sea por una persona, ofrece mucho consuelo a un alma sensible. Reunirse con gente afín ofrece una perspectiva sana de cómo aprender a gestionar la propia sensibilidad. Los hiperempáticos tienden a tomarse a sí mismos demasiado en serio porque la vida les resulta agobiante; sin embargo, esta actitud no hace más que aumentar su estrés. Los hiperempáticos veteranos que ya han recorrido ese camino y han aprendido estrategias para gestionar adecuadamente sus dones pueden enseñarles a tomarse la vida con más ligereza y a encontrar soluciones asombrosas para que no se abrumen innecesariamente con preocupaciones o dificultades. Un grupo de apoyo puede proporcionarte alivio y ayudarte a conectar contigo mismo cuando sientes sobrecarga sensorial. En el apartado «Crear un grupo de pertenencia: fundar tu propio grupo de apoyo para personas hiperempáticas», que incluyo al final del libro, hablaré más detalladamente sobre este tema.

> AUNQUE EN MI VIDA DIARIA SEA UN TÍPICO SOLITARIO, MI CONCIENCIA DE PERTENECER A LA COMUNIDAD INVISIBLE DE LOS QUE LUCHAN POR LA VERDAD, LA BELLEZA Y LA JUSTICIA ME IMPIDE SENTIRME SOLO.
>
> **Albert Einstein**

EL CAMINO HACIA LA PAZ INTERIOR

En nuestro propio proceso evolutivo, el camino hacia la autoaceptación, la paz interior y el crecimiento espiritual no sigue una línea recta: es una espiral. Volvemos una y otra vez a conflictos que ya creíamos superados, pero cada vez se nos revelan verdades más profundas que incrementan el conocimiento que tenemos de nosotros mismos. En mi opinión, esto es lo que hace que el camino sea tan emocionante. Ahondar en la espiral de mi vida y en la conciencia del amor me lleva directamente hacia allí. A los hiperempáticos nos agrada profundizar en todo. La autoconciencia a menudo nos obliga a salir de nuestra zona de confort, lo que en ocasiones resulta doloroso, pero la consecuencia es que nuestra conexión con el Espíritu es cada vez más radiante, compasiva y consistente. No hay ningún logro humano que sea más valioso. Cada mañana al despertar pido internamente volver a entrar en el reino del Espíritu y del corazón. Luego sé que estoy en el lugar correcto del universo para comenzar el día.

Si utilizas las técnicas que ofrezco en este libro, puedes superar los desafíos que habitualmente afrontan las personas sensibles y disfrutar del viaje. Piensa en los cambios que has experimentado desde que has comenzado a leer este libro. Observa cómo han mejorado tu vida y tus relaciones desde que has aceptado el hecho de ser hiperempático.

Celebra tu progreso cada vez que te conectes con tu intuición, defiendas tus necesidades o consigas centrarte en medio del caos. Celebra que ya no estás dispuesto a negar tus sentimientos por el mero hecho de complacer a otras personas. Celebra tu capacidad de amar a tu magnífico ser, sin dudas ni conflictos. Agradece tu progreso. Los pequeños pasos son muy valiosos. No debes preocuparte si sufres una recaída; nos sucede a todos. Debes tratarte con compasión en cualquier circunstancia.

Por ser una persona hiperempática formas parte de una revolución contracultural destinada a devolverle a la *humanidad* lo que es *humano*. Aplaudo tu voluntad de abrir caminos y apartarte de los circuitos habituales. Aplaudo tu coraje para enfrentarte a ti mismo, expresar tus auténticas necesidades y no rendirte en este mundo lleno de defectos. Formamos parte de la familia de los hiperempáticos y estamos conectados por nuestra sensibilidad y nuestro corazón, razón por la cual tenemos que apoyarnos mutuamente y potenciar nuestra fuerza, amor y cordialidad. Debemos sentirnos bien por el mero hecho de saber que existimos y que nos apoyamos mutuamente desde lo más profundo del corazón en la cercanía y en la distancia. Aunque muchos de nosotros todavía no nos conocemos personalmente, os envío mis bendiciones y os agradezco la valentía de ser auténticos.

Para terminar, ofrezco esta afirmación final para que te ayude a valorar tu sensibilidad una y otra vez a lo largo del viaje.

AFIRMACIÓN PARA PERSONAS HIPEREMPÁTICAS

Me valoraré a mí mismo y prometo rodearme de personas que también me valoren. Utilizaré mi sensibilidad para mejorar mi propia vida y el mundo. Celebraré la aventura de ser una persona hiperempática.

Estrategias de protección

UNA GUÍA DE REFERENCIA RÁPIDA

Consulta este resumen de las estrategias de protección cuando necesites recurrir rápidamente a alguna de ellas para deshacerte del agotamiento y del desasosiego. La clave para cuidar de ti mismo es reconocer que estás empezando a sentir los primeros indicios de sobrecarga sensorial o a absorber la negatividad o el estrés de otras personas. Cuanto antes te enfoques en reducir los estímulos que recibes para volver a centrarte, más equilibrado y protegido te sentirás. Y con respecto a todas las visualizaciones y meditaciones que presento en este libro, recuerda que puede ser muy útil grabar las indicaciones con las pausas adecuadas. Cuando estés preparado para meditar, puedes escuchar la grabación para que te sirva de guía durante la relajación.

1. Visualización de un escudo de protección

Una forma rápida de protegerte es utilizar la imagen del escudo. Muchos hiperempáticos recurren a ella porque ayuda a eliminar la energía tóxica pero al mismo tiempo permite que fluya la energía positiva. Utiliza regularmente esta visualización. Cuando te sientas incómodo en presencia de una persona, en un lugar o una situación, protégete con el escudo. Empléalo en una estación de tren, en una fiesta, cuando te enfrentes a un vampiro energético, en la sala de espera de una consulta médica o en cualquier otro sitio donde no te encuentres a gusto.

Dedica al menos cinco minutos a este ejercicio. Encuentra un sitio tranquilo y protegido donde sepas que nadie podrá interrumpirte. Aflójate la ropa y encuentra una posición cómoda; tal vez te apetezca sentarte en el suelo con las piernas cruzadas o quizás prefieras hacerlo en una silla para poder apoyar la espalda. Empieza respirando larga y profundamente durante unos instantes. Siente el aire entrando en tu cuerpo mientras inspiras y luego suéltalo con una profunda exhalación. Percibe la sensualidad de la respiración, la conexión con el *prana*, la fuerza vital sagrada.

Deja que los pensamientos fluyan por tu mente como si fueran nubes que se desplazan por el cielo y vuelve a concentrarte una y otra vez en tu respiración para encontrar tu centro. Siente el flujo de energía que recorre todo tu cuerpo desde los pies hasta la parte superior de la cabeza; si te concentras en este flujo, te mantendrás centrado.

Mientras respiras visualiza un hermoso escudo de luz blanca o rosada que está rodeando completamente tu cuerpo y extendiéndose unos centímetros más allá de él. El escudo te protege de todo lo negativo, estresante, tóxico o indeseado. Gracias a su protección te sientes centrado, feliz y revitalizado. El escudo bloquea la negatividad y al mismo tiempo te permite sentir todo lo positivo y lo que realmente aporta energía amorosa. Debes habituarte a la sensación de protección física que te brinda. Puedes visualizarlo en cualquier momento en que sospeches que estás absorbiendo energía ajena. Agradece interiormente su protección. Para terminar la meditación, respira profundamente y luego abre los ojos muy despacio. Vuelve a tomar contacto con la habitación y con tu cuerpo.

2. Visualización para conectarte a tierra y centrarte

Cuando te sientas sobrecargado, quédate un tiempo a solas para reducir tu grado de estimulación. Estar solo te permitirá recargar energías y relajarte. Practica esta visualización para volver a tu centro. Yo la utilizo por lo menos cinco minutos cada día, y también la enseño a mis pacientes.

Cierra la puerta y desconecta el ordenador y el teléfono. Luego siéntate en una posición cómoda y respira profundamente durante unos instantes para relajar tu cuerpo. Empezarás a sentirte tranquilo y relajado en cuanto las tensiones comiencen a disolverse. No tienes que hacer absolutamente nada. No tienes que ser nadie. Solo tienes que respirar y relajarte. Cuando los pensamientos acudan a tu mente, déjalos pasar como si fueran nubes en el cielo. No te apegues a ellos. Concéntrate únicamente en inhalar y exhalar lentamente. Poco después experimentarás una agradable sensación de serenidad y sentirás que el estrés abandona tu cuerpo.

En ese tranquilo espacio interior, visualiza un árbol de gran tamaño con un tronco fuerte que se extiende por el centro de tu cuerpo desde la cabeza hasta los dedos de los pies. Dedica unos momentos a sentir su poder y su energía vibrante. Luego visualiza las raíces del árbol creciendo desde las plantas de tus pies y penetrando cada vez más profundamente en la tierra para brindarte una maravillosa sensación de solidez. Deja que te anclen a la Madre Tierra, estabilizándote y centrándote. Este «árbol interno» te ofrecerá una gran fuerza interior para mantenerte a salvo y protegido cuando la vida se ponga difícil.

3. Sugerencias para aliviar la fatiga adrenal

Para superar la fatiga adrenal es preciso que lleves a cabo algunos cambios básicos en tu dieta y tu estilo de vida. De este modo podrás gestionar tu energía de manera eficaz a largo plazo. Además de las siguientes sugerencias, no te olvides de recurrir también a las diversas estrategias que presento en este libro:

- **Consume alimentos no procesados.** Evita la comida basura o los alimentos procesados, así como también el azúcar, el gluten y la harina blanca. En el capítulo 3 encontrarás más información sobre este tema.
- **Añade sal rosada del Himalaya a tu dieta.** Elimina las sales de baja calidad. Comprueba regularmente tu tensión sanguínea con tu médico.
- **Practica ejercicio.** El ejercicio suave y los estiramientos desarrollan la energía y la fuerza.
- **Medita.** La meditación aumenta las endorfinas, que son los analgésicos naturales del cuerpo, y reduce las hormonas del estrés.
- **Solicita a tu médico un análisis de sangre para conocer tu nivel de cortisol.** Si es bajo, considera la posibilidad de ingerir suplementos de cortisol natural, pero siempre por recomendación de tu médico de cabecera.
- **Descansa mucho.** El sueño es curativo y reparador.
- **Toma vitaminas del grupo B diariamente.**
- **Toma entre 2.000 y 5.000 mg de vitamina C cada día en la fase aguda.**
- **Considera la posibilidad de hacer una sueroterapia de 10.000 a 25.000 mg de vitamina C.** Este tratamiento aumentará tu nivel de energía, reforzará tu sistema inmunitario y promoverá tu salud adrenal. Los médicos holísticos suelen recetarlo, y yo misma recurro a él para fortalecer mi sistema inmunitario cuando tengo un fuerte constipado.
- **Saca de tu vida a los vampiros energéticos.** Intenta deshacerte de las personas tóxicas o, al menos, establece límites claros para que no mermen tu energía. Encontrarás más información en el capítulo 5.

4. La meditación del corazón de tres minutos

Si quieres contrarrestar el malestar físico o emocional, debes actuar rápidamente. Tienes que abandonar de inmediato la situación tóxica que te está haciendo daño y hacer una breve pausa para practicar esta meditación de tres minutos de duración. Puedes meditar en cualquier lugar (en casa, en el trabajo, en un aseo si estás en una fiesta o en el banco de una plaza).

Cierra los ojos, respira lenta y profundamente durante unos minutos y relájate. Luego coloca la palma de una de tus manos sobre el chakra del corazón, que está en mitad el pecho. Concéntrate en una imagen hermosa que te sirva de inspiración: una puesta de sol, una rosa, el mar o la cara de un niño. Deja que esta sensación amorosa te relaje. La energía tóxica abandona tu cuerpo cuando te purificas con la energía del amor. Si te concedes estos breves periodos de tres minutos a lo largo del día, puedes meditar sobre el amor y la bondad que alberga tu corazón y sentir que su energía elimina el estrés.

Puedes enviar esta energía de amor a zonas específicas de tu cuerpo. Mi zona más vulnerable son los intestinos. Cuando siento que mi cuerpo ha absorbido los síntomas de otra persona, apoyo las manos sobre mi abdomen y le envío amor. Eso disuelve el malestar. ¿Cuál es tu zona más sensible? ¿Es el cuello? ¿Tienes infecciones de vejiga frecuentes? ¿Padeces jaquecas? Envía amor a esas partes de tu cuerpo para eliminar la energía tóxica y evitar que se aloje en ellas. Algunas veces es más fácil meditar sobre el bienestar de otra persona (lo que también abre tu corazón) que sobre el propio. Te aconsejo que lo hagas si lo pasas mal cuando meditas sobre ti mismo.

5. Meditación para amar tu cuerpo hiperempático

Tu cuerpo es un templo que aloja tu espíritu; por eso es fundamental que lo consideres un amigo, un lugar sagrado y un receptáculo para tu intuición. Tu cuerpo no es un enemigo. La siguiente meditación te ayudará a habitarlo para que puedas estar más presente y ser feliz.

Encuentra tiempo para estar solo en un espacio agradable. En lugar de forzar tu mente para que se calme, limítate a cambiar de canal. Respira profundamente durante unos instantes sintiendo cada inhalación y exhalación. Aminora tu ritmo para poder ser más consciente de tu cuerpo. Deja fluir los pensamientos negativos mientras te concentras constantemente en tu respiración, el *prana* sagrado. Siente su movimiento, que te conduce a tu ser más profundo. Consolida tu energía dentro de los límites de tu cuerpo, tus células y tus órganos.

Toma conciencia de los dedos de tus pies; muévelos un poco y nota la maravillosa sensación de que se están despertando. A continuación concéntrate en tus tobillos. Sin dejar de respirar conscientemente, desplaza el foco de tu atención a las piernas y a las rodillas. Luego enfoca tu conciencia en tus fuertes muslos y observa lo conectados que están a tierra. Exprésales internamente tu agradecimiento por ayudarte a mantenerte erguido. Visualiza tus genitales y tu zona pélvica. Muchas mujeres sienten tensión en esta zona. Quizás te apetezca decir mentalmente: «Os reconozco; ya nunca volveré a daros la espalda. Voy a aprender más sobre vosotros y a amaros. Formáis parte de mí».

Ahora presta atención a tu abdomen. ¿Sientes alguna tensión, una sensación de ardor o cualquier otra molestia? Ahí está el chakra en el que procesamos las emociones. Relaja esta zona de tu cuerpo enviándole amor. Concéntrate ahora en tu pecho, donde reside el chakra del corazón, el centro del amor incondicional. Hazte su amigo para poder ser amable contigo mismo. Siente una lluvia de energía positiva atravesando tu corazón. Vuelve a él con frecuencia para sentir la energía que nutre tu alma. Después toma conciencia de tus hombros, brazos y muñecas y de tus maravillosas manos. Siente y mueve cada uno de los dedos. Todos ellos son la extensión del chakra del corazón.

A continuación focaliza tu atención en el cuello. El chakra de la comunicación se encuentra en la zona de la garganta. Observa si hay alguna tensión que podría impedir que te expresaras. Envía amor a esta parte de tu cuerpo. Visualiza ahora tu cabeza, sintiendo tu bello rostro, tus orejas, tu boca, tus ojos, tu nariz y el tercer ojo, situado entre las cejas. Este es el centro de la intuición. Es probable que veas un remolino de color púrpura o morado con el ojo de tu mente. Por último, concentra tu atención en la parte superior de la cabeza. Allí se aloja el chakra corona, el centro de la luz blanca y tu conexión con el Espíritu. Siente la inspiración que emana de él.

Cuando estés preparado para finalizar esta meditación, agradece la experiencia de sentirte presente en tu cuerpo y pronuncia mentalmente la siguiente afirmación: «Estoy preparado para asumir mi pleno poder como persona altamente empática». Luego vuelve a respirar profundamente durante unos momentos y, para terminar, abre los ojos muy despacio. Conéctate otra vez con el espacio en el que te encuentras, teniendo más conciencia de tu cuerpo que nunca.

6. Sugerencias para evitar la sobrecarga empática y relajarte

A continuación presentaré algunas estrategias básicas que te ayudarán a sobrellevar mejor la energía no deseada. Yo las utilizo y las enseño a mis pacientes y a las personas que asisten a mis talleres.

- **Inhala aceite esencial de lavanda.** También puedes ponerte unas gotas entre las cejas, es decir, sobre el tercer ojo, para serenarte.
- **Pasea por la naturaleza.**
- **Administra tu tiempo sabiamente.** Encuentra el equilibrio entre el tiempo que estás acompañado y los ratos que pasas a solas. Yo intento no citar a mis pacientes uno tras otro y en mi vida personal no organizo demasiadas actividades en un solo día. También he aprendido a cancelar planes cuando me siento sobrecargada. Esto es algo que deberían aprender todos los sujetos hiperempáticos para no sentirse obligados a salir cuando lo que necesitan es descansar.
- **Establece límites claros con los vampiros energéticos y las personas tóxicas.** Recuerda que «no» es una frase completa. No tienes que encontrar ninguna justificación. Yo soy

inflexible a la hora de evitar a las personas que me restan energía, particularmente cuando me siento un poco saturada.

- **Practica la autocompasión.** Sé dulce y tierno contigo mismo. Evita mortificarte y culparte. Después de un día ajetreado,
piensa: «He dado lo mejor de mí. ¡Eso está muy bien, cariño!».
- **Haz un retiro.** Apártate del mundo al menos una vez al año.
Dedica ese tiempo a relajarte en la naturaleza, o en otro lugar
tranquilo, para poder bajar el ritmo y desconectar con el fin de
reconstituir tu organismo.

7. Conéctate con un poder superior

Si estás a punto de tomar una copa, de darte un atracón de comida o de recurrir a alguna otra adicción, detente unos minutos. Recuerda que el secreto para superar la ansiedad es alejarte de la pequeña
parte de tu ser que es adicta y conectar con tu poder espiritual. Practica el siguiente ejercicio para comunicarte con tu ser superior; puede
ayudarte a pasar de un estado mental sobrecargado a un estado muy
superior de conciencia en el que no necesitas adormecer tu sensibilidad para sentirte bien.

Te recomiendo que durante al menos cinco minutos cada día hagas una pausa en tu ajetreada jornada laboral para olvidarte de
los problemas y conectar con tu poder superior. Siéntate en un lugar tranquilo, que puede ser tu casa, un parque o la naturaleza, e
incluso tu oficina con la puerta cerrada. Luego dedícate a respirar
lenta y profundamente para relajar tu cuerpo. Cuando los pensamientos acudan a tu mente, imagina que son nubes que flotan en
el cielo, que vienen y van. Concéntrate constantemente en el ritmo de tu respiración para no dejarte llevar por ellos. El espíritu es
energía. Cuando estés relajado, convoca internamente al Espíritu,
o comoquiera que tú lo llames. En primer lugar debes mirar dentro
de ti, donde es más fácil sentirlo. Siéntelo en tu corazón y en el resto de tu cuerpo. No pienses demasiado en ello; dedícate a percibir
la ternura del amor que abre tu corazón y comienza a fluir por todo

tu cuerpo. Siente tu ser superior. Concéntrate para sentir realmente su energía y paladea esa sensación. No hay prisa. No hay presión. Tómate todo el tiempo que necesites para incorporar esa maravillosa sensación. En cuanto seas capaz de percibir cómo es tu poder superior, podrás volver a conectarte fácilmente con él cada vez que lo necesites. Una vez que hayas alcanzado ese estado, también puedes pedirle ayuda al Espíritu. Por ejemplo, «por favor, ayúdame a no absorber la rabia de mi jefe, que se pasa el día acosándome» o «te ruego que me liberes de la ansiedad que me producen los eventos sociales». Si quieres obtener los mejores resultados, debes concentrarte solamente en una solicitud por meditación. Así el efecto será más contundente, y además podrás hacer un seguimiento de los resultados.

Para concluir, da las gracias interiormente al Espíritu y haz una pequeña reverencia en honor de esta experiencia. Luego abre suave y lentamente los ojos.

8. Coloca un cojín de meditación frente a la nevera

Si estás estresado y quieres protegerte de la negatividad, practica la siguiente estrategia para defenderte del deseo de comer en exceso:

Coloca un cojín de meditación frente a la nevera. Esa señal visual evitará que abras la puerta cuando sientas la tentación de comer compulsivamente. El cojín te recuerda de una manera muy gráfica que debes meditar para conectarte contigo mismo. En lugar de agarrar cualquier alimento, siéntate en el cojín y cierra los ojos. Respira hondo para estabilizar la energía de tu organismo. Ahora pregúntate compasivamente qué es lo que ha disparado tu impulso de comer. ¿Acaso un jefe grosero y malhumorado? ¿Una sensación de ansiedad? ¿Te ha agotado ir al centro comercial? Intenta reconocer la causa pero no te olvides de ser amable contigo mismo.

Cuando irrumpan pensamientos obsesivos asociados a la comida, visualiza la energía del amor fluyendo por todo tu cuerpo desde la cabeza hasta los dedos de los pies. Déjate saciar por esa divina sensación de amor que disuelve todos tus miedos e inseguridades. La ternura del amor puede alimentar tu alma y tu cuerpo. Sigue conectado con esa maravillosa sensación de estar calmándote por tus propios medios. Habla contigo mismo para convencerte de que no tienes nada que temer. Tienes el poder de estabilizar tu propia energía a través de la meditación. Inhala profundamente y luego exhala hasta desalojar todo el aire que hay en tu cuerpo, y confía en que todo va bien.

9. Define y expresa tus necesidades mientras mantienes una relación sentimental

Una forma potente de autoprotección para los individuos hiperempáticos es reconocer las propias necesidades y ser capaz de expresarlas. Esto les permite actuar con pleno poder en una relación amorosa. Si sientes que algo no va bien, debes conversar con tu pareja en lugar de sufrir en silencio. Encontrar tu voz es equivalente a encontrar tu poder. Sin ella puedes terminar disgustado o ansioso y sentirte como un felpudo si mantienes una relación amorosa en la que tus necesidades básicas no son respetadas. La mayoría de las personas no pueden leer la mente; por lo tanto, debes hablar para salvaguardar tu bienestar. La siguiente estrategia te ayudará a hacerlo:

Calma tu mente respirando lenta y regularmente. Alégrate de poder tener tiempo para escuchar a tu ser más profundo. Cuando te encuentres relajado y receptivo, formúlate interiormente las siguientes preguntas: «¿Qué es lo que necesito de una relación que siempre he tenido miedo de pedir? ¿Qué aspecto de mi sensibilidad me gustaría que respetara y apoyara mi pareja? ¿Qué es lo que me haría sentir más cómodo con esta persona?». También puedes plantearte otras preguntas que acudan espontáneamente a tu mente. Luego sintoniza con las respuestas a través de tu intuición en lugar de intentar averiguarlas mediante la razón. Escucha tu cuerpo y sus señales y deja que fluyan los sentimientos y las comprensiones intuitivas. Toma nota de qué es lo que te hace sentir más empoderado y protegido.

Mantén tu mente abierta y no censures nada. ¿Preferirías tener más tiempo para ti mismo o más momentos de tranquilidad? ¿Te gustaría dormir algunas veces con tu pareja y en otras ocasiones en otra cama o habitación? ¿Te apetecería jugar más, hablar más o tener más sexo con tu pareja? ¿Te haría ilusión que bailaseis juntos bajo la luna llena? Deja que tu intuición se manifieste sin emitir ningún juicio. Descubre tus verdaderos sentimientos. No hay motivo para que te avergüences ni te reprimas.

Concéntrate en valorar tus necesidades como persona hiperempática. Acepta compasivamente tu sensibilidad y todos tus caprichos o rarezas. Deja que esta sensación amorosa te inspire para ser auténtico. Al puntualizar lo que te sienta bien y lo que te sienta mal, estás valorándote y defendiéndote de la energía negativa. Cuando creas que has terminado, siéntate en silencio durante unos momentos para disfrutar de las buenas sensaciones.

10. Respeta la regla de no gritar

Gritar o hablar en voz muy alta puede resultar agobiante para los hiperempáticos. Respeta la regla de no gritar en tu casa y marca claramente los límites con las personas que descargan su rabia contigo.

Nuestras parejas y amigos tienen que aceptar que no pueden chillar en nuestra presencia. En casa soy bastante estricta con esta norma por una simple cuestión de autoprotección. Cualquiera puede expresar su irritación de una forma más sana, sin necesidad de gritar. Una persona hiperempática me dijo en una ocasión: «No puedo soportar las discusiones. Ante la vibración de la ira, mi cuerpo siente como si lo estuvieran golpeando. Cuando presencio una pelea a voces, puedo sentirme agotado durante días». Yo evito discutir cuando hay niños cerca, porque ellos a veces piensan que son la causa del conflicto.

11. Protégete de las personas narcisistas

Los narcisistas actúan como si el mundo girara a su alrededor. Tienen una percepción exagerada de su propia importancia, creen que tienen derecho a todo y necesitan que los elogien constantemente. Los narcisistas pueden ser muy intuitivos, pero en general suelen utilizar la intuición para manipular a los demás y conseguir sus objetivos. Emplea las siguientes estrategias para protegerte de este tipo de personas:

- **Baja tus expectativas respecto de su capacidad para experimentar emociones.**
- **No permitas que te manipulen.**
- **No esperes que respeten tu sensibilidad** porque son personas extremadamente frías.
- **No te enamores de un narcisista.** Te aconsejo que corras en la dirección opuesta cuando te sientas atraído por uno de ellos.
- **Intenta no trabajar con un jefe narcisista.** Si no puedes dejar tu trabajo, no permitas que tu autoestima dependa de sus reacciones.
- **La única forma de comunicarse con un narcisista es halagar su ego.** Cuando quieras pedirle algo, debes planteárselo en términos del beneficio que puede aportarle tu solicitud. Por ejemplo, si quieres ausentarte unos días para asistir a una conferencia relacionada con el trabajo, puedes decirle a tu jefe algo como «esto contribuirá a la prosperidad del negocio», en lugar de «me gustaría tomarme un descanso de la oficina». Si quieres tener una buena comunicación con un narcisista y obtener los resultados a los que aspiras, siempre debes mostrarle que lo que le pides redundará en su beneficio.
- **Para terminar una relación amorosa con un narcisista (o con cualquier persona de la que te quieras separar definitivamente) debes hacerlo de golpe y sin contemplaciones.** Luego corta todo tipo de contacto con esa persona y sigue adelante sin mirar atrás. También puedes utilizar la siguiente visualización para cortar el cordón y la técnica chamánica

que expongo a continuación destinada a que el final de la relación sea digno:

» **Practica la meditación para cortar el cordón.** Serena tu mente y visualiza cordones de luz que os conectan a ambos. Agradece internamente todo lo que has aprendido en esa relación aunque las lecciones hayan sido duras. Luego afirma con convicción: «Ya es hora de cortar nuestro vínculo». A continuación visualiza que tomas unas tijeras y cortas completamente los lazos que existen entre ambos; al acabar, te habrás liberado de todo tipo de vínculos energéticos. Esta visualización te ayudará a abandonar la relación y eliminar la energía persistente que sientes de la otra persona.

» **Procura que el final de la relación sea digno.** Esta técnica chamánica te ayuda a dar por finalizada una relación, particularmente si sigues pensando en tu pareja o sientes que ella sigue pensando en ti. Sal a la naturaleza en busca de un palo largo. Míralo y afirma: «Esta relación se ha acabado». Luego rompe el palo por la mitad, deja los dos trozos sobre la tierra y aléjate sin mirar atrás. Así concluye la ceremonia para terminar una relación afectiva.

12. Protégete de los adictos a la rabia

Los adictos a la rabia afrontan los conflictos recurriendo a las acusaciones, los ataques y el control y tienden a gritar para hacerse escuchar. Y, en general, se comportan peor con sus seres queridos. Utiliza las siguientes estrategias para protegerte de ellos:

• **Hazle saber a un adicto a la rabia que lo estás escuchando,** pero a continuación sugiérele que os encargaréis de resolver el problema cuando los dos estéis más tranquilos para no perderos el respeto. Puedes decirle algo semejante a «quiero ayudarte, pero me resulta difícil escucharte en el estado en que estás». No reacciones frente a su irritación.

- **Establece la norma de no gritar.** Hazles saber a los que te rodean que sencillamente no está permitido gritar en tu presencia. Hay otra forma de resolver los conflictos, sin necesidad de chillar.
- **Mantén la calma.** No respondas a los gritos de la misma forma aunque pierdas los nervios. Si reaccionas impulsivamente, solo conseguirás agravar la situación y quedarte sin energía.
- **Si la otra persona no deja de gritar, abandona la habitación o pídele que se marche.**
- **Detente cuando te notes ofuscado.** Haz una pausa para aplacar la respuesta de luchar o huir. Cuenta hasta diez o pasa un tiempo a solas si lo consideras necesario. Antes de responder a una persona iracunda debes tranquilizarte; de lo contrario esa persona descargará más rabia sobre ti.
- **Exprésate con prudencia en cualquier tipo de comunicación,** ya sea un mensaje de texto, un correo electrónico o una llamada telefónica. Así serás capaz de controlar tus emociones cuando te dirijas a esa persona.

13. Protégete de las víctimas

Las personas con mentalidad de víctima agotan la energía de los hiperempáticos con su actitud de «el mundo está en mi contra». No asumen la responsabilidad de las dificultades que se presentan en su vida. Los sujetos hiperempáticos a menudo asumen el rol de cuidadores compasivos con personas que se tratan a sí mismas como víctimas, a las que intentan ayudar a resolver sus problemas. Utiliza las siguientes sugerencias para marcar claramente los límites con este tipo de personas. No caigas en la codependencia, es decir, en la trampa de convertirte en su cuidador o terapeuta.

- **Establece límites claros y compasivos.** Las demás personas pueden escucharnos mejor cuando no nos comportamos bruscamente.

- **Utiliza la llamada telefónica de tres minutos.** Esto significa escuchar a la otra persona durante un breve periodo de tiempo y luego decir: «Me gustaría ayudarte, pero si sigues repitiendo los mismos temas, solo te escucharé unos minutos más. Creo que sería bueno para ti encontrar un terapeuta».

- **Di «no» con una sonrisa.** Por ejemplo, si estás hablando con un compañero de trabajo, puedes sonreír y decirle algo como esto: «Me concentraré en tener pensamientos positivos para que obtengas el mejor resultado posible. Gracias por entender que debo volver a mi trabajo». Si estás hablando con algún amigo o familiar, empatiza durante unos minutos con su problema y luego niégate discretamente a seguir escuchándolo, cambiando de tema con amabilidad; no le des la oportunidad de continuar quejándose.

- **Marca claramente los límites utilizando el lenguaje corporal.** Este es un buen momento para cruzarte de brazos y eliminar el contacto visual, transmitiendo así el mensaje de que estás ocupado y no piensas dedicarle más tiempo a esa persona.

14. Protégete de los reyes y las reinas del drama

Los reyes y las reinas del drama agotan a las personas sensibles sobrecargándolas con demasiados estímulos y una gran cantidad de información. Ellos se revitalizan cuando reaccionamos ante su drama, pero si permanecemos tranquilos, no obtienen ninguna recompensa. Si actúas con firmeza, perderán el interés y buscarán a una nueva persona. He aquí algunas indicaciones específicas:

- **No les preguntes cómo están.** No tienes ningún interés por saberlo.

- **Cuando los reyes o las reinas del drama empiecen a hablar, respira profundamente, mantén la calma** y no te dejes involucrar en sus problemas.

- **Marca los límites de una manera amable pero firme.** Por ejemplo, si tienes un amigo que no deja de cancelar los planes que habéis hecho juntos, puedes decirle: «Lamento todos tus contratiempos, pero creo que será mejor que no volvamos a hacer planes hasta que las cosas se calmen y estés nuevamente disponible». De este modo le estarás comunicando con absoluta claridad lo que piensas y no reforzarás su conducta.

15. Protégete de los controladores compulsivos y los individuos críticos

Los controladores compulsivos y los individuos críticos se sienten cualificados para ofrecer su opinión aunque nadie se la haya solicitado y no dejan de dar todo tipo de sugerencias, independientemente de que el otro quiera o no escuchar sus consejos constantes, que resultan agotadores para las personas hiperempáticas. Recurre a las siguientes conductas para protegerte de la dinámica que te proponen esta clase de personas:

- **Sé asertivo.** No les digas lo que tienen que hacer porque así solo conseguirás que se pongan a la defensiva. En cambio, puedes decir: «Valoro tu consejo pero quiero decidir personalmente cómo voy a ocuparme de esta situación».
- **Pídeles educadamente que dejen de criticarte.** Actúa con firmeza y no te dejes llevar por las emociones. No adoptes el papel de víctima.
- **Permanece atento.** Si te encuentras incómodo en presencia de este tipo de sujetos, intenta reconocer cuál es el problema que tienes con tu autoestima que esa persona ha puesto en evidencia y dedícate a resolverlo. Cuanto más seguro te sientas, menos daño podrá infligirte este tipo de vampiros.

16. Protégete de las personas que hablan sin parar

Los individuos que tienen tendencia a hablar sin parar pueden mermar la fuerza vital de los demás, en especial de las personas altamente empáticas. Esto sucede porque los hiperempáticos solemos escuchar pacientemente y a menudo cometemos la equivocación de tolerar a este tipo de sujetos durante demasiado tiempo, y por este motivo terminamos exhaustos. Te recomiendo utilizar las siguientes estrategias para protegerte:

- **Las personas que hablan constantemente no responden a tus señales no verbales.** Con ellas no funciona manifestar inquietud o impaciencia; es necesario interrumpirlas a pesar de que a veces puede resultar muy duro hacerlo.

- **Aunque íntimamente estés deseando decir «cállate de una vez, me estás volviendo loco», si lo haces únicamente conseguirás que la otra persona se ponga a la defensiva o se enfurezca.** En lugar de ser sincero, dile diplomáticamente: «Perdona que te interrumpa, pero tengo que hablar con una persona que acabo de ver en la fiesta» o «Lo siento, pero tengo una cita». Una excusa socialmente aceptable a la que recurro con frecuencia es: «Tengo que ir al cuarto de baño».

- **Habla en un tono de voz neutro y que no genere culpa.** Por ejemplo, podrías intervenir de la siguiente manera: «Me gustaría poder participar también en la conversación; me encantaría que me permitieras aportar algo». Si transmites este mensaje sin irritación, será más probable que sea recibido y aceptado.

- **Recurre al sentido del humor.** Puedes permitirte bromear con las personas que conoces bien y decirles algo como esto: «El reloj no se detiene; se acabó el tiempo». Eso es lo que me dice una buena amiga cuando hablo demasiado.

17. Protégete de las personas pasivo-agresivas

Las personas pasivo-agresivas expresan su enfado con una sonrisa en lugar de gritar. Esconden su hostilidad y transmiten mensajes confusos. Sin embargo, los hiperempáticos pueden intuir la cólera que se oculta detrás de una fachada aparentemente apacible. A continuación expongo algunas estrategias que te servirán para protegerte de una conducta semejante:

- **Confía en ti mismo.** No cuestiones tu forma de responder a este tipo de personas. El hecho de que oculten su irritación no significa que no sea real. Confía en tu intuición.
- **Reconoce su patrón de conducta y habla con ellas para intentar resolver el problema.**
- **Concéntrate en resolver los problemas de uno en uno para que la persona pasivo-agresiva no se sienta atacada.** Por ejemplo, si un amigo se ofrece una y otra vez a ayudarte con una tarea pero nunca lo hace, puedes decirle en un tono neutro: «Te ruego que no te comprometas si no puedes cumplir con tu palabra». Luego observa cómo responde. Quizás diga: «Lo siento. Tengo que centrarme en poco más». Más adelante podrás comprobar si ha modificado su conducta. En el caso de que nada haya cambiado, puedes volver a sacar el tema o limitarte a aceptar que esa persona no es de fiar y dejar de contar con ella.
- **Si la persona en cuestión no te da una respuesta directa, pídele que aclare su posición.** Es importante que se responsabilice de su conducta y encuentre una solución. Si hablas claramente con una persona pasivo-agresiva, la obligarás a pronunciarse.

18. Cómo curar una resaca emocional

A pesar de lo mucho que te empeñes por evitarlas, las «resacas emocionales» son bastante habituales entre los individuos hiperempáticos. Son un residuo energético de las relaciones con vampiros energéticos. Las emociones tóxicas pueden aparecer mucho tiempo después de haber cortado el vínculo con esa clase de personas y manifestarse a través del agotamiento o de la confusión mental. Es posible que necesites tiempo para recuperarte. Puedes recurrir a las siguientes sugerencias para eliminar tu resaca emocional:

- **Practica la meditación de la ducha.** Cuando estés bajo el agua, pronuncia la siguiente afirmación: «Que el agua lave toda la energía negativa que hay en mi mente, cuerpo y espíritu». Siente el agua de la ducha limpiándote y rejuveneciéndote.

- **Utiliza piedras preciosas.** Lleva contigo una gema para que te ayude a conectarte a tierra y a eliminar tu resaca emocional. Puedes usar una turmalina negra, una amatista o una obsidiana negra. Los chamanes afirman que si llevas o usas algo negro estás más protegido.

- **Limpia tu espacio.** En la cultura de los nativos americanos se utiliza el ritual de quemar plantas aromáticas o medicinales para limpiar las energías negativas que se han estancado en una habitación. Me encanta quemar hierba fresca; su olor dulce flotando en el aire nutre mi energía femenina. La salvia es una planta muy popular y efectiva. Además, me gusta salir a buscar ramas de ciprés, eucalipto y enebro para luego quemarlas y deleitarme con su aroma. Puedes experimentar con cualquier planta cuya esencia te inspire.

- **Utiliza generadores de iones negativos o lámparas de sal.** Estos dispositivos generan iones negativos que limpian el polvo, las esporas de moho, el polen, los olores, el humo del tabaco, las bacterias y los virus que se propagan por el aire. Asimismo se cree que eliminan la energía negativa que se ha acumulado en un espacio. La ducha, con su flujo de agua en movimiento, también produce iones negativos.

- **Enciende una vela blanca.** Esto contribuirá a crear un estado meditativo y eliminará rápidamente la energía negativa del ambiente. El blanco contiene todos los colores del espectro y produce calma y consuelo.

- **Pulveriza agua de rosas o utiliza otro tipo de aromaterapia.** La delicada esencia del agua de rosas es fantástica; la encuentro muy efectiva para aliviar una resaca emocional. Una buena forma de beneficiarse de cualquier aceite esencial es colocarlo en un difusor para que su aroma flote en el aire. Prueba la lavanda, la hierbabuena, el enebro, la salvia, el incienso o la mirra y disfruta de la sublime fragancia de cualquiera de estos productos mientras purifican tu energía y la de la habitación. No utilices aceites sintéticos porque pueden contener ingredientes tóxicos.

- **Sal a la naturaleza.** Abraza un árbol. Conéctate a tierra andando descalzo en la naturaleza o tumbándote directamente sobre el suelo. Regocíjate entre las flores. Sostén una piedra en la mano. Respira el aire fresco para curar tu resaca emocional. La pureza de la naturaleza puede devolverte el buen ánimo y la claridad mental.

- **Crea un espacio sagrado para meditar.** Coloca velas, incienso, flores y una estatua de una figura sagrada (como por ejemplo de Quan Yin, la diosa de la compasión) sobre una pequeña mesa en un rincón tranquilo. Meditar en un espacio sagrado protege y promueve la energía positiva, que es un bálsamo para las resacas emocionales.

- **Busca apoyo emocional.** Si la energía negativa procede de una relación tóxica (por ejemplo, con un jefe narcisista o una pareja muy crítica), probablemente necesites un poco más de ayuda para deshacerte de ella. Conversar con un terapeuta, o quizás con un amigo, te ayudará a comprender y solucionar la situación y eliminará todos los restos de negatividad.

19. Una meditación para las madres

Recomiendo a las madres, incluidas las embarazadas, que utilicen diariamente la siguiente meditación para aprovechar los beneficios físicos, emocionales y espirituales de las endorfinas. Esta meditación también crea una burbuja de protección de energía positiva.

Dedica cinco minutos a respirar lenta y profundamente. Coloca una de tus manos sobre tu corazón y siente que todo tu ser está lleno de amor y gratitud por ser madre. Experimenta profundamente la bendición, la calidez, la ternura y la conexión de ser madre. Las madres son las diosas de la creación. Los cuidados maternales son un acto de amor profundo. Siente el poder de la diosa madre que hay en lo más hondo de tu ser. Ella es la parte de ti que está conectada a la Tierra y a todos los ciclos naturales de un modo profundamente místico. La diosa madre fue adorada por diversas culturas en la antigüedad. Siente su poder primigenio dentro de ti y convoca su presencia en tu propio ser.

20. Enseña a tu hijo a desconectarse del estrés

Cuando tu hijo se sienta sobreestimulado enséñale la siguiente técnica: que imagine un gran dial que está sobre una mesa que hay frente a él. El dial tiene números que van del 10, en el lado izquierdo, al 0 en el lado derecho. En ese momento, el dial está en el 10. Pídele que gire el dial hacia la derecha, en el sentido de las agujas del reloj, hasta que llegue a 0: 10, 9, 8, 7, 6, 5, 4, 3, 2, 1. Mientras gira el dial, se siente cada vez más relajado; está reduciendo sus niveles de estrés y malestar. Cuando llegue a 0, se sentirá relajado y feliz.

Si tu hijo es demasiado pequeño para imaginar un dial, puedes dibujar uno y pedirle que señale su nivel de estrés. Luego haz con él una cuenta atrás hasta llegar a 0.

21. Establece límites energéticos en tu lugar de trabajo

Las personas hiperempáticas suelen pasarlo mal en su trabajo porque absorben el estrés que hay a su alrededor. El entorno laboral puede ser ruidoso y excesivamente estimulante. Las siguientes sugerencias te ayudarán a proteger tu energía en un ambiente emocionalmente cargado o muy lleno de gente y crearán un capullo energético de protección en el que te sentirás seguro:

- **Si trabajas en una sala abierta o en una oficina caótica,** coloca en el borde exterior de tu escritorio plantas y fotos de familiares o de mascotas, para crear una barrera psicológica de protección.
- **Los objetos sagrados, como puede ser una estatua de Quan Yin,** San Francisco o Buda, las cuentas y los cristales sagrados y las piedras de protección pueden servir para marcar un límite energético.
- **Haz pausas.** Deja un rato el trabajo para ir al cuarto de baño o, si es posible, para salir a dar un paseo y tomar aire fresco.

- **Los tapones para los oídos o los auriculares son muy útiles** para amortiguar las conversaciones y los sonidos no deseados.
- **Recurre a las visualizaciones.** Imagina un huevo dorado luminoso que envuelve tu escritorio para repeler la negatividad. Siempre estarás protegido en el interior de ese huevo dorado.

22. Cómo evitar absorber las emociones de los pacientes

¿Cómo pueden las personas hiperempáticas practicar su vocación de sanadores y terapeutas sin absorber los síntomas de sus pacientes? A continuación te haré algunas recomendaciones que te ayudarán a mantenerte centrado y a tener la mente clara. Todos los profesionales de la salud pueden beneficiarse de ellas para realizar su trabajo más satisfactoriamente.

- **Regula tu actitud.** No te conviertas en un mártir. Tu función es servir de guía a tus pacientes y no recoger su sufrimiento ni eliminarlo. Cuando lo tengas claro, disfrutarás más con tu trabajo y serás más competente.
- **Identifica tres diferencias evidentes entre tú y tu paciente.** Una forma racional de tomar distancia de las emociones y el sufrimiento de un paciente después de tener una sesión con él es pensar en tres diferencias claras que haya entre ambos. Por ejemplo: «Yo soy una mujer y él es un hombre. Él está deprimido, pero yo no lo estoy. Soy vegana y él come carne». Esto te permitirá discriminar qué es lo que te pertenece y qué es lo que le concierne al paciente, un límite que te ayudará a evitar que absorbas su energía negativa.
- **No intentes resolver los problemas ajenos.** Las personas se curan a sí mismas. Tú puedes servir de apoyo para esa curación, pero son ellas quienes deben implementar los cambios necesarios para liberarse de su sufrimiento.
- **Debes estar muy atento a la codependencia.** Ten cuidado para no caer en la trampa de sentirte responsable del progreso de una persona. La gente cambia a su propio ritmo y no al tuyo.

Como es obvio, tu corazón se abrirá a los pacientes que están emocionalmente estancados o que sufren una recaída. Tu función es orientarlos lo máximo posible, pero no eres responsable de su evolución ni de su capacidad de superar obstáculos.

- **Soluciona tus propios conflictos.** Tendemos a absorber energías que están relacionadas con problemas que todavía no hemos resuelto en nuestra propia vida. Debes tomar conciencia de cuáles son los temas que te provocan reacciones emocionales. Reflexiona: «¿Está mostrándome esta persona conflictos que yo mismo debo resolver?». Trata de identificarlos. ¿Depresión? ¿Miedo al abandono? ¿Miedo al rechazo? ¿Inquietud asociada a la salud? ¿Relaciones íntimas? Concéntrate en solucionar las cuestiones que te generan conflictos y ya no volverás a absorberlas. Es muy útil participar en grupos de supervisión donde se puedan presentar casos clínicos y discutir los temas emocionales que te afecten, además de trabajar con tu propio terapeuta.

23. La meditación del jaguar

Te recomiendo la siguiente meditación para invocar el poder del jaguar cuando necesites que te proteja. Yo recurro a ella cuando necesito una protección adicional, especialmente si siento que estoy recibiendo demasiada negatividad. El jaguar es un guardián feroz y paciente que puede mantener alejadas la energía negativa y a las personas tóxicas.

Encuentra un espacio tranquilo donde sepas que no van a interrumpirte. Siéntate en una posición cómoda y respira profundamente para dirigirte a tu propio centro y relajarte. Cuando te sientas completamente en calma, llama al espíritu del jaguar desde lo más profundo de tu corazón para pedirle su protección. Siente su presencia. Luego visualiza a esa maravillosa y poderosa criatura vigilando tu campo energético, dando vueltas a tu alrededor, protegiéndote y manteniendo alejados a los intrusos y a todo tipo de fuerzas negativas. Imagina su apariencia, sus hermosos y feroces ojos, su cuerpo elegante y la gracia y determinación de su andar. Siéntete seguro dentro de su círculo de protección.

Dale las gracias interiormente al jaguar al terminar esta meditación. Ten en cuenta que puedes convocarlo siempre que lo necesites. Siente la fuerza que tiene esta posibilidad. Luego abre lenta y suavemente los ojos. Conéctate otra vez con el momento presente y con el espacio en el que te encuentras. Vuelve completamente a tu cuerpo y recuerda que debes estar siempre atento, consciente y presente en tu entorno.

24. Sugerencias para protegerte de la sobrecarga intuitiva

Lo maravilloso de ser una persona hiperempática intuitiva es que estás abierto a explorar espacios que están más allá del mundo lineal. Sin embargo, el desafío es no sobrecargarse cuando se recibe demasiada información. Conectándote a tierra, centrándote y aceptando tus dones con humildad, podrás utilizar mucho mejor tu capacidad de hiperempatía en beneficio de cualquier persona.

- **Dialoga con tu voz interior.** Siempre puedes recurrir a tu voz interior para pedirle que reduzca el ritmo con el fin de encontrar otro que te resulte más cómodo, o incluso tomarte un descanso. La intuición no es algo que suceda *per se*; puedes desarrollar una conexión consciente y activa con ella.

- **Aprende a actuar como un testigo.** Intenta permanecer neutral cuando te conectas con tu intuición. En muchas situaciones la función de un hiperempático es solamente dar fe de algo, una labor sagrada que entendían muy bien los antiguos profetas. Probablemente te preguntes: «¿Por qué estoy sintiendo la muerte, la enfermedad u otras circunstancias dolorosas? ¿Qué hay de bueno en ello si no puedo evitarlas?». Ten en cuenta que el mero acto de verlas arroja luz. Algunas veces no es tu trabajo intervenir, y además tampoco es posible. En esas situaciones puedes enviar luz y bendiciones a las personas que las necesitan.

Este es un acto sagrado que ofrece apoyo a los demás de formas milagrosas.

- **Tú no eres responsable del karma de otras personas.** No olvides que todo el mundo merece la dignidad de recorrer su propio camino. Comprender esto te ayudará a evitar el hecho de sentirte erróneamente responsable de lo que intuyes.

- **Visualiza una luz.** Imagina una divina luz blanca que penetra en tu cuerpo a través de la coronilla mientras la oscuridad fluye hacia el exterior por las plantas de los pies. Este proceso reduce el desasosiego por medio de hacer circular energía positiva por todo tu cuerpo y liberar la energía tóxica.

Crear un grupo de pertenencia

FUNDAR TU PROPIO GRUPO DE APOYO PARA PERSONAS HIPEREMPÁTICAS

Los hiperempáticos prosperan entre las personas sensibles y cariñosas, que pueden «verlos» y comprenderlos. Tener un grupo de almas gemelas nos ayuda a sobrevivir y progresar. Es irrelevante que tu grupo esté compuesto por unos pocos miembros o por muchos. Este círculo de apoyo mutuo puede ayudar a desarrollar la sensibilidad de cualquier persona, alentar a cada uno de sus componentes en tiempos de dificultad y ofrecernos más seguridad para poder abrir nuestros corazones con el propósito de disfrutar más de la vida.

RECOMENDACIONES PARA CREAR UN GRUPO DE APOYO PARA PERSONAS HIPEREMPÁTICAS

- **Miembros.** Debes determinar si el grupo se constituirá por invitación personal o si será un grupo abierto.

- **Lugar de reunión**. Es aconsejable reunirse en una casa privada, en una sala de conferencias de un edificio tranquilo o en una zona relajada de un parque.
- **Frecuencia y duración de las reuniones**. Conversa con los otros miembros para decidir qué es más conveniente; por ejemplo, una reunión por semana, cada quince días o una vez al mes, y con una duración de sesenta a noventa minutos.
- **Tamaño del grupo**. La cantidad de miembros puede ser entre dos y cincuenta, o incluso más. Debes decidir si deseas limitar el número de integrantes.
- **Comunica brevemente el objetivo del grupo**. Explica que el propósito del grupo es abordar los problemas que tienen las personas hiperempáticas para encontrar soluciones, y no que las sesiones se conviertan en una fiesta de la compasión. Puedes encontrar un ejemplo de esta presentación inicial en mi página web www.drjudithorloff.com, bajo el título *«Empath Support»* (apoyo para hiperempáticos, disponible en inglés).
- **Material de lectura y de audio recomendado**. La *Guía de supervivencia para personas altamente empáticas y sensibles* y el programa de audio *Essential Tools for Empaths: A Survival Guide for Sensitive People*, disponible en inglés. También puedes incluir el material de la lista de lecturas seleccionadas que está al final del libro.

FORMATO RECOMENDADO PARA UNA REUNIÓN

1.ª opción

- Un miembro se ofrece voluntario para ser el líder del grupo y se compromete a cumplir esta función entre uno y seis meses.
- Antes de celebrar la reunión el líder invita a una persona que pertenece, o no, al grupo para que comparta sus experiencias relativas a su sensibilidad y las soluciones que ha encontrado para sus dificultades.

- La reunión comienza cuando el líder les da la bienvenida a todos los participantes; a continuación lee la presentación, donde se explica el objetivo del grupo.
- Los asistentes realizan una meditación grupal de dos minutos o permanecen en silencio durante ese tiempo, para relajarse y estar plenamente presentes.
- La persona que toma la palabra lee una selección de *Guía de supervivencia para personas altamente empáticas y sensibles* de aproximadamente tres páginas o reproduce una parte seleccionada del programa de audio *Essential Tools for Empaths: A Survival Guide for Sensitive People*. A continuación propone una disertación sobre el tema de diez minutos.
- Luego se inicia la sesión para conocer las opiniones de los asistentes sobre el tema presentado. El turno de cada persona se limita a un periodo de tres a cinco minutos, sin interrupciones.
- Después de este intercambio el grupo tiene cinco minutos para practicar un ejercicio o meditar sobre el libro o el programa de audio.
- Para finalizar la reunión, el líder elige a uno de los miembros y le pide que lea una afirmación sobre la hiperempatía que le haya gustado del libro.

2.ª opción

Crear un grupo de estudio para personas hiperempáticas. Antes de cada reunión los participantes leen la misma parte de *Guía de supervivencia para personas altamente empáticas y sensibles* o escuchan una parte del programa de audio *Essential Tools for Empaths*. El grupo se reúne para que los asistentes conversen sobre lo que han leído.

AGRADECIMIENTOS

E stoy muy agradecida a todos aquellos que han apoyado la redacción de este libro y mi sensibilidad como persona hiperrempática.

Richard Pine, mi extraordinario agente literario. Susan Golant, mi experta, paciente y devota editora. Rhonda Bryant, mi diosa asistente, consejera, amiga y chamana. Corey Folsom, mi amado compañero, aliado y confidente. Berenice Glass, mi amiga y espejo, que me sigue ayudando a quererme y a evolucionar en el sentido más profundo. Lorin Roche y Camille Maurine, amigos y colegas escritores: me encanta jugar con vosotros y caminar juntos por la playa, por el mero placer de disfrutar de nuestra mutua compañía y querernos.

Mi agradecimiento especial al fantástico equipo de Sounds True: Tami Simon, Haven Iverson, Jennifer Brown, Mitchell Clute, Wendy Gardner, Kira Roark, Sarah Gorecki, Christine Day y Gretchen Gordon.

También estoy profundamente agradecida a mis amigos y mi familia por su inspiración, sus historias personales y sus contribuciones a este libro. Ron Alexander, Margo Anand, Barbara Baird, Jim Benson, Barbara Biziou, Ann Buck, Laurie Sue Brockway, Ram Dass, Lily y David Dulan, Felice Dunas, Peter Erskine, Susan Foxley, Victor Fuhrman, Pamela Kaplan, Laura Greenberg, Sandra Ingerman, Reggie Jordan, Mignon McCarthy, Dean Orloff, Maxine Orloff, Meg McLaughlin-Wong, Cathy Lewis, Liz Olson, el doctor Richard Metzner, Charlotte Reznick, Al Saenz, Rabbi Don Singer, Leong Tan, Josh Touber y Mary Williams.

Estoy en deuda con mis pacientes y con los asistentes a mis talleres, gracias a los cuales nunca dejo de aprender. He ocultado sus nombres y las características que permitirían identificarlos para proteger su intimidad.

También quiero dar las gracias a los casi seis mil miembros de mi Grupo de Apoyo para Personas Hiperempáticas de Facebook, que tienen la valentía de aceptar sus cualidades de hiperempatía y utilizar su sensibilidad para hacer el bien, tanto en su vida privada como en el mundo.

NOTAS

Capítulo 1

1. «Sensitive? Emotional? Empathetic? It Could Be in Your Genes», *Stony Brook Newsroom* (junio de 2014): sb.cc.stonybrook.edu/news/medical/140623empatheticAron.php.

2. Lea Winerman, «The Mind's Mirror», *American Psychological Association Monitor on Psychology* 36, n.º 4 (octubre de 2005): 48, apa.org/monitor/oct05/mirror.aspx.

3. Rollin McCraty, Mike Atkinson, Dana Tomasino y Raymond Trevor Bradley, «The Coherent Heart: Heart-Brain Interactions, Psychophysiological Coherence, and the Emergence of System-Wide Order», *Integral Review* 5, n.º 2 (diciembre de 2009): heartmathbenelux.com/doc/McCratyeal_article_in_integral_review_2009.pdf.

4. Elaine Hatfield, Richard L. Rapson y Yen-Chi L. Le, «Emotional Contagion and Empathy», *The Social Neuroscience of Empathy* (marzo de 2009): doi:10.7551/mitpress/9780262012973.003.0003.

5. Thomas Levy, «Altering Brain Chemistry Makes Us More Sensitive to Inequality», *Berkeley News* (marzo de 2015): news.berkeley.edu/2015/03/19/dopamine-inequality/.

6. Michael J. Banissy y Jamie Ward, «Mirror-Touch Synesthesia Is Linked with Empathy», *Nature Neuroscience* 10 (2007): 815-816, nature.com/

neuro/journal/v10/n7/full/nn1926.html; Thomas J. Palmeri, Randolph B. Blake y Ren Marois, «What is synesthesia?», *Scientific American* (junio de 2002): scientificamerican.com/article/what-is-synesthesia/.

Capítulo 2

1. Dominik Mischkowski, Jennifer Crocker y Baldwin M. Way, «From Painkiller to Empathy Killer: Acetaminophen (Paracetamol) Reduces Empathy for Pain», *Oxford Journals: Cognitive and Affective Neuroscience* (mayo de 2016): doi:10.1093/scan/nsw057.

Capítulo 6

1. Erika M. Manczak, Anita DeLongis y Edith Chen, «Does Empathy Have a Cost? Diverging Psychological and Physiological Effects within Families», *Health Psychology* 35, n.º 3 (marzo de 2016): 211-218, doi:10.1037/hea0000281.

2. Sarina M. Rodrigues, Laura R. Saslow, Natalia Garcia, Oliver P. John y Dacher Keltner, «Oxytocin Receptor Genetic Variation Relates to Empathy and Stress Reactivity in Humans», *Proceedings of the National Academy of Sciences* 105, n.º 50 (diciembre de 2009): 21437-21441, doi:10.1073/pnas.0909579106.

3. Diana Divecha, «Is Empathy Learned —Or Are We Born with It?», *Developmental Science* (diciembre de 2012): developmentalscience.com/blog/2012/12/02/is-empathy-learned-or-are-we-born-with-it; Alison Gopnik, «"Empathic Civilization": Amazing Empathic Babies», *The Huffington Post* (abril de 2010): huffingtonpost.com/alison-gopnik/empathic-civilization-ama_b_473961.html; Daniel Goleman, «Researchers Trace Empathy's Roots to Infancy», *New York Times* (marzo de 1989): nytimes.com/1989/03/28/science/researchers-trace-empathy-sroots-to-infancy.html?pagewanted=all.

4. Janet L. Hopson, «Fetal Psychology: Your Baby Can Feel, Dream, and Even Listen to Mozart in the Womb», *Psychology Today* (septiembre de 1998): psychologytoday.com/articles/199809/fetal-psychology.

5. Janet A. DiPietro, Sterling C. Hilton, Melissa Hawkins, Kathleen A. Costigan y Eva K. Pressman, «Maternal Stress and Affect Influence Fetal Neurobehavioral Development», *Developmental Psychology* 38, n.º 5 (septiembre de 2002): 659-668, doi:10.1037//0012-1649.38.5.659.

6. Tobias Grossmann, Tricia Striano y Angela D. Friederici, «Infants' Electric Brain Responses to Emotional Prosody», *NeuroReport* 16, n.º 16 (noviembre de 2005): 1825-1828, doi:10.1097/01.wnr.0000185964.34336.b1; Ashik Siddique, «Parents' Arguing in Front of Baby Alters Infant Brain

Development», *Medical Daily* (marzo de 2013): medicaldaily.com/parents-arguing-front-baby-alters-infant-brain-development-244769.

Capítulo 7
1. Nora D. Volkow, Dardo Tomasi, Gene-Jack Wang, Paul Vaska, Joanna S. Fowler, Frank Telang, Dave Alexoff, Jean Logan y Christopher Wong, «Effects of Cell Phone Radio Frequency Signal Exposure on Brain Glucose Metabolism», *Journal of the American Medical Association* 305, n.º 8 (febrero de 2011): 808-813, doi:10.1001/jama.2011.186.
2. Elaine Hatfield, Richard L. Rapson y Yen-Chi L. Le, «Emotional Contagion and Empathy», *The Social Neuroscience of Empathy* (marzo de 2009): doi:10.7551/mitpress/9780262012973.003.0003.

Capítulo 8
1. Michael Forrester, «Increasing Solar Activity and Disturbances in Earth's Magnetic Field Affect Our Behavior and Increase Our Health», *The Mind Unleashed* (septiembre de 2014): themindunleashed.org/2014/09/increasing-solar-activity-disturbances-earths-magneticfield-affect-behavior-increase-health.html; Jacqueline Marshall, «Solar Flare: The Sun Touches Our Psyche», *Washington Times* (marzo de 2012): washingtontimes.com/news/2014/dec/31/solar-flare-suntouches-our-psyche/; R. W. Kay, «Geomagnetic Storms: Association with Incidence of Depression as Measured by Hospital Admission», *The British Journal of Psychiatry* 164, n.º 6 (marzo de 1994): 403-409, doi:10.1192/bjp.164.3.403.

LECTURAS SELECCIONADAS

Aron, Elaine. *El don de la sensibilidad: Las personas altamente sensibles.* Barcelona: Obelisco, 2006.

Aron, Elaine. *El don de la sensibilidad en el amor: Cómo comprender y mejorar las relaciones cuando el mundo te abruma.* Barcelona: Obelisco, 2017.

Aron, Elaine. *El don de la sensibilidad en la infancia: Cómo ayudar a tu hijo cuando el mundo le abruma.* Barcelona: Obelisco, 2017.

Beattie, Melody. *Libérate de la codependencia. Cómo dejar de angustiarte, de controlar y de vivir pendiente de los problemas de los demás. Y cómo comenzar a ocuparte de ti mismo ya.* Málaga: Sirio, 2009.

Borba, Michele. *UnSelfie: Why Empathetic Kids Succeed in Our All-About-Me World.* Nueva York: Touchstone, 2016.

Bradshaw, John. *Sanar la vergüenza que nos domina: Cómo superar el miedo a exteriorizar tu verdadero yo.* Barcelona: Obelisco, 2004.

Cain, Susan. *El poder de los introvertidos en un mundo incapaz de callarse.* Barcelona: RBA Libros, 2012.

Chödrön, Pema. *Cuando todo se derrumba. Palabras sabias para momentos difíciles.* Madrid: GAIA, 2012.

Eden, Donna y David Feinstein. *Medicina energética: Manual para conseguir el equilibrio energético del cuerpo para una excelente salud, alegría y vitalidad.* Barcelona: Obelisco, 2011.

Naparstek, Belleruth. *Tu sexto sentido: Cómo activar tu potencial psíquico.* Madrid: Neo Person, 1998.

Ram Dass. *Be Here Now.* Nueva York: Crown Publishing Group, 1971.

Salzberg, Sharon. *Lovingkindness: The Revolutionary Art of Happiness.* Boulder, CO: Shambhala Publications, 1995.

Tolle, Eckhart. *El poder del Ahora.* Madrid: GAIA, 2007.

Vitale, Joe y Hew Len, Ihaleakala. *Cero límites: Las extraordinarias enseñanzas del Ho'ponopono, el método hawaiano para purificar tus creencias.* Barcelona: Obelisco, 2011.

Zeff, Ted. *The Strong, Sensitive Boy.* San Ramon, CA: Prana Publishing, 2010.

ÍNDICE TEMÁTICO

ACERCA DE LA AUTORA

La doctora Judith Orloff es psiquiatra y trabaja en su consulta privada de Los Ángeles y en la Facultad de Psiquiatría Clínica de la Universidad de California, también en Los Ángeles. Su especialidad son los pacientes con alta sensibilidad y las personas hiperempáticas. La doctora Orloff, que también es una persona hiperempática, combina las perlas de sabiduría de la medicina convencional con los conocimientos más vanguardistas asociados a la intuición, la espiritualidad y la medicina energética. Ha escrito varios libros que han estado en la lista de superventas de *The New York Times*: *Libertad emocional, El éxtasis del fluir, Energía positiva, Guide to Intuitive Healing* y *Sexto sentido*. Su trabajo se ha difundido en *The Today Show,* CNN, PBS, así como en *USA Today* y *O, The Oprah Magazine*. Si deseas tener más información sobre las personas sensibles o el poder de la intuición, sumarte a la Comunidad de Apoyo para Personas Hiperempáticas en Facebook o recibir el boletín informativo sobre hiperempatía, puedes visitar drjudithorloff.com.